全世界无产者，联合起来！

陈 云 文 选

第 三 卷

人 民 出 版 社

第二版出版说明

《陈云文选(一九五六——一九八五年)》于一九八六年出版。现经作者同意,出版第二版,改称《陈云文选》第三卷。

本卷增补了二十七篇著作。时间下限由一九八五年九月延至一九九四年二月。收入本卷的著作共八十三篇。

原编在本卷第一版之末的四篇著作,按时间顺序排列,移到了第一卷。

本卷第二版对少数几篇正文和题解作了个别文字和标点的订正,并订正和增加了一些注释。

中共中央文献编辑委员会

一九九五年二月

出　版　说　明

这本文选，收入了陈云同志自一九五六年九月至一九八五年九月的重要著作共五十六篇，其中大量篇幅是关于社会主义经济建设和执政党的思想、作风、组织建设的论著。这些著作，多数没有公开发表过。

按照历史进程，这本文选大体上可以分作两部分。第一部分，从一九五六年九月至一九六二年三月，这是我国社会主义改造基本完成、开始大规模社会主义建设而又遭到严重挫折的时期，作者根据当时变化了的情况和出现的新问题，阐述了许多重要的经济观点，提出了许多切实的主张，包括必须改进当时我国经济体制的建议。这些观点和主张，对于巩固建国初期的巨大成就，克服当时的严重困难，扭转被动局面，起了众所周知的重大作用。第二部分，从一九七七年三月至一九八五年九月，这是我们党在粉碎“四人帮”之后，确立和实行正确的思想路线、政治路线、组织路线的时期，作者在指导和推进全党实现历史的伟大转折，全面调整比例失调的国民经济，按照中国实际情况进行社会主义现代化建设和社会主义经济体制改革，加强干部队伍建设，坚持党的优良作风等方面，提出了有深远影响的重要意见。

近期收集到的陈云同志在新民主主义革命时期的四篇重要著作，编在本卷之末，待再版时进行调整。

本书是中共中央委托中共中央书记处研究室编辑的，中共中央文献研究室参加了审核、校阅等工作。本卷在时间上与已公开出版的第二卷（一九四九——一九五六年）是衔接的，编辑方法也是相同的。

本书所有文稿，都经作者校阅过。

中共中央文献编辑委员会

一九八六年一月三十一日

目　　录

社会主义改造基本完成以后的新问题*

（一九五六年九月二十日）

我同意毛泽东同志的开幕词，同意刘少奇同志、周恩来同志、邓小平同志的报告，同意修改了的党的章程和第二个五年计划的建议〔1〕。

我国的社会主义改造事业已经取得了伟大的决定性的胜利。无论资本主义工商业和个体农业、手工业，都已经改造成为社会主义经济。但是，大量的原来的非社会主义的经济成分如此迅速地转变为社会主义经济成分，当然会带给我们一些新的问题和新的任务。我现在想就这些非社会主义经济成分，主要是资本主义工商业，在社会主义改造高潮以后所发生的问题，包括由此而来的在国营企业中所产生的一些问题，发表一点意见。

我们党和政府对资本主义工商业的社会主义改造〔2〕工作，已经进行了七年，要完成这个工作，还需要几年时间，而且

* 这是陈云同志在中国共产党第八次全国代表大会上的发言，原载一九五六年九月二十一日《人民日报》，题为《关于资本主义工商业改造高潮以后的新问题》。在一九五六年九月二十八日举行的中国共产党第八届中央委员会第一次全体会议上，陈云同志被选为中央委员会副主席。

还要进行许多工作。资本主义工商业实行全行业公私合营以后，我们需要进行的工作有下列三个方面：一、对资本家方面的工作；二、对职工方面的工作；三、解决由于资本主义工商业改造所引起的工商业管理的一些新问题。

对于资本家方面，我们已经做了不少工作，如：规定定息[3]的数额，对企业实行清产核资，陆续安排资方人员，逐步改进企业内部公私共事的关系等等。

对于职工方面的工作，我们提拔了一批优秀的职工担任公私合营企业的公方代表，同时，我们正在拟制工资方案，使公私合营企业职工的工资与当地相同国营企业职工的工资标准相比较，高的不降，低的逐步提高。但是应该说，半年多来，我们在公私合营企业职工中进行的工作是不充分的，这是一个疏忽。公私合营企业的职工是热烈拥护企业实行公私合营的，他们普遍开展了劳动竞赛。但是由于我们的工作做得不够，也有一部分职工还有这样的疑问："在公私合营以后，职工的职权为什么反而降低了呢？""过去的资本家，今天在企业中为什么仍然有职有权呢？"职工的这些疑问，说明了我们在职工群众中工作做得不够和工作有缺点。资本主义企业实行公私合营，是企业所有制的一种根本改变，是资本主义所有制基本上转为社会主义所有制的一种改变。这种改变，使公私合营企业中各个方面的关系发生了根本变化。一九五二年反对行贿、反对偷税漏税、反对盗骗国家财产、反对偷工减料、反对盗窃经济情报的"五反"斗争以后，在资本主义企业中普遍实行了工人监督生产，工会在企业管理方面有很高的权力。这种工人监督生产的办法，在公私合营以前是完全必要的，对于企业的生产和改造是有利的。把资本主义企业转变为公私合营企业以后，工人阶级的任务，就应该由监督生产进一步地实行由工人阶级领导的国家直接管理生产。当然，国家在管理这些企业的时候，必须依靠职工群众，必须从职工群众中选拔有经验的优秀分子参加领导工作和其他的管理工作，必须健全和坚决执行企业内部各种民主管理的制度。由工人监督生产转变到由工人和国家机关所派的公方代表一起去管理生产，对于工人阶级在公私合营企业中的管理权力来说，不是降低，而是提高；不是后退，而是前进。资方人员今天在公私合营企业中的有职有权，同公私合营以前在私营企业中的有职有权相比较，也有了根本的差别。公私合营以前，资本主义企业中资本家的有职有权，指的是企业的财产所有权、经营管理权、人事调配权等权力。公私合营以后，企业所有制发生了根本性的变化，但因为没有完全废除私人的财产所有权，资本家在一定时期内仍然得到一定的利息，除此而外，经营管理权和人事调配权，都已经不属于资本家，而属于国家的专业公司。公私合营企业中资方人员的有职有权，它的内容，已经不是公私合营以前的那种权力，而是国家给予他们的一种普通工程技术人员和管理人员的职权，这不是资本家的职权，而是公务人员的职权。我国的工商业资本家是否具有生产技术和经营管理的知识呢？应该说，不像地主阶级和官僚资本家一样，我国民族资本家中的绝大多数人，具有不同程度的近代生产技术和经营管理的知识。他们的生产技术和有用的经营管理知识，是我们所需要的。工人阶级自己的有高度文化的工程技术管理人员，今后一定会成长起来，而且现在已经开始在成长。但是就目前情况来说，民族资产阶级包括它的知识分子是我国文化比较高的一个阶级。应该向全体职工说明：不使用这批愿意为社会主义服务的民族资本家，对于工人阶级的事业是不利的，让他们为社会主义企业的生产经营服务，给予他们像全国人民一样的政治权利，是符合于工人阶级利益的。为了使职工认识资本主义企业在公私合营以后的各个方面的变化，我们应该对职工群众进行一次广泛的解释，同时，应该继续提拔一批条件适当的职工到企业的领导职位上来。企业的领导人员应该注意管理工作的民主化，注意职工的工作条件和生活条件的必要的和可能的改善。只要把这些工作做好，那末，一部分职工的怀疑是会消除的。

现在，说一说工商业管理方面一些新的有原则意义的问题。

首先，在资本主义工商业的社会主义改造取得了决定性的胜利以后，国家经济部门在过去几年中为限制资本主义工商业而采取的一些措施，已经成为不必要了。这些措施在当时是必要的，收到了成效的。但是，这些措施不但在今天已经基本上不再需要，而且它们在当时也不是没有缺点的，目前如果继续采取这些措施，就必然会妨碍国民经济的进一步发展。

这是指一些什么样的措施呢？（一）国营商业对资本主义工业实行加工订货、统购包销的办法。这在过去是必要的，在今后对于重要的轻工业产品也仍然是要统购包销的。但是，无区别地采取这种办法，就使一部分工厂不像原来自销的时候那样关心产品的质量，因此，妨碍了一部分工业品的质量的提高。（二）在实行加工订货、统购包销办法的情况下，国营批发公司的上下之间，也不能不大部分实行自上而下的派货。向工厂订货的工作集中于少数批发公司，基层商店不能根据消费者的需要，直接从工厂进货。因此，商业部门向工厂订货的品种规格减少了。国营批发公司发到各地的商品的品种和数量，就难免发生一些不合当地需要的情况，因而发生一些这里积压、那里脱销的现象。(三)市场管理办法限制了私商的采购和贩运。这些办法使农产品、农业副产品实际上成为由当地供销合作社或国营商业独家采购，而没有另外采购单位的竞争。因此，当着供销合作社和国营商业对于某些农产品、农业副产品没有注意收购或者收价偏低的时候，这些农产品和农业副产品就会减产。

其次，在农业、手工业、资本主义工商业的社会主义改造高潮中，由于形势发展太快，具体的组织指导工作不容易完全跟上，也产生了一些暂时的、局部的错误。这些错误是：(一)手工业在合作化的过程中，过多地实行了合并和统一计算盈亏，而这是不利于手工业的经营的。因此，比自营时候，一部分手工业产品发生了质量下降、品种减少的现象；一部分服务性的手工业在合并经营的条件下，对于居民和手工业者自己都发生了许多不便。(二)资本主义工商业在改造高潮中，也发生了一些盲目合并的现象，产生了同手工业盲目合并类似的问题。(三)农业在合作化的过程中，对于应该由社员家庭经营的副业注意不够，再加上其他方面的影响，一部分农业副产品的生产有些下降。这些错误，现在有些已经纠正了，有些还需要继续纠正。

为了改变过去为限制资本主义工商业所采取的办法，并有效地纠正在社会主义改造过程中由于缺乏经验而发生的一些错误，我们现在应该采取哪些措施呢？

第一个措施，我们应该改变工商企业之间的购销关系。应该把商业部门对工厂所实行的加工订货办法，改为由工厂购进原料、销售商品的办法。商业部门对工厂产品的采购，采取下列两种办法：（一）对有关国计民生和规格简单的产品，如棉纱、棉布、煤炭、食糖等等，继续实行统购包销，以便保证供应，稳定市场。（二）对品种繁多的日用百货，逐步停止统购包销而改用选购办法，这就是在新的社会主义经济基础上，大体恢复一九五三年冬季以前的办法。凡属选购的商品，商业部门有权优先选购；没有选购和选剩的商品，可以由工厂自销或者委托商业部门代销。商业部门供应工厂原料的时候，不能采取好坏搭配的办法。除某些供不应求的原料可由国家分配以外，其他原料由工厂自由选购。上级商业批发公司不准向下面派货，下级商店可以向全国任何批发机构自由选购，也可以向工厂直接选购。工业商业之间和商业的上下层机构之间采取这种选购办法的目的，是为了使工厂关心产品的销路而提高质量、增加品种，为了使商店适应顾客的需要而不减少商品的花色品种。这种选购办法，同样适合于许多手工业产品。

第二个措施，工业、手工业、农业副产品和商业的很大一部分必须分散生产、分散经营，纠正从片面观点出发的盲目的集中生产、集中经营的现象。

合营工厂中有一部分是应该合并和集中生产的，但是就全国来说，大部分必须按照原来的状况或加以必要的调整后分散生产，分散经营。绝大多数合营工厂是制造日用消费品的工厂，人民对日用消费品的需要是多样的，经常变化的。如果把许多小工厂合并成为大工厂，就它们适应市场需要来说，不会有小工厂分散生产的时候那样灵活。以染色布为例，在小的机器染厂里，一个品种可以只染五六十匹布，因此随时可以改变花色品种，适应人民需要。但是大型机器染厂改变生产程序的工程大，每个品种至少要染三百到五百匹布。如果我国的小工厂统统并成大工厂，那就不能适应人民消费方面的多种多样和经常变化的需要。应该看到，解放以前，我国消费品的花色品种不比现在少，而制造这些消费品的工厂，绝大部分是小工厂。有些同志认为，把小工厂合并成为大工厂，产量就会提高，因此，他们一心一意地合并工厂。我们需要一定数量的大工厂，因为许多最重要的工业产品是必须大规模生产的。然而，许多生产日用消费品的工厂，并厂以后产量之所以提高，主要是因为商品品种规格减少、产品单纯了。这种"合理化"不能适应人民消费的需要，因此，我们不应该鼓励这种错误的合并。

手工业的制造性行业中，有一部分是可以适当合并的，但是绝大部分服务行业和许多制造行业不应该合并。为了克服由于盲目合并、盲目实行统一计算盈亏而来的产品单纯化、服务质量下降的缺点，必须把许多大合作社改变为小合作社，由全社统一计算盈亏改变为各合作小组或各户自负盈亏。这种改变不但适合于绝大部分服务行业，而且适合于许多制造行业。手工业一般地带有分散性、地方性，因此，在供销业务上，必须以基层社自购自销为主。中央和省市手工业领导机关和多数行业的联合社，只能作方针政策的指导，不应该自己经营进销业务。

商业方面合并得过多的，也必须适当分散。小商小贩在合作小组内的各自经营的办法，应该长期保存。若干国营批发公司，例如百货公司、文化用品公司等等，应该把所属的各行各业中许多已经改行了的原有私营批发商业人员召集回来。在国营批发公司内部，成立分行分业的批发店，使百货公司、文化用品公司等等国营批发公司现在分工太粗、业务不精的现象，得以逐步克服。为了适应工厂、商店、文教单位、其他机关对于品种繁多的进口商品的需要，对外贸易部对于原系私商现已公私合营了的进口商行，应该按照他们过去经营和可能经营的业务，组织分行分业的进口商店。同时召集一部分原在外籍商人洋行中经营各色各样进口商品的专业人员，来参加这些进口商店的工作。必须改变目前几个国营进口公司统揽全部进口商品，分工不细，业务不精，不能适应社会需要的现象。

农业生产合作社的粮食、经济作物和一部分副业生产是必须由合作社集体经营的，但是许多副业生产，应该由社员分散经营。不加区别地一切归社经营的现象必须改变。许多副业只有放开手让社员分散经营，才能增产各种各样的产品，适应市场的需要，增加社员的收入。在每个社员平均占地比较多的地方，只要无碍于合作社的主要农产品的生产，应该考虑让社员多有一些自留地，以便他们种植饲料和其他作物来养猪和增加副业产品。

目前资本主义工商业的改组工作正在开始，工商业和农业的集体经营和分散经营正在安排。我们必须及时地纠正只注意集中生产、集中经营，而忽视分散生产、分散经营的错误做法。否则，在生产方面、流通方面和为消费者服务方面已经出现的一些毛病，就会继续发展。

第三个措施，我们必须取消市场管理中那些原来为了限制资本主义工商业投机活动而规定的办法。国家为了掌握粮食、经济作物和各种农产品，为了制止资本主义的投机活动，过去限制私商在初级市场上的收购，这种限制是必要的。今后，对于粮食、经济作物、重要的农副产品，仍然需要由国家统购或者委托供销合作社统一收购。但是对于一部分农副产品，例如小土产，现在由当地供销合作社独家统一收购的，应该改变为允许各地国营商店、合作商店、合作小组和供销合作社自由收购，自由贩运，禁止互相封锁。这样，就可以使那些小土产避免由于当地供销合作社不注意收购或者收价偏低而减产，可以使货畅其流。如果大家争购而供不应求，则应该在当地党政领导之下，按照各个单位需要的缓急来分配货源。如果因为一时供过于求而各个收购单位企图压价，供销合作社应该以正常价格照常收购，使农民不受压价的损失。为了适应自由收购和自由贩运的需要，工商管理办法中今天已经不适用的部分，都必须加以改变。银行汇款支付办法中，那种“买醋的钱不准买酱油”、汇到甲地的款不准在乙地使用的机械限制的办法，必须改变。税务、运输、邮务部门过去为了制止投机活动而规定的在税收方面和运输货物、邮寄商品方面的限制办法，应该根据新的情况加以改变，来活跃商品的交流。

第四个措施，必须使我们的价格政策有利于生产。一九五〇年三月以来，政府对农产品的收购价格是略有提高的，工农业产品在市场上的出卖价格是大体上稳定的。这样的物价政策是正确的，它对我国工农业生产的发展起了有益的促进作用。我们对主要农产品的收购价格是恰当的，但是有一部分农产品的收购价格偏低，妨碍了生产，应该加以调整。由加工订货改为工厂购进原料、销售产品以后，工业品中收价低了的部分，也将得到调整。目前在我国物价政策上存在着一种不利于生产的现象，就是在出售价格方面，把稳定物价简单地看成是必须“统一物价”，或者“冻结物价”。因此不同品质的产品差价很小，优质得不到优价。这种价格政策，不能鼓励产品质量的提高，只能助长产品质量的下降。我国市场管理中的议价办法，曾经起过制止私商抬价的作用。一九五〇年三月以前，我国经过十二年通货膨胀〔4〕，因此全国人民害怕物价波动，要求物价稳定，这是完全可以理解的。但是我们必须看到，不适当的价格政策，必然不利于生产。因此我们对于下列三种情况，不要因为物价在一定范围内暂时上涨而有所恐惧。这三种情况就是：（一）由于按质论价，品质优良、成本较高的产品的价格，要适当地提高。应该看到，商品的质量下降是最大的涨价。例如，本来应该使用一年的电灯泡，如果因为质量下降而只能使用三个月，实际上它的价格就涨了三倍。在某些消费品质量下降的情况下，提倡优质优价，实际上是降低物价。（二）消费品中的新产品，因为初制的时候成本高，只要消费者愿意购买，应该允许它在初销时期有一定程度的提价，等到成批生产而成本降低以后适当降价。在现在某些消费品品种规格减少的情况下，如果不采取这种政策，就不能鼓励消费品新品种的增加。（三）对于一部分小土产放松市场管理而改为自由收购、自由贩运以后，在实行的初期，收价也会抬高，因而就不能不在城市中相应提高销价。应该看到，如果不采取自由收购、自由贩运政策，而继续让当地供销合作社或国营商业独家收购，那末，许多小土产会减产。如果城市所需要的小土产供不应求，政府又不可能配售，那末，需要小土产的，就会在市场上抬价收购。现在若干种中药材的价格猛涨，不正说明这种情况吗?应该看到，由于自由采购、自由贩运，一部分小土产在城市销售价格方面的上涨，是一种暂时的现象，而且上涨的程度，我们仍然是可以约束的。这种价格上涨将促进小土产增产，等到供求平衡以后，它的价格就会回落到正常水平。我们应该采取自由采购、自由贩运，而不要害怕价格方面一时的一定程度的上涨。我们必须避免那种因为减产而来的暴涨。销售价格必须服从收购价格，只有大量增产，才能保持整个市场价格的稳定。

人们会担心采取上述价格政策和对日用百货选购以后，物价是否还能保持稳定？我们认为可以保持稳定。人民生活必需的粮食、布匹等等，我们仍然统购统销。允许自由采购、自由贩运的小土产的全部产值不过四十亿元，采取选购办法的日用百货不过四十亿元，手工业品的选购和自销部分也不过四十亿元，所有这一百二十亿元左右的商品，只占今年全国商品零售总额四百六十亿元的四分之一略多一点，几乎四分之三的重要商品都由国家收购和销售。而且，四十亿元小土产和四十亿元准备选购的日用百货，在一九五四年以前绝大部分就是由私商经营的。至于四十亿元手工业产品，直到今年春季手工业合作化以前，历来是由手工业者自由销售的。一九五四年前,我们既然能够稳定物价,难道在资本主义工商业全部实行了公私合营,手工业和小商贩绝大部分实行了合作化,社会主义经济力量大大加强以后,反而不能稳定物价?我们以为绝不会是这样。我们完全可以保持物价的稳定。

第五个措施,对某些产品的国家计划管理的方法,应该有适当的变更。我们的国家计划,无论长期计划或者年度计划,对于日用百货、手工业品、小土产,都只是把个别品种列入国家计划。此外,都不规定产品品种计划,这种办法是恰当的。但是国家计划对这些产品规定了每年的产值,对日用百货的生产部门,规定了降低成本率,提高劳动生产率,上缴利润额。所有这些规定的根据并不是确切的,绝大多数是估算的。国家计划既然规定了这些指标,并且层层下达,工厂的产品又是由商业部门包销的,因此,工厂的生产就往往只顾完成产值和利润,而对于商品是否合乎市场的需要,却注意不够。我们应该把国家计划中对这些产品的各项指标只作为一种参考指标,让生产这些日用百货的工厂,可以按照市场情况,自定指标,进行生产,而不受国家参考指标的束缚,并且根据年终的实绩来缴纳应缴的利润。只要企业生产发展了,又严格遵守国家规定的财政制度,那末,按年终实绩来缴纳利润,并不会造成国家的损失。

总之,在社会主义改造完成以后,我们应该采取正确的方针指导企业的生产和经营。就是说,我们必须使消费品质量提高,品种增加,工农业产量扩大,服务行业服务周到,而决不是相反。采取上述五项措施的目的,就是要把我国资本主义工商业和个体农业、手工业,改造成为这样一种有利于人民的社会主义经济。

对一部分商品采取选购和自销,让许多小工厂单独生产,把许多手工业合作社划小,分组或按户分散经营,把许多副业产品归农业合作社社员个人经营,放宽小土产的市场管理,不怕有些商品的价格在一定范围内暂时上涨,改变对某些部门计划管理的方法,所有这些,是否将使我国的市场退回到资本主义的自由市场呢?绝不会这样。采取上述措施的结果,在我国出现的绝不会是资本主义的市场,而是适合于我国情况和人民需要的社会主义的市场。我们的社会主义经济的情况将是这样:在工商业经营方面,国家经营和集体经营是工商业的主体,但是附有一定数量的个体经营。这种个体经营是国家经营和集体经营的补充。至于生产计划方面,全国工农业产品的主要部分是按照计划生产的,但是同时有一部分产品是按照市场变化而在国家计划许可范围内自由生产的。计划生产是工农业生产的主体,按照市场变化而在国家计划许可范围内的自由生产是计划生产的补充。因此,我国的市场,绝不会是资本主义的自由市场,而是社会主义的统一市场。在社会主义的统一市场里,国家市场是它的主体,但是附有一定范围内国家领导的自由市场。这种自由市场,是在国家领导之下,作为国家市场的补充,因此它是社会主义统一市场的组成部分。

采取上述措施,可以帮助我们解决目前国家市场上存在着的若干问题。但是同时应该看到,这些措施也会带来一些新的问题,还需要进一步加以研究解决。在这一方面,我们还缺少必要的经验。因此,我们所说的这些措施,必须慎重从事,稳步前进,经过试验,逐步推行。

解决猪肉和其他副食品供应紧张的办法*

（一九五六年十一月十一日）

从一九五四年六月以后，全国猪的生产是下降的趋势，到现在还没有完全停止。全国养猪的数目（只计大数），一九五〇年是六千万头，一九五一年是七千万头，一九五二年是八千万头，一九五三年是九千万头，一九五四年六月是一亿头，每年增加一千万头。在这以后就下降了，一九五五年六月降到九千万头，一九五六年六月又降到八千万头。同时，每头猪的平均重量也下降了，解放初期是一百五十七斤，现在是一百四十一斤。今年七月一日，国务院发了一个关于发展养猪的指示，其中规定要"私有、私养、公助"。这个指示发出以后，养猪有所增加。但是根据各方面的估计，明年计划要增加到一亿一千万头，恐怕达不到。明年猪的生产会增加一些，但增加多少，现在还很难说。

由于猪的生产减少，大中城市猪肉供应量下降，小城市和农村集镇经常没有肉卖。另一方面，由于就业的人数增加，城

---

* 这是陈云同志在中国共产党第八届中央委员会第二次全体会议上发言的一部分。

乡人民购买力不断提高，对猪肉的需求也日益增多。猪肉供应不足，已经是人民普遍不满意的一个问题。广东、上海发了肉票，北京是每人一次只准买五角钱的。现在是半夜就去排队，排到天亮。如果以后排队也买不到肉，问题就大了。

猪肉出口的任务也要减少。今年要出口十六万吨猪肉，再加上出口毛猪，合起来差不多是十八万吨的样子。今年出口比去年减少五万吨，明年要求比今年再减少十万吨。每吨是二十五头，十万吨就是二百五十万头。如果能够减少二百五十万头猪的出口，再增加一些猪的生产，明年猪肉供应紧张的状况会稍微缓和一点。

猪的减产有以下三个原因。

第一，粮食统购统销的影响。农民手里的粮食少了，饲料就紧张。粮食的统购统销是从一九五三年冬季开始的，一九五四年六月猪还继续增加，这是因为猪是一九五三年养的，那时农民手里还有余粮。一九五四年下半年，闹灾荒的地区猪就减少了；而在丰收地区，由于国家多买了七十亿斤粮食，粮食紧张，所以猪的生产也减少了。一九五五年粮食丰收，猪的生产应该增加，但是下半年正是农业合作化〔5〕高潮，许多农业生产合作社对养猪没有定下章程，所以虽然是丰收，猪的生产还是下降的。从上面这些情况看来，粮食和养猪的关系是很大的。农民使用粮食是这样排队的：一是人吃，二是大牲口吃，三才是猪吃。粮食少的时候，只能先顾人，顾大牲口，喂猪就顾不上了。今后，粮食统购统销的政策不能放弃，粮食供应紧张的情况一时还不能改变，我们要在这种情况下，研究猪的增产问题。

第二，猪的收购价格低了。在粮食紧张的情况之下，是不是就不能养猪？我们不能得出这样一个结论。粮食紧张不是养猪减少的唯一原因，还有一个原因，就是猪的收购价格低了。在粮食统购统销以后，粮食一紧，饲料就紧，就涨价，养猪的成本高了，收购价格就显得低了。在交通不便的地区，收购价格原来就过低。它是按照大城市的收购价格，再减地区差价定的，离大城市和铁路沿线越远，收购价格越低。同时，猪的收购分等过多，验收时常常压级压价〔6〕，农民吃亏。现在除了已提价的地区外，许多地方的收购价格，不能刺激猪的生产。在粮食紧张的情况之下，要使农民想各种办法多搞一点饲料，多节省一点粮食来养猪，就要在价格上有适当的刺激，使他们有利可图。

第三，农业合作化以后，农民养猪不是为了肥田，而是为了获利。农民土地入了农业生产合作社，养了猪，只能把猪粪卖给合作社，这是一个很大的变动。如果没有适当的利益来刺激，他们便不会养猪。过去我们没有注意解决这个问题，使农民养猪没有利，或者得利很少。

今年七月国务院发了指示以后，养猪有所增加，但是如果不解决饲料和价格问题，这个增加是不稳定的，还不是建立在可靠的基础上面的。

用什么办法增加猪的生产呢?除了必须坚持私养为主、公养为辅的方针以外，还必须采取以下措施。

第一，农业生产合作社必须负责安排社员养猪的饲料。

现在养猪的人要自己解决饲料问题办不到了，因为土地归了农业生产合作社。猪的饲料，包括精饲料和青饲料。养猪一般的都要经过三个阶段。生下来的小猪吃流质；到二、三、四、五、六这五个月是撑架子的时候，叫“克郎”猪，是以青饲料为主，加一点精饲料；到七、八、九、十这四个月是催肥的时候，要增加精饲料，折成原粮是一百二十斤的样子。吃流质，撑架子，催肥，这样三个阶段，一共十个月，可以长到一百四五十斤的样子，超过一百六十斤就不大长了。

养猪需要糠、麸皮、豆渣、粉渣、豆饼这些东西。现在全国养猪不到一亿头，按照第二个五年计划〔7〕的要求，要发展到两亿五千万头，糠、麸皮、豆渣是不够的，必须另找别的精饲料。能够代替糠、麸皮的精饲料，有薯类、胡萝卜、土豆等。现在全国粮食加工大概可得一百五十亿斤到一百八十亿斤细糠，能喂猪三千万头到四千万头；粉渣、豆渣、豆饼，能喂猪三千万头。如果要发展到一亿一千万头，那就还得想别的办法。

我以为，大量养猪的最大困难，可能不是精饲料，而是青饲料。养一头猪，把吃的糠、麸皮、豆渣一起算进去，大概相当于二百斤粮食。猪粪肥田，可以增产一百斤粮食。吃肉多的人会省一点粮食，按二八计算，大概可以省二十斤。那末，养一头猪只需要八十斤粮食，一亿头猪就是八十亿斤粮食。在现在的粮食生产情况下，还是可以负担的。而青饲料并不是全国所有的地方都能大量增产的。南方天气比较暖和，青饲料比较多，长得快，产量大。东北地区和内地山区，地广人稀，青饲料也比较多。据商业部门的同志估计，每头猪大概需要二千斤青饲料，把全国各种能算作青饲料的东西都计算在内，只能养猪一亿一千万头到一亿二千万头。要增加到两亿头，必须有计划地种植青饲料。农业生产合作社要负责安排各种饲料的生产，合理地安排播种面积，并且要有青饲料的播种计划和精饲料的播种计划，还要有适合于种植的高产量的青饲料和精饲料的品种。在必要和可能的条件下，农业生产合作社要给养猪的农民多留一点自留地，让农民自己种饲料。如果不解决饲料问题，发展猪的生产是不可靠的。

第二，有计划地恢复农村的粉坊、豆腐坊、榨油坊和小集镇的碾米厂。

开作坊是解决饲料的很合理的办法。人吃豆腐，猪吃豆渣；人吃粉条，猪吃粉渣。恢复作坊，可以使人和猪“各取所需”。还要对农民多供应带壳粮，让他们自己碾米，以便充分地利用谷糠做饲料。

农村恢复了作坊，势必挤大城市的加工工厂。两个方面的利害比较一下：农村小作坊榨油，出油率低；大城市机器榨油，出油率高。农村榨油，大城市停工待料，或者开工时间减少；在乡下榨，豆饼和糠麸价钱便宜，而且都留在农村。利害相权，恐怕还是打主意把作坊搬到乡下去为好。但是，乡村恢复的作坊，应该是粉坊、豆腐坊、油坊。酒坊看起来不应该恢复，酒糟少，作为猪饲料的数量有限。另外，酒坊过多的分散以后，财政部的专卖税利[8]收入就要减少，这是不利的。糠、麸皮还是给猪吃，不要用来做酒。

大城市的油厂应该适当维持，榨一部分出口的油和供应城市的油。为了保证大米出口的规格，除了十几亿斤到二十几亿斤的米集中在几个大城市碾以外，大城市吃的米还可以由小城市、中等城市碾米厂供应。就是说，大城市里的碾米厂也可以分散一点。糠麸不应该远地运送，应该就地供应附近农民喂猪。

大中城市的机关、部队、工厂剩下来的饭菜是很多的，有许多没有利用。应该经过市政府同郊区农民挂上钩，把剩菜剩饭加以利用，或者给农民喂猪，或者同农民合伙喂猪。

第三，适当地提高猪的收购价格。

要保证农民养一头猪能得到二百斤到二百五十斤原粮的利益，相当于粮食产量低的地方的一亩地左右的收入。有这样数目的收入，可能刺激农民养猪。今年上半年，有的地方提了猪的收购价格，有的地方还没有提，有的提得多，有的提得少。这次提价，各地应该有所不同。已经提了的要少提，提得高了的不再提，还没有提的要多提。总之，要使农民养一头猪都能够得到相当于二百斤到二百五十斤原粮的利益。那末，价格怎样计算呢?养一头猪，精饲料(包括豆饼、米糠、豆渣)需要十五元，青饲料两千斤，大概也值十五元。照一般情况，小猪价钱和猪粪价钱应该相等。但是，现在小猪的价钱贵了，猪粪的价钱比较便宜，所以卖出猪粪再买进小猪要多贴二元。饲料要用柴烧，再加上二元。还有病死的，常常要占猪的头数的百分之十左右，平均计算，每一头猪赔上二元。以上共计，本钱三十六元。再加上相当于二百斤到二百五十斤原粮的收入，大概要十五元左右。这样，总共是五十一元。现在我们的收购价格，去年平均是四十三元，相差八元。各地究竟提价多少，要根据本地区不同情况，提出具体的意见。照这个价钱计算，我估计农民是愿意养猪的。因为柴是可以拣的，饲料也可以搞到一点，就是多花一点劳动力，可以得二十元或者再多一点。

在交通不便的地区，如山里边、偏远的地方，食品公司要准备补贴一部分运费。

提了收购价，食品公司就要贴钱，商业部的利润就要减少，财政部就要给以补贴，每年约三亿八千万元。这个问题怎样解决呢?现在我们是按猪肉的卖价收百分之十三的屠宰税，是否可以减到百分之五。这样，商业部门可以少向地方缴纳二亿四千万元的税款。另外，是否可以把小城市的肉价从每斤五角，提到五角五分，每年销二千万头猪，可以多收入一亿元。商业部门经营猪的利润，今年是四千万元，也把它贴在里面。这三笔，合起来是三亿八千万元。这里最重要的是两条措施：一条是税收从百分之十三降到百分之五，另一条是在小城市把猪肉的价钱每斤提五分。提高销价以后，把最大的好处给了养猪的农民，至于说吃肉的人每斤多花了五分钱，这数目不大。请同志们考虑，这样做行不行。减少了屠宰税，是减了地方税收〔9〕，但我看这是“羊毛出在羊身上”，地方这一项收入减少了，还可以用别的办法去补。总之，如果现在不提价，猪的生产还要下降，将来非提价不可。

要禁止压级压价。收购农产品的评级，商业部门要同农民、同农业生产合作社民主评议。有些地方采取了这样的办法，收到了好的效果，这是群众路线。收猪的人是不可能把每头猪杀了才决定斤重的，只能估算。现在会估的人，差不多都是过去的猪贩子。这些人很有经验，毛病是压级压秤，猪重一百四十斤，他总是估一百三十八斤，使农民吃亏。我们对这些人要用两种办法：一是要规定公差，进差多少，出差多少〔10〕，在公差限度内不算错误，超过限度就算错误；二是要进行教育，靠群众监督，规定奖惩办法。

农民每卖一头猪，应该至少留给他们十斤到十五斤猪肉。他养了猪，没有肉吃，那是不公平的。我们要给他肉票，全年可以用。

第四，农业生产合作社必须在各方面帮助养猪社员。

要正确处理农业生产合作社与社员在养猪方面的关系问题。老母猪归谁养，公猪归谁养，小猪归谁养？是归社养好，还是归农民养好？根据各地经验，可以归社养，也可以让那些有经验的社员养，由农业生产合作社规定。

农民把猪粪卖给农业生产合作社，农业生产合作社把饲料分给农民，价格都必须合理。除此以外，农业生产合作社要给农民留出相当时间，让他们养猪。喂猪不一定要用全劳动力，妇女、老人、小孩都可以。总之，要给一点时间。

第五，县级或县级以下应该成立生猪生产指导委员会。

这个委员会里面，应该主要是农业机构的人，加上食品公司、粮食局以及供销合作社的有关人员。

第六，防治猪病。

据农业部讲，现在对猪病用打针办法已可防治。各地农业部门防治猪病的单位，应该和当地食品公司结合起来，经过典型试验，稳步推行。绝不应该全面开花，急躁冒进。

现在，除了猪肉以外，其他副食品的供应也很紧张。为了缓和这种紧张状况，应该采取以下一些办法。

第一，减少猪肉和油脂的出口。明年出口猪肉减少十万吨，油脂减少七万吨。我们主动地减，比和外国先订合同，出不了那样多，而被动地减，要好一点。减少猪肉和油脂的出口计划虽然这样定了，但是各地应该调出的数量，还是要如数调出。

第二，增加鸡、鸭、鹅、兔子、鱼这些不用粮食或者少用粮食的家禽和鱼类的养殖。我对养鸡的希望很大，鸡吃的粮食比喂猪的粮食要少一点。大量养鸡是可能的。中国农民多，假定一万万家每家多养两只鸡，每只鸡一斤半重，就可以增加三亿斤鸡肉，等于三百七十五万头猪。这几年鸡的数量是因为猪肉少而增加了，应该使其进一步发展。

第三，调整副食品的季节供应。水产旺季打捞得多，不能及时销出，就烂掉了。鸡蛋旺季来临，推销不了也要坏掉。在季节供应上要调整一下。冷藏仓库，有复杂的，也有简单的。多建点仓库这是可以做到的。比如说，有十万吨鸡蛋，在旺季收下来，摆到仓库里面去保存，到了冬季，鸡蛋供应就可能好些。北京三百多万人口，一天供应鸡蛋五十吨。全国大中城市有三千几百万人口，加十倍，一天就要五百吨。此外，水果、鱼等也要搞一点冷藏仓库，以便起很重要的调剂作用。一定要看到，副食品供应紧张，将是一个比较长期的问题。

第四，各大城市、工矿区的蔬菜供应要加以改进。根据过去几年来的经验，解决蔬菜问题的办法，可提出如下几点：(一)每一个城市都要按照人口的需要，维持相当的蔬菜播种面积。像北京这样的气候，每亩地的产量可以供给三十个人的样子。广东可以供给更多的人，哈尔滨供给的人就少了。要根据各地气候的不同来定。总之，各地蔬菜要做到自给，中央只做个别品种的调整。只要按人口比例规定蔬菜播种面积，蔬菜的价格大体上就能够稳定。(二)不要包收农民的蔬菜，让农民和城市里的菜贩子直接交易，去掉副食品供应机构在农民和机关、团体中间做买卖这个环节。因为搞了中间环节以后，手续费加多了，菜也烂了，好坏也不分了。现在各地正在改变。改变以后，大体上情况是好的。（三）菜贩合作化以后，合作的单位要小。单位小了，比如几个人，各负盈亏，经营的积极性就会提高。如果他们愿意分散经营，就让他们分散经营。

从今年七月开始，全国各地农业生产合作社因为要搞副业，要搞推销，很多地方对农村集镇上的市场，不像过去管得那么死了，开放了一点自由市场。

农村小土产自由市场开放以后，好处有三条：（一）从前因为市场管得太死，农民已经停止生产的东西，现在恢复了生产；过去生产少的，现在增加了生产。（二）城乡的物资交流活跃了。从前是当地的买卖当地人做，现在是城市里的人可以到乡下去做买卖，乡下人也可以到城市里来做买卖，城乡的交易活跃了，城乡的物资供应充足了。过去怕开放自由市场以后，东西都给乡下人吃掉了，大城市里的人吃不到东西。事实不然。开放自由市场以后，第一个占便宜的还是大城市。拿河北省的梨来说，开放了自由市场，农民并不卖给通县、保定，而是打主意卖给上海、北京这些大地方，一卖就是大生意。（三）开放了小土产自由市场，“将”了国营商业和合作社商业的“军”。过去的买卖是按照我们的行政区划的路线走的，现在不行了，农业生产合作社直接派人到上海去，中间环节没有了。上海、天津卖东西，不要经过河北省，不要经过保定再下乡，哪里便当，就在哪里卖，完全是按照经济路线。这就暴露了我们又官又商的人做买卖，做不赢小商人；暴露了我们的环节多，有些人没有事情干。现在有不少土产，乡下的收购价比我们的高，但在城市的卖价比我们还低。道理很简单,他们的环节少,走直径,所以赚钱多。而且,农民欢迎,城市里的人欢迎,商人也欢迎。这不仅暴露了按行政路线经商的弊病,也反映了我们过去那一套机构需要改变,不改变不行了。

在开放自由市场中,也出现了一些问题,主要是:(一)哪些东西可以进入自由市场未划清楚。哪一种开放,哪一种不开放,没有具体化。有的地方开放无边,把统购的东西也开放了。这一开,我们要收的东西就收不到了,有完不成统一收购计划的危险。(二)自由市场开放以后,你也买,我也买,势必提高价格。有些东西涨价以后,由于东西多了,价钱又平稳下来,这是合适的。有些东西的生产时间需要一年或几年,因此可能还要涨一年或几年才能落下来,比如茶叶、桐油等。有些东西的价钱涨得有点过分,已经超过刺激生产的必要限度,这是不适当的。(三)农业生产合作社做生意,哪些可以做,哪些不应该做,也需要明确规定。

如何解决这些问题?

第一,把我们现在的农业产品分为三种。一种是法定统购的物资,如粮食、棉花、油料等。第二种是没有法定但实际上要统购的,就是说,委托国营商业、合作社商业统一收购的,如茶叶、蚕丝、烟叶等。第三种是小土产,自由成交的一些东西。现在看起来,要把第二种委托收购的东西,一部分移到第一种里边去,一部分下降到自由市场,把第二种缩小,扩大第一种和第三种。为什么要扩大第一种呢?一个理由是,自由市场开放以后,农民就问,这个东西政府统购不统购?如果没有规定统购,他们要自己卖,不卖给我们了。法律上不加规定,他就不卖给你。这样，我们的工业原料、出口物资就有收不到的危险。我们禁止商人向农民收购，这容易，而要禁止农民出卖给别人，就比较困难。在当地也许还可以禁止，如果他们卖到外地，便难以禁止了。另一个理由是，过去的收购，实际上等于统购，可以把它移到第一种。当然，统购的品种可以分成几类。有些东西除了自留部分以外，都要卖给我们，比如粮食、棉花等。有些东西，我们只统购百分之七八十，其余的可以自由出卖，比如烟叶等。有些东西，可以不定任务，比如收废铁、废胶，不能说你一定要卖给我多少，只能说不准别人收，只能由国家收。不列入第一类的东西，尽可能列入第三类。但是，某些省还应该有一些第二类的东西。它那个省有一些特殊重要的东西，比如四川的某一种药材，在全国并不列在第二类，在本省可以列在第二类，掌握一定的收购比例。鸡、鸭、鹅、蛋这些东西，都可以列在第三类，让农民自由出卖，这个政策很有好处。第三类商品在自由市场开放也应该由少而多，一步一步地开放。要经过典型试验，逐步推广。现在有许多东西，如果讲需要的话，出口也需要，职工也需要，农民也需要，大城市也需要，小城市也需要，所以国家只好拿来作统一分配，不然有可能供应了次要的部分，而挤掉了重要的部分。

第二，价格政策要作一些调整。统购产品任务完成以后，允许自己卖，卖的价钱，可以等于我们的销价，也可以略高于我们的销价。对第三类的小土产，一般的不加干涉，只有个别品种的价格超过了限度，可由当地有关机关出来限价。

第三，对农民贸易要作一些新的规定。(一)凡是农民自产的东西，应该让农民买卖，可以在当地卖，也可以远销。现在农民是很想远销的，但是只要过一个时期，我们把批发机构搞好了，把运销路线调整合理了，那末，农民也不一定愿意自己远销。如果我们的手续费不高的话，他们自己远销并不一定多赚钱，弄不好还可能赔钱，自然就不再远销了。过去就有生产和贩运的分工，这种分工是有道理的。（二）不应该提倡农业生产合作社做贩运生意。不是他们自己生产的东西，专门去做贩运生意，我们不提倡。（三）农业生产合作社兼营手工业，原料来得容易，但可能挤了城市里和集镇上的手工业。应该规定，凡是农业生产合作社兼营的手工业，和市镇上的专营手工业有冲突的时候，应该照顾专营手工业，不然他们没有饭吃。

第四，改变对市场的领导办法。为了适合现在的情况，我们过去利用、限制、改造资本主义工商业的那一套办法，要加以改变。现在要搞过儎行〔11〕、交易所，帮助农民和小商贩之间的交易和贩运。自由市场开放以后，并不是一点管理也不要了，还需要有管理。要组织集镇上的市场管理委员会。当然不是像从前管得那么死。不该管的完全不管，该管的还是要管。管理委员会要吸收各个经济部门的人，特别是要吸收农业生产合作社有关的人，因为只有商业机关，没有管理农业生产的单位参加，是搞不好的。

做好商业工作*

（一九五六年十一月十九日）

在这几天的会议上，同志们提出了很多问题，集中起来，主要有这么三个：一个是感到商业工作不好办，要东西的向你要，该给你东西的却不给，两下夹攻，好像磨盘里的麦子。另一个是商业的组织工作混乱，同各方面的关系不够协调。再一个是对几年来的工作如何估计的问题。我现在就这几个问题讲一点意见。

先说商品供应紧张的问题。

商品供应紧张不是天上掉下来的，而是全国财政贸易和经济建设情况的反映。今年的商品供应比过去六年紧张一点。今后是否会年年如此？不能那样。如果年年如此，那问题就大了，就不仅是商业工作的问题，也不只是当年经济工作的问题，就需要重新考虑我们的建设方针是否妥当。今年所以出现商品供应紧张状况，主要是由于实际工作中的缺点。

求得预算表面上的平衡并不困难，少打上一些开支就可以"摆平"。例如今年农贷二十五亿元，没有打入预算，想靠后

---

* 这是陈云同志在商业部扩大的部务会议上的讲话。当时他兼任商业部部长。

备款解决，这样好像就平衡了。过去说现金收支没有不平衡的，货币流通量多了，可以靠多卖东西或者增加储蓄把它收回来。其实不尽如此。今年是靠挖商品的库存勉强搞平的。现在的货币流通量比去年同期增加了十亿元，买不到东西，成了人民的储藏手段。因此，简单地从商业一个方面来找供应紧张的原因是不行的，还要从全国的经济情况特别是财政情况来找原因，只有这样才能说明问题。

八届二中全会〔12〕对于今年的经济情况作了这样的估计：生产发展，就业增加，群众高兴。这是一。第二，建设投资大部分恰当，只有一部分不恰当或者用多了。总的约多用了二三十亿元，其中基本建设多用了十五亿元左右，学校、文化、农林水利都多用了一点。农贷应该有，但未列入预算，而且多了一点，二十五亿元农贷中约有十五亿元是必要的。把五亿农民组织起来而且不发生混乱，贷点款是值得的。但是，农贷要列入预算，预算不平衡就得减其他的开支。职工工资已经三年没有增加了，今年也应该增加。这样下来，社会购买力就提高了，商品供不应求。不仅如此，生产物资也供应紧张。例如，钢铁已经吃空了过去四五年的积蓄还不够。

经济建设，一九五三年是小冒〔13〕，今年又是小冒，比一九五三年冒的还大一点，暴露的问题也就更明显一些。只要我们很好地吸取今年上半年的教训，今后不再冒，商品供应就不会再这样紧张了。

同志们或许会说，人为什么这样笨？其实这也难说。在商业部里，年初也吹风说煤多了，甚至说布多了。做实际工作不犯错误是很难的，搞过肃反和土改的人都知道这个道理。文章上写既要反对“左”倾又要反对右倾，这是容易的，但做起来就很不容易。今年在全国社会主义改造高潮中，经济建设上冒了一点，这是难免的，今后也难以保证不重犯，社会经济生活是复杂的，多变的，不会像看电影那样简单。半年来冒了一下，使我们取得了经验，也有好处。

经济建设和人民生活必须兼顾，必须平衡。看来，在相当长的一段时间内，这种平衡大体上是个比较紧张的平衡。建设也宽裕，民生也宽裕，我看比较困难。我们的耕地只有这么些，但人口多，吃的、穿的都靠它。如果不搞建设，失业半失业照旧，社会购买力很低，商品供应当然一时可以不紧张，但不搞建设更不行。搞建设，增加就业，一部分农村人口转入城市，就要多吃、多穿、多用，社会购买力就要提高，商品供应就会紧张。但是，绝不能紧张到使平衡破裂，而应是紧张的平衡。所谓紧张的平衡，就是常常有些东西不够。例如猪肉，就可能常常不够。又如棉布，再增加三千万担棉花，每人也不过四丈多，还是紧张的。这一条应该有精神准备。有一些东西多了，是暂时的现象。如前几年说纸多了，今年一年就用光了。五金交电物资也有类似的情况。商业部门不要单从加快商品周转和多提供上缴利润出发，轻易喊什么东西多了。不能片面强调流通速度，因为我们不是胡同口的小贩，也不是永安公司〔14〕，而且和解放初期也不同了。现在我们担负着调节生产和需要、组织供需平衡的责任。因此，既要考虑周转快，又要考虑社会的必要储备。

看清楚商品供应紧张的原因很重要。这样就不会只在内部吵架，而不从整个财经工作上找原因。只在内部吵架，打破头也解决不了问题。

现在谈改进商业工作的问题。

第一，过去七年商业方面的一套组织形式和工作方法，是适应对私人资本主义利用、限制、改造那种情况的。现在三大改造[15]取得了决定性的胜利，情况发生了根本变化，商业工作也要随着改变。

第二，过去商业工作那一套，固然有利于同私人资本主义作斗争，但是也有许多不利于人民的地方。我们国营商业做生意是“独此一家”，很有点“独霸”的味道。山西省委书记说，一个老太婆织了一点布，赶集去卖，干部说她违法，把她吓得丢下布就逃跑了。这当然不是商业部长、副部长下的命令，但要考虑到商业系统有二百五十万职工，许多人政策水平不高，成分复杂。领导机关要求既要完成任务又要照顾群众利益，说是容易的，要做到就不那么容易。特别是农产品采购方面，我们工作上的毛病更多，农民有一肚子气。我们挖农民的多，例如粮食仓库有不少“溢余”粮食，就同我们一些粮食收购单位搞大秤进、小秤出那一套有关。国营商业是“亦官亦商”，老百姓难以对付我们。总之，脱离人民群众的事情很多，报上登出来的就不少。

第三，集权太多，分权太少。这是历史形成的。解放以后，为了迅速恢复经济，实行财经统一，要求集中。同私人资本主义作斗争也要求集中。但是，商业系统这一条线，不过是一条做衣服的线，并不像水泥柱子那样牢靠。在商业工作方面，重要的事情必须靠各级党政来抓。县委能有个副书记管商业工作，县委会能够时常讨论商业工作，我看就“天下大定”了。山西太谷县试点，把四个公司划给县管，利润百分之四十上缴，百分之五十归地方，百分之十归企业。这样一来，县委大力抓商业工作，销不出去的商品销出去了，收不起来的东西收起来了。一年下来，全县增加收入十万元，而原来一年才只有一万二千元的机动费。即使一县一年十万元，全国两千个县才两亿元；如果一县五万元，全国才一亿元。县里有权有利，商业问题就解决了一大半。现在，担子全压在我们身上，下面有问题我们看不见，也不能解决，有什么好处？统一财经工作，实行计划经济，都要求集中。但是，集中不能过分，必须考虑到我国人多、地大、各地情况不一样这个事实。我们常说，政策要根据当地的实际情况具体化，谁来"化"？主要是县委。

第四，调整商业系统内部领导和群众之间的关系。部长、局长、经理只能抓大的方面，具体执行还是靠二百五十万职工。只有依靠他们，充分发挥他们的积极性，才能把事情办好。如果认为他们什么都不懂，只能听指挥，像算盘珠子那样，拨一拨动一动，商业工作就肯定做不好。党的八大〔1〕开会时有一位同志提出，工人代表大会可以撤销厂长、经理。我看这个意见有道理。监察工作固然重要，但光靠监察工作不行，必须让群众都能讲话，都有积极性。发扬民主可以采取职工代表会、店员代表会等形式，许多大事都要经过代表大会讨论，他们可以向上提出建议，撤销厂长和经理。我们党是一直坚持群众路线的，在各项工作中都应该发动群众，依靠群众的力量。南斯拉夫一九四八年与苏联断了关系以后，没有办法，让工人自己管工厂，起了相当的作用。在抗战初期，何应钦〔16〕不给我们发钱，毛主席向大家提两条，一是解散，一是搞生产。结果想出了办法,开展大生产运动[17],大家都吃饱穿暖了。可见,只要依靠群众总是有办法的。在不放弃国家计划和集中统一的情况下,搞工人委员会有什么不好?商业系统只要把二百五十万人组织起来,每个人都有责任感,就不怕“天下大乱”。这是一个重大的政治问题。所谓单纯业务观点,就是不依靠广大群众和当地党委。商业系统过去的群众工作是做得非常之差的。加强思想政治工作是一个重要问题,要经常拿到部务会议上讨论。

以上说明,商业部门存在着同人民群众和地方党政的关系问题,还存在着本系统内领导和群众的关系问题。所谓政策,无非是正确处理各方面的关系。我想,按照上面的办法把我们的工作改进一下,照理说是有希望做好商业工作的。

最后,说一说对成绩和缺点的估计。

我看七年来的商业工作有成绩,也有错误,但成绩是主要的。在促进生产、稳定市场方面,在改造私人资本主义方面,都有成绩。至于缺点错误,有些是由于客观原因造成的,如为了对私人资本主义进行社会主义改造,就要有现在这样一套组织机构。当然,其中也有一些是主观努力不够造成的,如猪的收购,本地销的和出口的一样分四个等级,这就使收购人员多了一个压级压价的机会[6]。对私人资本主义改造中的缺点,有些也是工作没有做好造成的。我看,对成绩和缺点的估计,要有几条界限:第一条,肯定成绩是主要的。第二条,缺点错误中有一部分是客观原因造成的,有一部分是工作没有做好造成的。第三条,缺点错误上下都有责任,但主要应由中央一级的商业部门负责。许多政策和办法,都是上面定的,领导机关应负主要责任。当然，我也有责任。现在，下面的同志有一肚子气，到了这里要出一出，是可以理解的。我们应该把这一点说清楚。

还要说一下对挨骂的看法。有人说，商业工作天天挨骂。我看，挨骂有不好的一面，但也有好的一面。一有错就有人骂，容易改正。如果人家天天喊万岁，一出错就是大错。商业工作有不少唱对台戏的，这可以促使我们改进。失败乃成功之母。有了错误，加以改正，就可以不断进步。如果五年没有人说有错误，一直往上爬，到第六年再从五层楼上跌下来，那就坏了。例如，建设武汉长江大桥，如果有毛病不指出来，一味地高呼万岁，一下垮了就不得了。宝成铁路修通了，只是高呼万岁，现在老塌方。

有了成绩也不要老讲，一年讲几次就够了。有成绩是明摆着的，用不着天天讲。对于缺点错误倒是应该经常注意的。商业工作，有六万万人天天看着，他们提出批评，暴露我们工作中的毛病，有什么不好？我们一不是当资本家，二不是为当官，而是干革命的。天天挨骂，可以改进工作，对革命事业大有好处。过去我们搞商业，是为了打倒反动派，取得革命胜利，建立人民政权。现在搞好商业，稳定人民经济生活，有利于建设社会主义。我们是商人，但不是普通的商人，而是从事商业工作的革命家。我们应该站得高一点，看得远一点，要上屋顶，不要老呆在地下室。

商业工作天天同人民群众打交道，管吃、穿、用，管油、盐、柴、米。不要看不起这些，这是人民的大事。我们共产党必须天天关心人民群众的切身利益。人是要吃饭的，不能天天靠吃马列主义过活，一天不吃饭，肚子就饿得哇哇叫。长江大桥是大，建设很有必要，但商业关乎六万万人的日常生活，不能说是小事情，不重要。

我们有了缺点错误，天天批评倒还好些。平时不批评，总有一天会来个大批评。斯大林功劳七分，缺点三分。他在世时，有人不讲他的缺点，一旦批评起来，连像都不挂了，这就不好。

我们做工作，要用百分之九十以上的时间研究情况，用不到百分之十的时间决定政策。所有正确的政策，都是根据对实际情况的科学分析而来的。有的同志却反过来，天天忙于决定这个，决定那个，很少调查研究实际情况。这种工作方法必须改变。要看到，片面性总是来自忙于决定政策而不研究实际情况。

为什么要对资本主义企业实行赎买政策*

（一九五六年十一月二十八日）

今年一月全国资本主义工商企业实行全行业公私合营，这是使资本主义企业基本上转变为社会主义企业的伟大胜利。这是中国人民的胜利，也是工人阶级的胜利。全国工人十分高兴，百分之九十以上的工人群众开展了劳动竞赛。在这个大会上，我讲三个问题。

第一 为什么我国要对资本主义企业实行赎买政策

一九四九年全国胜利以后，人民政府对民族资本主义企业的政策和对官僚资本主义企业的政策是不同的。对民族资本主义企业不是采取没收，而是采取逐步赎买的政策，是实行利用、限制、改造的政策。赎买的办法是，在全行业公私合营以前，使私营企业获得合理利润，进而实行按比例分配利润（即四马分肥〔18〕）；在全行业公私合营以后，采取定期定息〔3〕制

---

* 这是陈云同志在全国公私合营企业工会基层干部大会上的讲话。

度，并对资方在职人员全部由国家分配工作。

为什么要采取赎买政策呢？有下列四个理由：

一、对于国民经济的恢复有利。

资本主义企业中最主要的部分是生产人民日用品的轻工业。日用品的正常生产，对国家经济和人民生活很重要。有了日用工业品与农民交换农产品，可以加强工农联盟；有了日用工业品和农产品，可以供应城市人民的需要，稳定市场物价。在经济恢复时期，我国的物资供应是比较充足的。如果在一九四九年政府采取没收政策，资本主义企业便不会照常生产，很可能出现生产停滞、减产和工人失业的不利情况，那就不但在政治上不适当，经济上也将发生混乱。对民族资本主义企业不应该像对官僚资本主义企业一样没收，因为民族资产阶级有两面性，他们与帝国主义、封建主义和官僚资本主义有矛盾，在一定条件下，愿意参加反对帝国主义、反对封建主义和反对国民党反动派的斗争；同时，他们又有动摇和妥协性。在恢复时期中，他们积极地参加了抗美援朝〔19〕的斗争。在土改〔20〕斗争中，全国人民政治协商会议一致通过了土改法令〔21〕，他们没有反对。如果我们不把他们和官僚资本主义区别对待，不团结他们，我们就要在国内和国外、在城市和乡村一齐进行斗争，无疑的将大大增加恢复经济、抗美援朝、土地改革工作中的困难。因此，我们应该团结民族资产阶级。虽然在“五反”〔22〕斗争以前，他们曾向我们猖狂进攻，但当我们进行了“五反”斗争之后，就团结和教育了愿意守法的大多数资本家。因此，从恢复时期的全部过程来看，人民政府对民族资本主义企业不采用没收政策，而采取赎买政策，也就是利用、限制、改造政策，对恢复经济是很有利的。

二、公私合营后一定时期内给资本家五厘定息是必要的，对国家和人民也是有利的。

民族资本家经过了反帝、反国民党反动派的战争的一关，又经过了土改斗争的一关，这两关都过来了，他们又参加了抗美援朝和恢复经济的工作，在通过社会主义改造这一关，就是今年一月前后全行业实行公私合营的时期，我们能抛开他们吗？当然不能，而且更不应该采用没收企业的政策了。政府决定对他们的资产在一定时期内给以五厘定息，这样做，对资方、对国家和人民都是合情合理的。在一定时期内给以定息，是为了让资本家改变生活有个准备时期；限制资本家的利息，便可发挥工人生产的积极性；同时，国家可以合理安排私营企业的改组，因此对国家和人民都有利。那末，国家要付多少定息呢？定息总额和资本家的资本额比较，数目不算很大。全国工商业资本家的资本总额估计为二十二亿元，定息五厘，一年付息一亿一千万到一亿二千万元。准备付几年呢？周恩来总理在中共八大[1]上关于发展国民经济第二个五年计划[7]的建议的报告中谈到，在第二个五年计划内完成社会主义改造，扩大全民所有制。究竟几年，还未定，要看各方面情况的发展。总之，几年期间，每年付一亿多，只有几亿元，为数不大。用这个办法，团结资本家和他们的知识分子积极参加社会主义建设，应该说是一个好的办法。

有人问，为什么高薪水的资方人员仍原薪不动？为什么没有本领的资方人员也安排工作？我们认为，所有原来在企业中吃饭的人，还应该允许他们继续工作，要有饭吃，这是必需的。

定息只有几年，今后他们主要靠工作吃饭。薪水高于国营企业中相同职务的人只是一部分。私营企业内中小企业多，所以多数资方人员的薪水是不高的或低于国营企业中相同职务的人的。薪水特别高又没有本领的人只是个别的，这部分薪水应该看作是赎买的一部分。

有人问，为什么资本家增资说退就退，为什么资本家定息说发就发，做得这样快？所谓增资有两种情况，一种是自愿的，一种是被迫的。增资的现款很少，多数是欠帐，也有物资，包括房屋、衣服、甚至还有棺材等。全部合计约二百万元左右，数目是很少的。政府决定，属于还帐的可以收下，其他的增资部分除本人坚决不愿退的，其余一律退还。如果不退，资本家人心惶惶，便要发怨言："敲锣打鼓，国家又发了一笔洋财。"而且所值不多，也不好处理，很快退还是对的。至于股息发得很快，是因为按股票发息，计算比较容易，资本家当时又需要用一部分股息去买公债。

政府实行定息办法的结果，多数资方人员或者积极工作，或者不反对改造，心怀不满的只是少数人，总的说对国家和人民有利。

三、资方人员中的多数是有生产技术和管理知识的，资本家和他们的知识分子对社会主义建设是有用的。不采取赎买政策，就不能团结、教育和改造他们。

现代化的生产是要技术的，虽然工人阶级的劳动是重要的，但是必须有技术。在目前，工人阶级自己的技术人员还极少，而资本家和他们的知识分子是现在最有文化的一个阶级，这种情况短期内还难以改变，我们需要团结这部分人参加社会主义建设。虽然资方人员中也有没有本领的人，但多数是有生产技术和经营管理知识的。如果我们对他们不采取赎买政策而采取没收政策，那末，资方人员和他们的知识分子便不会像现在这样积极地为社会主义建设服务。如果我们不用这些人，我们又不可能从国外招请这样多的专家帮助我们进行建设，企业在生产技术上和经营管理上将会受到很大损失。

四、我们是在六亿人口的大国中建设社会主义，这种建设工作需要十分谨慎，并力求正确。

我国在社会主义阵营中是一个经济上落后的国家，但又是一个大国，人口占社会主义阵营的三分之二。因此，在社会主义建设事业中，或者谨慎正确，或者掌握不稳，这关系世界大局。我国农业和手工业合作化、资本主义工商业改造，几乎牵涉到全国人民，是一项极为复杂、紧张的斗争，如果发生错误，在整个社会主义改造中将会引起混乱。可以说，我国社会主义改造工作改得适当，对世界社会主义事业将起有益作用。资本主义国家很注意我们的改造工作，外国资本家来中国常要去直接了解我国资本家的情况。我们把和平改造资本主义企业的工作做好，是有很重要的意义的。

以上四个理由说明了赎买政策对国家和人民、对工人阶级本身是有利的。因此我提议，在全国公私合营企业中广泛地进行一次赎买政策的宣传解释。为什么要解释？这有两个原因：第一，有许多工人群众以及基层工会干部对赎买政策并不完全了解。有的人反映："我对赎买政策是通的，但是对具体办法不通。"实质上是对赎买政策没有通。有的人反映，剥削者还得定息，原薪不动，是“不公平”的。我们认为，从一个方面看是不公平，但从全局来看，从前面所列的实行赎买政策的四个理由来看，还是合理的。我们一年只花一亿多元的定息，使全国在社会主义改造中得到太平，这是重要的事情。如果不实行赎买，可能造成混乱和不安，损失将更大，对工人、对人民更不利。第二，在合营企业中公私共事的好坏，能否团结技术人员，能否把资方人员改造成为劳动者，工作的关键在工人群众的态度如何。虽然团结和改造的责任，资方有份，公股代表也有份，但最重要的还是在工人群众。而且对资方人员的改造只有在工作中、在企业内进行，不应该放在厂外去改造。因此，如果工人不认识赎买政策的必要，便不会自觉地担负起团结和改造资方的责任。

第二　公私合营企业要恢复和建立工人群众参加的管理委员会，这个管理委员会应该和公股代表合作

在私营企业实行公私合营以前，工会和增产节约委员会实际上是企业的领导机关，对推动生产、实行社会主义改造起了很大作用。在公私合营以后，公股代表派进去，公股代表管理了企业，工会管理企业的职权便让给了公股代表。当时，我们没有强调保存管理委员会，没有强调公股代表必须继续发挥工会和增产节约委员会的权力，提拔工人担任企业的领导干部也不够，这是很大的疏忽，必须加以纠正。工人

群众对此不满，是有理由的。因此，必须恢复和建立工人群众参加的管理委员会。这是依靠群众、发动群众办好企业的重要问题。

今后恢复和建立的管理委员会应该和公股代表合作。在合营以前，私营企业没有公股代表，工会直接对资方实行监督，现在有了公股代表，应该和公股代表一起管理企业。应该肯定地说，管理委员会必须有相当的权力，其具体章程需要由工会和政府拟定。此外，要吸收工会领导人员和工人中的适当代表人物参加企业的领导机关，担任正副厂长、正副经理等工作。

有些工会干部对公股代表是有意见的。公股代表中，有些人的工作是有错误、缺点的，但绝大多数人的工作是好的。他们当中的多数人特别是在大城市从职工中、工会干部中提拔起来的人，有了错误、缺点是可以教育克服的。他们的经验不够，原来有经验的职工离开了本厂，或者是分配了新的业务，加上对资本主义工商业的改造是一件复杂的工作，时间又很紧迫，公股代表在工作中有错误、缺点是难免的。他们有时受到三个方面即资方、职工以及企业的专业公司的责难，工作常处于困难的境地。因此，工会应该给以帮助。在对公股代表的错误、缺点进行批评以后，多数人是可以教育留用的，只有少数不称职的才要调换工作。

第三 公私合营企业中改善职工福利是必要的，但是只能逐渐进行，不能很快改进

在公私合营企业中，小企业多，大企业少。小企业的福利设施，自然比大企业差。可以这样说，合营企业职工的劳动条件和福利设施比较困难的主要是而且首先是小企业职工，这是过去长时期遗留下来的问题，在并厂中有些厂又增加了这方面的困难，比如厂房拥挤，没有饭堂，宿舍、厕所不够，等等。

政府正在准备对工资低于国营企业职工的人，适当增加工资。高于国营企业的不降低，也不增加。低的增加拟分两次调整，但是每人每年所加的也不可能多。其他劳动设施的改进，能办者办，但不可能一下都办。不可能设想，小厂都改成大厂，盖大厂房，小店都并成大店。

许多小厂、小店的劳动条件的改进和福利的增加，要经过长期的努力。七年以来，国营企业的条件也还有许多是不好的。改善职工福利是必要的，改善的根本途径，是要在增加国家建设、发展生产、改善经营的基础上逐步前进。应该看到，我们一定会有进步，但前进的速度是不能太快的。一定有进步，七年来已经证明了；但是不能进步太快，因为我国经济比先进国家已落后了一百年。

经过三个五年建设计划，我国可以基本上实现工业化，但是要赶上工业最发达的国家，要准备五十年或者更长一些时

间的努力。十五年、五十年对一个人来说是很长的时间，但对社会主义建设事业来说，时间并不算长。像革命的先烈牺牲自己一样，他们的牺牲是为了人民和后代，我们的吃苦也是为了人民和后代。我们工人阶级应该有志气，迎头赶上去，集中一切力量为我国的高度工业化而奋斗！

加强商业工作的政治观点、群众观点和生产观点*

（一九五六年十二月——一九五七年一月）

一

我们是从事社会主义商业工作的，不能没有政治观点、群众观点和生产观点。商业工作，包括卖鸡、卖蛋，都有其政治意义。商业工作的好坏，直接关系到六万万人民群众的切身利益，关系到广大的城乡人民对我们是否满意。

（一九五六年十二月在中共商业部党组会议上讲话的节录）

二

搞商业的人，只管市场、不问生产的年代，已经过去了。例如，现在的钢铁、纸张供应不足，但如果只注意到这一点，是不行的，还必须看到国家计划和生产的情况，这是第一位的，商业是第二位的。我们必须重视这个问题。这是我们区别于一

---

* 这是陈云同志两次讲话的节录和一次讲话的要点。

般商人之所在。

（一九五六年十二月二十四日在国务院第五办公室办公会议上讲话的节录）

三

商业部门的领导同志，一天到晚忙于非常具体的经济工作，对思想政治工作注意不够，这样就很容易产生事务主义。如果不注意扭转，就会变得目光短浅。这件事，值得我们警惕。

在我们的工作中，建议提出“七分经济，三分政治”的口号。否则，工作的盲目性无法改变。我们如果不重视这个问题，就是带有原则性的领导方法的错误。那末，倒过来，“三分经济，七分政治”，行不行？这也是不行的。我进了北京城以后，从中财委〔23〕领导上来说，没有注意这个问题。现在如果再不提出“七分经济，三分政治”，则业务总是挤了政治。只要我们按照“七分经济，三分政治”长期做下去，有可能保证工作不犯大错误。否则，十分有九分会变成“斗争对象”。看来，这个问题要“奋斗”，要“突围”。

在这方面，现在最大的问题，是在部长、副部长。部长、副部长要领导学习。国务院第五办公室〔24〕和商业部先搞起来，下边也就跟着搞起来了。要把学习作为指导工作的不可缺少的一部分，作为我们的一项重要任务。这要成为一个章程。领导干部不解决这个问题，就没有尽到领导责任。

我看学习的内容有三个方面。一是总结经验。把总结经验列入学习的一项，不用说是很重要的。二是重大的时事和政治问题的学习。三是学习若干重要的理论问题。学习理论，最要紧的，是把思想方法搞对头。因此，首先要学哲学，学习正确观察问题的思想方法。如果对辩证唯物主义一窍不通，就总是要犯错误。你们都是有经验的，问题在思想方法。因为思想方法不对头，所以经验提不高。这一点，对于任何工作岗位的同志，对于解决任何问题，都是最重要的。此外，还要解决依靠群众的问题。疑难不决的事情，要请教群众。没有这一条，不能算马克思主义者。我们在工作中，不仅要依靠组织，更主要的是要依靠群众。这应该成为我们的一个口号。

我们观察、分析和解决问题的方法，是唯物辩证法，也就是毛主席说的实事求是，从实际出发。从实际出发的关键是，从片面的实际出发，还是从全面的实际出发?有些同志不花时间去弄清楚全面情况，弄清楚事物的本质，而是看到一些现象，就想当然，发议论，作结论，这是十分有害的。所以，重要的是要把实际看完全，把情况弄清楚，其次是决定政策，解决问题。难者在弄清情况，不在决定政策。只要弄清了情况，不难决定政策。我们应该用百分之九十以上的时间去弄清情况，用不到百分之十的时间来决定政策。这样决定的政策，才有基础。比如，要解决猪肉供应紧张和猪的增产问题，若不管饲料、猪仔的来源，不管价格高低，不管群众愿意不愿意饲养，而是临时乱抓办法，那就永远也做不好这一工作。

一个人看问题总是有局限性的。集体讨论、大家交换意见，是达到全面认识的重要方法。肯用脑筋想问题、发议论的同志，是很好的同志。不想问题，不发议论，天天搞五福布〔25〕的，就要差一点。在交换意见时，对于提出不同意见的人，决不要生气。他们的意见,对的或者错的,都有益处。正确的东西,是在否定错误的东西中生长起来的。毛主席在抗日战争时期,批驳亡国论和速胜论,得出持久战的结论。在统一战线问题上,批驳一切经过团结和一切经过斗争,得出既团结又斗争的结论。毛主席如果没有王明〔26〕、张国焘〔27〕这些反面教员,未必能那样的成熟。对于各种意见要进行比较。所有正确的分析,都是经过比较的。这是"试金石"的方法。通过比较,可以弄清楚事物的本质。毛主席为了说明新民主主义,就把它同资本主义和社会主义作比较,加以区别,这样就不含混了。人们认识事物,往往不是一次就能完成的,需要有一个反复的过程。这里重要的,是找"反对派";如果没有"反对派",也要假定一个"反对派"。毛主席自己就假定过许多反对的意见,别人不推翻,自己来推翻,推翻了再来。上述这些,都是全面认识客观事物的方法。

(一九五七年一月九日在中共商业部党组会议上讲话的要点)

建设规模要和国力相适应*

（一九五七年一月十八日）

我就财政经济问题讲几点意见：第一，一九五六年的财政经济情况；第二，如何解决目前财政经济方面的问题；第三，建设规模要和国力相适应；第四，要重视研究国民经济的比例关系。

一九五六年的财政经济情况

一九五六年，我国无论在社会主义改造和社会主义建设方面，都取得了巨大的成绩。农业、手工业、资本主义工商业的社会主义改造取得了全面的胜利。全国的职工、农民、公教人员在社会主义改造和建设的高潮中，大大提高了积极性，开展了广泛的劳动竞赛，涌现出大批的模范工作者。知识分子参加各种科学规划工作和向科学进军，表现出高度的热情。在农村，由于农民在合作化以后更加紧张的劳动，虽然自然灾害并不小于一九五四年，而粮食和其他农作物（除棉花外）的产量，

---

* 这是陈云同志在各省、自治区、直辖市党委书记会议上的讲话。当时陈云同志担任中央经济工作五人小组组长。

比丰收年的一九五五年还有增加。工业的总产值和基本建设完成的投资额也有很大的增长，工业生产已经提前一年完成了第一个五年计划[28]的总产值指标，基本建设四年累计已经完成五年计划投资总额的百分之八十以上。这些情况说明，一九五六年的经济建设，成绩是主要的。

一九五六年在财经工作方面，也发生了一些缺点错误，这主要表现在：

一、在财政和信贷方面多支出了近三十亿元。这三十亿元包括以下三个项目：(1)基本建设投资多用了十五亿元以上。基本建设投资大都是用得恰当的，但是在中央各部门，在各地方，都有一部分用得不适当，用得多了。(2)工资多开支了六七亿元。一九五六年是需要增加工资的，缺点是增加得太多。去年各个方面招收的人员，比原计划的八十四万人多了一百多万人，这里还不包括高等学校、中等专业学校、技工学校和技工训练班多招收的人员。一部分人员工资增加得过多，机关、企业人员的升级面宽了，有些奖金制度也不适当。这三笔钱，再加上附加工资，合计约有六七亿元。(3)贷款多了一些，农贷和其他贷款多支出了五亿多元。以上基本建设、工资、贷款三项，共计多支付近三十亿元。

二、生产资料和生活资料的供应都紧张。基本建设和生产所需要的原材料，如钢材、木材、竹子、煤炭等，人民生活需要的许多消费品，都出现了严重的供不应求的现象，以致有些地方在搞以物易物。钢铁是基本建设和工业生产的重要物资，去年用空了七十万吨的库存(其中双轮双铧犁和锅驼机[29]就多用了二十万吨)。由于缺少原料，手工业者到处抬价抢购废钢铁；有的地方竟发生手工业者抢去供销合作社的竹子的事。日用消费品供应紧张的现象也比较普遍，个别商品（如自行车）出现了投机倒把的“黄牛”[30]。看来，任何一种物资必须保有一定的社会周转量，如果少于这一数量，便会发生供应紧张，甚至会出现黑市买卖和囤积投机的现象。

我们知道，钞票是物资的筹码，发行钞票必须有可以相抵的物资。按物资的数量来说，一九五六年比一九五五年是增加了，但是却发生了供应紧张的现象，原因就在于财政和信贷多支付了近三十亿元。

如前所说，一九五六年经济建设工作成绩是主要的，但缺点错误确实存在。经验不是一朝一夕可以积累起来的，过去有缺点错误，今后也还难免。摸索革命的规律，我们花了二十多年的时间；建设的经验，也必须有两三个五年计划的时间，才可积累下来。我们的缺点错误是前进中发生的，是容易纠正的。目前有些物资供应紧张，我们只对少数物资实行了定量供应，但就全局来说，市场仍然是稳定的，黑市和“黄牛”并不多。我们认为，粮食、植物油、布匹等将会在相当长的时间内供应紧张，其他的物资，只要在两年内不发生大的自然灾害，并且采取适当的措施，供应紧张情况是可以缓和下来的。我们要有计划地使社会购买力增长的速度放慢，使它低于消费品增长的速度，在两年的时间内填补供应不足的差额，使购买力和物资供应大体上得到平衡。

如何解决目前财政经济方面的问题

解决财政经济方面所发生的问题，主要有以下三个办法：

一、开展增产节约运动。在增产方面，农业和有销路的副业产品，应该大大增产；有原料、有销路的工业和手工业产品，也应该尽量增产。在节约方面，无论是基本建设或者是生产，无论是企业、事业单位或者机关、团体、学校，无论是中央或者地方，除了保证必需的费用以外，都要节省一切可以节省的开支。

二、适当压缩基本建设的投资额。这样做的目的，是使一九五七年基本建设的规模，适应于国家财力和物力的可能。这样，基建工作量和财政支出将比原来发下去的控制数字降低，至于降低多少，要看财政收入和钢材、木材等原材料供应的可能。投资额减少以后，是削减主要项目还是削减次要项目，要加以分析。如果有些主要项目不推迟，不减“骨头”只减“肉”〔31〕，这样下去，将来还会出现紧张的局面。

三、有计划地控制社会购买力增长的速度。今后两年，工资总额只能小量增加；农产品的收购价格，除了收价太低因而破坏生产的以外，一般不能提高。这样，就可以使购买力的增长在计划的控制之下。劳动工资方面要注意的是，除安排大学和中专毕业生以外，各部门一般不增加人员，必须增加的单位由内部统一调剂；升级加薪一般要停止两年。同时，还要增产消费品，推销公债，奖励储蓄。用这些办法来使消费品的供应量和社会购买力恢复平衡。

我们采取上述三项措施，就是为了既保证经济建设的一定规模，又逐步使原材料和消费品供应紧张的状况缓和下来。也就是说，既要完成第一个五年计划的建设任务，又要保证市场稳定。这样做，无疑要遇到许多困难。比如，若干基建项目推迟后要进行妥善处理，多余的职工要加以安排，对于不能升学和分配工作的中学毕业生，也要做好工作。

建设规模要和国力相适应

建设规模的大小必须和国家的财力物力相适应。适应还是不适应，这是经济稳定或不稳定的界限。像我们这样一个有六亿人口的大国，经济稳定极为重要。建设的规模超过国家财力物力的可能，就是冒了，就会出现经济混乱；两者合适，经济就稳定。当然，如果保守了，妨碍了建设应有的速度也不好。但是，纠正保守比纠正冒进要容易些。因为物资多了，增加建设是比较容易的；而财力物力不够，把建设规模搞大了，要压缩下来就不那么容易，还会造成严重浪费。在党的第八次全国代表大会〔1〕上，薄一波〔32〕同志在发言中，讲了国民收入和积累、国民收入和国家预算收入、国家预算支出和基本建设投资三种比例关系，我很同意他的研究。他所提出的比例数字可能会略有出入，但寻找这些比例关系，是完全必要的。我现在想从另一个角度，即从其他方面试图寻找一些制约的方法，来防止经济建设规模超过国力的危险。我认为下列各点应该注意。

一、财政收支和银行信贷都必须平衡，而且应该略有结余。只要财政收支和信贷是平衡的，社会购买力和物资供应之间,就全部来说也会是平衡的。一九五〇年到一九五五年财政收支平衡和物资供需平衡的状况,从正面证明了这一点。一九五六年,由于财政上有了赤字,物资供应就不平衡,又从反面证明了这一点。这是极为重要的一个问题。同时还应该指出,财政收支略有结余是必要的,因为我国的经济建设规模日益扩大,便需要逐年增加物资的周转量,也就是要适当地增加库存量。所谓财政结余,并不只是结余钞票,主要是结余相应的物资。当然,财政结余并不是一点也不能使用,在保证必要的周转量和储备量的情况下,是可以使用的。一九五六年因为动用得太多,便发生了问题。

二、物资要合理分配,排队使用。应该先保证必需的生产和必需的消费,然后再进行必需的建设。像钢铁、木材等原材料的供应,应该有分配的顺序。原材料的供应,宽裕时不发生问题,紧张时便必须有分配的顺序。在原材料供应紧张的时候,首先要保证生活必需品的生产部门最低限度的需要,其次要保证必要的生产资料生产的需要,剩余的部分用于基本建设。先保证生产、后供应基建这种排队的必要,主要是为了维持最低限度的人民生活的需要,避免盲目扩大基本建设规模,挤掉生活必需品的生产。在财力物力的供应上,生活必需品的生产必须先于基建,这是民生和建设的关系合理安排的问题。应该看到,基本建设搞多少,不决定于钞票有多少,而决定于原材料有多少。关于人民生活必需品的生产,我之所以说应该保证它们对原材料最低限度的需要,是因为今年的生产指标不可能在去年已经很高的基数上再增加多少。去年农业歉收,今年像棉纺织这样的轻工业生产不能不受到限制。还必须看到，今天把原材料的供应限于最低限度的生产的需要，挤出一点力量用于基本建设，正是为了将来生产的发展。

三、人民的购买力要有所提高，但是提高的程度，必须同能够供应的消费物资相适应。构成购买力的主要部分，是职工的工资和农民出售农产品的收入，以及其他人的收入。目前购买力提高过快，是由于工资总额的增加以及农产品的提价。至于因农产品增产而增加购买力，不但并不可怕，而且是件大好事情。现在要注意的是农产品提价的问题。提价的范围，只能限于那些收购价格过低影响生产发展的农产品。这是必须严格掌握的原则。经济作物的提价，必须考虑粮食和经济作物的比价，防止经济作物提价过多而挤了粮食，以至被迫再提高粮价，造成轮番提价、全面提价的危险。否则，农产品提价多了，便要减少建设投资，同时增加市场供应和货币回笼的困难。在这一方面必须十分慎重。

生产消费品的原材料的来源，一是农产品，二是用出口农产品换回的原料，三是重工业部门生产的原材料。这三个来源，都受一定限制。人民购买力提高的程度必须和消费品增长的程度相平衡。

四、基本建设规模和财力物力之间的平衡，不单要看当年，而且必须瞻前顾后。财力物力就是指投资、机器设备和原材料、消费物资、外汇四个方面。一九五六年安排基本建设的时候，只和当年财力物力勉强平衡，既没有瞻前也没有顾后，结果造成基本建设投资猛长，在一九五七年不得不减下来。这是一九五六年计划执行的重要教训之一。国家经委曾经试算过，如果一九五七年基本建设投资为一百二十六亿元，照此推算,一九五八年要投资一百六十二亿至一百八十一亿元,这是当年财政支出所不可能负担的。再看过去几年基本建设的投资情况:一九五三年是六十五亿元,一九五四年是七十五亿元,一九五五年是八十六亿元,而一九五六年则陡升到一百四十亿元。一九五六年是第一个五年计划的第四年,许多建设项目的设备进口和机器安装都集中在这一年及下一年,因此基本建设投资比往年应该增加得多一些,但是一下子增加了五十四亿元,这就太多了,结果无论财力方面和物资方面都不能平衡。由此看来,年度计划要摆平,就必须瞻前顾后,前后衔接,避免陡升陡降,造成损失。

五、我国农业对经济建设的规模有很大的约束力。我国农业经济比重很大,农业生产和财政收入有很大关系。据国家经委估算,在国家财政收入中,与农业有关的收入,大约占百分之四十五。当然,以农产品为原料的工业品中有工人创造的价值。所以,不能说农民向国家的缴纳占国家财政收入的百分之四十五,而只是说明,国家收入与农业有很大的关系。我国农村人多地少,农业生产增长率不高。一九五六年农业总产值五百八十三亿元,如果按增长百分之五计算,只增加二十九亿元。而农村人口以增加百分之二计算,一年即增加一千万人,每人每年消费六十元,一年便要消费六亿元,余下的只有二十三亿元。虽然新增产的一部分经济作物经过工业加工后,还可以增加国民收入,但是这部分经济作物占农产品的比重并不大。每年新增加的购买力和增加出口的很大部分,就要依靠这二十多亿元农产品去抵补。我国国民经济中工业所占的比重将来会增加,农业生产也要发展,但是在今后相当长的时期内，农业对经济建设规模的约束力是很大的。一九五四年和一九五六年农业歉收，都使第二年的工业生产、财政收入和基建投资下降，就充分证明了这一点。

要重视研究国民经济的比例关系

第二个五年计划[7]的编制，应该和第一个五年计划的编制有所不同，计划工作的水平要有所提高。编制第一个五年计划时，首先着眼于新的基建项目搞多少，只求新的建设和财力的平衡。现在情况已经大不相同，已经建成的和正在建设的项目已经大大增加了，如果不认真研究国民经济的比例关系，必然造成不平衡和混乱状态。而研究合理的比例关系，决不能只依靠书本，生搬硬套，必须从我国的经济现状和过去的经验中去寻找。既要研究那些已经形成的比较合理的比例关系，更重要的是研究暴露出来的矛盾。我还没有这方面的知识，需要有关部门的同志共同努力。我现在只就已经暴露了的矛盾提出一些看法。

一、重工业、轻工业、农业的投资比例，应该根据毛主席在《论十大关系》中所提出的方针加以安排。重工业投资当然仍占多数，但轻工业和农业投资的比重要增加，为轻工业和农业生产服务的重工业的投资也要增加。这样，工业建设的速度一时看来似乎是慢了，但实际上不会慢，可能加快。

二、煤、电、运输等先行工业部门，已经暴露出过去投资不够的问题，先行成为落后，这种状况要很快加以改变，否则对整个国民经济的发展很不利。

三、钢铁工业和机械工业的关系，在发展先后和投资多少的问题上，也暴露了一些矛盾，要研究解决，使两者彼此配合，互相促进。

四、民用工业和军用工业的关系要处理好。发展军用工业是完全必要的，要有一些专门生产军用品的工厂。但军用工业不能孤立发展，必须建立在强大的民用工业的基础之上。

五、大厂和小厂、先进和落后的问题。大家喜欢建大厂，掌握先进技术。但从目前我国的实际情况来说，应该是有无第一，先进落后第二。钢铁工业应该有大厂，但更多的应该是中、小工厂。这样，发展快，品种多，可以满足各方面的需要。煤炭工业建设斜井、小立井比建设大立井时间短，收效快，可应急需。我们必须建设若干大厂，但外汇不足，设备不能全靠进口，要以自力更生为主。

六、正确处理建设中的“骨头”和“肉”的关系。过去我们对于处理这个关系没有经验，重视了“骨头”，忽视了“肉”。对于新建一个工业城市或工业基地的困难程度和投资数量，也估计不足。这些问题，应该及早注意，妥善解决。

七、公私合营的企业必须停止合并。已经合并而不适当的，应该退回去。要打破认为在任何情况下都是“大厂合理”的迷信。把许多原来单独核算的小厂勉强合并在一起，实行统一核算，不见得合理。我国旧的工厂多，这样的工业基础，在组织形式上不适宜于大合大并。

就市场物价问题答新华社记者问*

（一九五七年四月二十九日）

问：近来市场物价的变动情况如何？

答：几个月来，市场上有一部分商品的价格上涨。这些商品可分为以下四类：（一）食盐、猪肉、一部分食油（菜油、芝麻油、茶油、豆油）、桐油和几种茶叶，提高了价格。随着猪肉和一部分食油价格的提高，肉制品、一部分糕点等也涨了价。（二）呢绒、高级纸烟提高了价格，以呢绒为原料的鞋帽等也涨了价。（三）一部分手工业品，主要是以钢、铁、竹、木为原料的产品涨了价。（四）在小土产自由市场上，一部分副食品、蔬菜、药材涨了价。这些涨了价的商品只占全部商品的一小部分。大多数商品，包括粮食、棉布、煤炭、针织品、重要日用百货等人民生活必需的基本消费品在内，价格是稳定的。

问：政府为什么提高猪肉、食油、食盐、呢绒、高级纸烟的价格？

答：大家知道，在不久以前，政府对猪和某些植物油料的

---

* 这是陈云同志以国务院发言人的名义对新华社记者发表的谈话，原载一九五七年四月三十日《人民日报》，收入本书时略有删节。

收购价格提高了很多。猪和某些油料的收购价格过去偏低，因此猪的产量前两年降低了，油料播种面积没有扩大，如果不提高收购价，不但不能增产，连现在城市中不多的供应量也将难于保持。为了促进增产，提高它们的收购价格是必要的。提高了收购价格，就要提高销售价格。但是收购价格提高得多，销售价格提高得少，如猪的收购价格提高了百分之十三，销售价格只提高百分之七。能不能只提高收购价格，而不提高销售价格呢？不能。因为那样政府就要赔贴很多钱，使今年财政收支平衡发生困难，使今年社会购买力和商品供应量之间的平衡发生困难。

大家知道，去年全国新增加二百几十万职工，一般公教人员和企业职工都增加了工资，这就使社会购买力大为增加。另一方面，今年消费品总的产量比去年增加不多，棉布产量还减少了，再加上今年不能拿出很多库存商品来供应市场，这样，今年的社会购买力和商品供应量之间，仍然是不平衡的。为了求得两者之间的大体平衡，政府确定尽量减少国家机关、部队、团体、学校等等的办公费用，尽量压缩集团购买力，以便让城乡人民能够买到必需的商品。

应该看到，如果我们的财政收支不能平衡，社会购买力和商品供应量之间不能大体平衡，物价就会乱涨，市场就会混乱，这对于经济的发展和人民生活的稳定都会带来十分不利的影响。现在我们主动地有计划地提高猪肉和一部分食油的销售价，提高食盐的税率（现在盐税、盐价仍然低于抗日战争前），提高呢绒和高级纸烟的价格，都是为了求得财政收支的平衡，求得社会购买力和商品供应量之间的平衡。当然，争取达到这两个平衡，可以有各种办法，目前正在全国蓬勃开展的增产节约运动和争取农业大丰收的运动，是实现上述两个平衡的主要办法。而有计划地提高某些商品的价格也是一种有效的办法。采取这种办法，可以使应该涨价的商品适当涨价，不应该涨价的商品不涨价，保持市场物价的基本稳定，这对保障国家建设和人民生活是必要的。

呢绒和高级纸烟提了价，只是少数人增加了支出。政府物价政策的基本出发点，历来就是首先保证人民必需的主要商品价格的稳定，因为这些商品是全国所有的人经常大量需要的，占家庭支出的主要部分。对于那些最主要的商品，例如粮食，政府还采取了远距离调运、赔贴运费的办法，来保证城市的供应。如果国家不采取补贴的办法，城市的粮食价格就会比现在贵得很多。对那些同人民生活关系十分重大的主要商品实行补贴，而对呢绒和高级纸烟这一类高级消费品有时涨些价，借以平衡财政收支，这正是保证全国人民生活稳定的一项重要的措施。

问：一部分手工业品、蔬菜和小土产的涨价又是什么原因？

答：一部分手工业品涨价的原因，主要是由于钢铁废料和竹、木等供应不足，价格上涨，加上手工业工人提高了工资，使手工业生产成本提高。有些手工业品供不应求，大家争购，也是涨价的一个原因。为什么手工业原材料供应不足呢？这是由于去年国家基本建设投资多了一些，一部分应该用于手工业生产的原材料，用到基本建设方面去了。同时，去年农业合作化以后，农村基本建设耗用的钢、铁、木、竹较多，也是手工业原材料紧张的一个原因。自从增产节约运动开展以来,有一部分手工业原材料供应紧张的情况已经开始缓和,但是有一些并不是短期内可以解决的,因此今年的供应仍然比较紧张。各级政府和有关方面应该积极扶助手工业的发展,帮助解决原材料的困难。手工业合作社、合作小组和手工业者也要努力节约原材料,降低成本。

蔬菜的涨价对人民生活影响较大。蔬菜涨价有两种情况。一种是季节差价,就是旺季降价,淡季涨价,这是不可避免的,也是必要的。不这样的话,谁也不会保存蔬菜去供应淡季的需要。另一种涨价,是指本年比上年同期价格高了。目前蔬菜的涨价,上述两种情况都有。为什么出现后一种情况呢?这是由于有些城市人口增长很快,而我们又没有相应地扩大蔬菜的播种面积。有些城市虽然相应地扩大了播种面积,但是由于去年秋后霜冻早临,秋菜减产,今年又春寒较长,妨碍了春菜的生长。几年来的经验证明,因为蔬菜生产容易受自然灾害的影响,所以,蔬菜播种面积的扩大,不仅要和城市人口的增长成比例,而且应该适当地快于城市人口增长的速度,以便保有一定的后备。只要各地切实注意在城市周围适当扩大蔬菜的播种面积,改进蔬菜的经营,防止菜价的不适当的上涨是可能做到的。霜冻春寒等自然灾害是难以避免的,业务领导部门要做好地区之间的蔬菜调剂工作。

有些小土产的涨价,是由于生产还赶不上需要。自由市场开放到现在还不到一年〔33〕,就多数小土产来说,还不可能达到大量增产。只要生产增加了,达到了供求平衡,价格自然就会平稳的。各地应该加强对自由市场的领导,促使其正常发展。

问:近几个月来某些商品价格上涨,对于人民生活究竟有多大的影响?

答:首先,对农民来说,提高了一部分农产品收购价格,自由市场上一部分副食品、小土产、手工业原料也涨了价,都使他们的收入增加了。只有一部分商品的涨价使农民的支出增加,但是对比起来,农民增加的收入多,增加的支出少。至于城市居民,因为若干商品价格上涨,生活受到了不同程度的影响。购买力较高的家庭增加的支出比较多,购买力较低的家庭增加的支出比较少。不同城市的居民增加支出的情况也有所不同。一般说来,去年加了工资的人,除了极少数以外,增加的工资收入,都多于物价上涨的支出。去年没有增加工资的人为数很少,他们是增加了支出,但是对其中多数人来说,增加的支出占工资的比重并不大。

去年的大量就业和增加工资是一件好事,但是随之而来的问题,是许多生产资料和消费资料在大量增产以后仍然供不应求。这充分说明,像我国这样一个经济落后而正在进行建设的国家,人民生活水平只能在生产发展的基础上逐步提高。我们必须进行长期的艰苦奋斗。

问:今后市场物价发展的趋势如何?

答:由于全国人民积极参加增产节约运动,由于基本建设投资已经作了适当的削减,同时有计划地提高了一部分商品的销售价格,今年的财政收支可以达到平衡,社会购买力和商品供应量之间也大体可以平衡。目前对一些必须调整的物价已经作了调整,以后对于主要由国家经营的商品,政府将采取稳定价格的政策。由于国家经营的商品占全国商品总值的绝大部分,因此,今后物价的总趋势,是可以保持稳定的。

一定要把蔬菜供应问题解决好*

（一九五七年七月二十二日）

召开这次会议的目的，是研究保证蔬菜供应，稳定蔬菜价格的问题。保证蔬菜供应，稳定蔬菜价格，是城市人民的普遍要求。购买力愈低的人，对这个问题就愈关心。

目前大中城市的党委和政府面临着很多重要问题，蔬菜供应问题是其中之一。在开始进行大规模经济建设时期，多注意工业生产和基本建设，这是对的，因为国家要工业化。但搞建设就要增加职工，城市增了人就要给吃的。只注意建工厂，不管职工吃的，那怎么行？过去只注意厂房和机器这些东西，没有很好地注意职工的生活需要，对蔬菜和其他副食品的供应抓得不紧。我看，蔬菜和其他副食品的供应问题，其意义绝不在建设工厂之下，应该放在与建设工厂同等重要的地位。如果只注意工业建设，不注意解决职工的生活问题，工人就可能闹事，回过头来还得解决。人是应该接受教训的，去冬今春蔬菜供应很紧张，给人们很深刻的教育，使得我们非开会解决这个问题不可。我们共产党领导革命成功，社会主义建设也能搞，如果连蔬菜问题都解决不了，还成什么样子！

---

* 这是陈云同志在十三个省、市蔬菜会议上讲话的摘要。

保证蔬菜供应的前提，就是要生产足够数量的蔬菜。要生产足够数量的蔬菜，就要有足够的种植面积，而且要打上“安全系数”。

大中城市郊区要有足够数量的蔬菜种植面积。首先根据人口多少，计算出需要多少菜；再根据亩产量的高低，计算出蔬菜的种植面积。城市人民的吃菜问题，基本上要靠每个城市郊区解决。为了扩大菜地，征公粮可以改征代金[34]，统购粮也应该相应地减免。今年全国扩大菜地四十万亩，对粮食生产的影响并不大。如果一边要农民种菜，一边要他们照旧缴粮，农民只有买粮食来缴，这是不行的。

大中城市除了靠郊区生产蔬菜外，还必须另有蔬菜生产基地。要以郊区生产为主，外地调剂为辅。不靠郊区，只靠外地调运固然不行；只靠郊区，没有蔬菜生产基地也不行，冬、春两季就不能保证供应。过去的蔬菜供应网，据我了解，上海的蔬菜并不是全靠郊区供应，而是把上海附近的松江专区[35]、苏州专区[36]的若干个县作为生产基地的，甚至还包括浙江的平湖、嘉兴等地区。北方也是如此。山东是大白菜的生产基地，河北的唐山、保定等地区也是蔬菜生产基地。除了保持和发展这些历史上形成的蔬菜生产基地外，新的城市还要建立新的秋菜生产基地。这种秋菜基地，今年可在部分地区试验多施化肥，看增施一定数量的化肥究竟能增产多少蔬菜。我国耕地不足，粮食困难，如果在几十万亩蔬菜基地用化肥能大量增产蔬菜，那就能解决很大问题。今年化肥不足，试验面积不必过大。如果效果好，明年可以专门进口一部分化肥用于种植蔬菜。

蔬菜种植面积必须有“安全系数”。这就是说，种植面积要打得宽一些，防备发生自然灾害。农业生产受自然条件的影响很大，年年都有好些地方受灾，粮食减产，蔬菜也会减产。种植面积如果没有“安全系数”，蔬菜就没有足够的后备；没有足够的后备，遇到灾害时就不能保证供应。

蔬菜种植面积大了，还要保证农民能够得利。要合理规定价格，不能“菜贱伤农”。农民无利可得甚至亏本，是不行的。种菜收入比种粮收入大得太多不好，收入少了更不行。究竟菜农收入多少才算合理，这需要各地仔细计算。

打了“安全系数”，种多了就难以避免有部分蔬菜烂掉。没有“安全系数”也要烂一些菜，有了“安全系数”也不一定会多烂。现在摆在我们面前的是这样的问题：一是年年蔬菜供应不够，老百姓吃不上骂娘；一是多种一些，难免要烂掉一点。两者当中选一个，我看宁可多种点，不能少种。有损失由国家出钱，不要老百姓出。菜多了总能想办法解决。比如，现在大中城市都养猪，菜多了可以作为饲料；青饲料多了，猪吃的粮食就可以减少。而且，蔬菜是否年年多出很多，不一定。从全国来说，这儿不灾那儿灾，这里多了那里少了，算总帐，不一定多出很多。当然，要努力改善经营管理，尽量减少烂菜所造成的损失。因经营管理不善而发生的烂菜损失，不能推在“安全系数”上。

蔬菜的储藏问题也应该认真解决。由哪些人储藏？第一是农民储藏。让农民储藏，一定要保证他们有利可得，有的给保管费用，有的定季节差价，否则他们就不肯储藏。第二是机关、部队、学校伙食单位自己储藏。例如在北方，秋天要储够几个月的菜，这几个月就可以不供应他们。分散储存，可以减少城市商业部门的储存数量，可以不要那么多的基本建设投资。

但是要注意防止因分散储藏而发生抢购现象。第三是城市商业部门储藏，这也是不可缺少的。

在蔬菜旺季腌些菜，也是解决城市蔬菜供应问题的一个办法。许多地方老百姓都有腌菜习惯，机关、部队、学校也可以试办。这件事，也要按照供应情况、设备和技术条件逐步搞起来，不能要求今年就完成。

总之，城市的蔬菜供应是件大事，我们要千方百计把这个问题解决好。

必须提倡节制生育*

（一九五七年八月二十日）

中国人多，必须提倡节制生育。这是有关经济建设的大问题。现在粮食、布匹、学校等紧张，都与人口多而且增长快有关系。

节制生育的措施，要十年、二十年以后才能见效。中央和各省市都要成立专门委员会，来抓这件事情。

在中国社会里，节育不大好讲，不但女同志怕羞，男同志也怕羞，不好意思去买避孕工具。所以，要广泛宣传，使大家不以为羞。可以号召共产党员不生第三个孩子。避孕药和工具还可以再降价，甚至可以白送。准备一年贴几千万。这样做是合理的〔37〕。

* 这是陈云同志在国务院常务会议上发言的节录。

重视粮食工作*

（一九五七年九月六日）

一 今年的年成和我们的方针

今年虽然有个别省区灾情严重，东北、内蒙古地区的收成还不能最后肯定，但是从全局来看，大概是个平年偏丰的年景。根据这种估计，我们的方针是：必须抓住机会，保证正常的粮食收购和实行少销，以便以丰补歉。所谓机会，一是年成偏丰，二是农村正在开展社会主义教育运动〔38〕。所谓正常收购，就是必须保证征购数量能够维持在八百五十亿斤多一点的水平上。

许多省区要求少购多销，这个意见就一省一区来看，有一定的理由。但是，从全国范围来说，如果按照大家提出的数字来办，一九五七到一九五八年度〔39〕，国家就要挖用二三十亿斤库存粮食，那是不能设想的。我们认为，在年成偏丰和开展社会主义教育运动的情况下，如果国家不能增加四五十亿斤库存粮食，反而还要挖用二三十亿斤库存，肯定是错误的。这是因为，如果明年来个灾荒年景，国家就会处于危险的地位，

* 这是陈云同志在全国粮食工作会议上所作的总结的要点。

那时候势必再来收缩，结果将会全局被动。

现在的问题是，必须在两个方针中间选择一个：或者是保证正常收购和实行少销；或者是少购多销。我们应该选择前者而不应该选择后者，因为后者是冒险的方针。黑龙江和辽宁省的同志说，去年因为对粮食的购销放松了一点，省委作了检讨。如果我们大家今年在粮食购销方面放松了，万一明年来个灾荒，粮食出了问题，大家都得检讨。

毛泽东同志在《一九五七年夏季的形势》中指出："最近几年，三百五十亿斤征粮和五百亿斤购粮，必须坚决收到，不能短少。按照年成丰歉，可以有所调节。农村中，因为逐年增产，缺粮户逐年减少，因此销粮应当逐年减少。城市销粮过多之处，也应酌量减少。这样，国家的粮食库存才有可能逐年增加，以备可能发生的紧急之需。"我们不提多购少销，因为这容易发生错觉，以为收购越多越好，所以只能提保证正常收购和实行少销。我们不希望多购，也不可能多购。一九五四年多购了一点粮食，结果助长了一九五五年的紧张状况，不得不再来整顿统销工作，这种错误不应重复。

几年来的经验告诉我们，灾年和丰年相比，粮食收购只差二三十亿斤，而在销售上则悬殊很大。去年粮食销量是八百五十一亿斤。这一年遇到了灾荒，加上刚刚实现合作化，如果销量过少会出乱子，问题是销得过多了，大约多销了四十多亿斤。一九五五年是丰年，这一年粮食销量只有七百二十二亿斤，同受灾的一九五六年比较，销量竟相差一百二十九亿斤。丰年当然应该适当多购一点粮食，但文章主要地要做在少销上。总之，我们说抓紧机会，并不是要求多购，而是为了保证正常收购。我们希望把工作重点放在少销方面，因为，丰收年和丰收地区少销一点粮食，不会饿死人。

二 征购方面的问题

我们要向农民征购八百五十亿斤粮食，这一头必须定死，不这样就不能保证国家建设的顺利进行。当然，丰年歉年要有所调整。

增产了，就要适当地多购一些，这是以丰补歉所必需的。如果增产不增购，歉收年份和歉收地区就肯定过不去。增购的数量，一般不得少于增产数量的百分之四十；在特殊情况下，还应该多购一些。所谓“特殊”，就是在省内地区之间，省际之间，年际之间，发生了丰歉严重的不平衡。但是，也不能购得过多。丰收了，农业生产合作社应该多留一点，农民也应该多吃一点，以刺激农民的生产积极性。

在征购粮食方面，我们要做好工作，要求农民如数缴纳，并且保证质量。要纠正拖欠公粮的现象，并且继续保持以好粮缴公粮的优良传统。缺粮的农业生产合作社可以缴纳代金〔34〕。单干农户的粮食统购和对国家的各种负担，必须严格照章办事。这件事农业生产合作社要负责管好。

三 统销方面的问题

农民的口粮可以实行以人定量。至于定量分几等，等级间的差距多大，由各省自己规定。但是，分配的口粮总量不得突破国家核定的统销指标。

允许农业生产合作社经营油坊、豆腐坊和粉坊，但不宜过多，必须加以适当控制。应该禁止农业生产合作社任意动用粮食搞熟食业。

不要忽略丰收地区的小片灾区和歉收地区的统销工作。过去对小片的插花灾区，常常忽略，以致发生问题。今后在统销工作中，应该妥善安排。

市镇的粮食统销工作也必须抓紧。市镇居民的口粮标准应该降低和可以降低的，就适当降低。口粮供应可以搭配点红薯。

集体伙食单位用粮数量应该严加整顿，不准虚报人数和多领粮食。熟食业收粮票，灾区可以先试行，全国暂不实行。要整顿粮票制度。粮票要有必需的流通量，但是多了就不好，一有风吹草动会发生突击抢购的现象。整顿的目的，是为了减少可钻的空子，防止突击抢购粮食。

这里，我要特别强调一下粮食统销的纪律问题。要保证不多销，就必须按季、按月下达销售指标。从去年九月份开始，国务院已经这样做了。但是多数地区没有引起注意，统销指标月月被突破。这是一个很大的漏洞。因此，今后要规定一项纪律，这就是：下达的销售指标，各地和各部门必须坚决执行，不得任意突破。

四　全党重视粮食工作

粮食工作是一项关系全国人民切身利益的重要的工作。

我们不仅要向五亿多有余粮的农民征购粮食，而且要向一亿城镇居民和一部分农村缺粮人口供应粮食。就是说，它不仅关系到对五亿多农民收购的多少，而且关系到对近两亿需要粮食的人销售的多少。总之，它同全国每一个人都有切身的利害关系。这是一。第二，粮食分配同农业生产有直接的关系。粮食统购统销就是国家对粮食的一种分配。搞得好，对于农业生产就有刺激的作用；搞得不好，就会发生不利的影响。农民注意生产，同时又注意分配，分配和生产是紧密地联系在一起的。在粮食分配方面，要照顾国家和农民两个方面的利益。如果只顾国家需要，而不顾农民的需要，就会影响农民的生产积极性，不利于农业生产以至整个国民经济的发展。如果不顾国家的需要，只是片面地强调农民的需要，就会影响城镇居民的口粮供应，就会妨碍国家的建设。第三，粮食是稳定市场、保证建设的最重要的物资，现在没有任何物资比粮食更为重要的了。我们讲市场是否稳定，主要的是指粮食局势和粮食价格是否稳定。粮食的局势和价格如果不稳定，整个市场物价就不可能稳定，国家建设就无法进行。以上说明，粮食工作极为重要，它决不仅仅是一项单纯的经济工作，而且也是一项重大的政治工作。各级党委必须加强领导，切实解决问题。过去认为，合作化以后，从一亿多个农户变为几十万个合作经济单位，粮食工作总会好做一些，现在看来，这种想法不完全对头，至少一个时期内并不如此。因此，今后全党还必须把粮食工作放在重要的位置上。

过去每年要花很多的时间，全党动员、全力以赴地来搞粮食工作，这是有原因的。我国粮食如果节约使用，还可以够吃够用，敞开来吃，吃和用就不够。如果不大力地去抓分配，粮食收下来就会被吃掉很多。现在的问题是，我们要把农民可以不多吃的粮食，买一点过来。实质上，这是节约使用同敞开来吃的矛盾。这就是我国当前和今后一段时间粮食问题的症结所在。一方面，为了保证国家建设，我们要求群众不要敞开吃、敞开用。另一方面，又要保证农民大体够吃、够用，以鼓励农民的生产积极性。在这种情况下，粮食工作就必然是个广泛的艰巨的群众工作，而且这样的群众工作要长时间地做下去。全党同志特别是所有做财经工作的同志，必须深刻认识这一点。

经济体制改进以后应该注意的问题*

（一九五七年九月二十四日）

一、中央某些职权下放以后，必须加强对各个地方的平衡工作。扩大地方的职权是完全必要的，一般来说，当地的事情，地方比中央看得更清楚一些。体制改变以后，地方更可以因地制宜地办事。但是，必须加强全国的平衡工作。因为经济单位是分散的，没有全局、整体的平衡，就不是有计划的经济。过去中央各部可能忽视地方，但是职权下放以后，地方也可能发生不顾全局的倾向。因此，一方面要有适当的分权，同时又要加强综合。我们认为，分权以后，平衡工作不是应该削弱，而是应该大大加强。今后，全国各地在经济上都必须有所发展，但必须注意不要使全国已有的生产设备闲置而造成浪费。例如，内地各省办工业时，不要使沿海城市已有的生产设备闲置。只顾沿海城市，不顾内地是不对的，例如热水瓶也要集中在沿海生产，远途运销，这是不适宜的；但内地样样都要求自给自足，也是不对的。因此，各地基本建设项目必须经过全国计划机关的

* 这是陈云同志在中国共产党第八届中央委员会第三次全体会议上发言的一部分。

审核平衡。

二、地方要切实掌握资金的投放方向。我们认为，地方资金投放的主要方向，也就是地方大部分的钱，应该投向与发展农业生产有关的方面，例如化肥工业、兴修水利、可垦荒地的开垦等。

三、财政体制一经改变，必须建立相应的财务管理制度。中央与省市分权以后，省市还要与专县[40]分权。今后各地方和各企业，都有机动的财力，比较好办事；但如果管理不好，就会坏事。几十万个单位中，有贪污、浪费是一定难免的。为了防止和减少贪污、浪费的现象，必须建立各种管理制度。例如，要建立会计制度，无论那一个单位都必须有帐，有使用款项的规定。用款，不能由一个人批，要经一定的组织通过。要有报告制度，地方必须将全部收支列入各级政府的报告；企业的财务，要列入企业的年度报告。要有检查制度，财政部、监察部[41]和各级政府要定出检查办法。

四、中央和地方各种分成制度，基本上三年不变；但执行一年以后，如果有不适应的地方，应该有局部的调整。分成要有个限度。三年之内，地方财政分成不超过三十亿至三十六亿元，外汇分成不超过四千五百万到五千万美元，这两个数字的规定是必要的，也是可能的。但如果数目过多，便会影响全国的重点建设。我们估计，三年内，地方分成是先少后多，而且是富的省市多得，贫的省市少得。这是经济发展的条件决定了的。改进体制一年以后，应该总结经验，可能进行局部的调整。这是因为，三年分给地方的三十亿至三十六亿元是估计数字，其中财政结余约十亿至十五亿元，比例分成约二十亿元，执行结果可能出入很大，贫富地区之间的差别也可能很大，只有实践一年以后，才可以看出问题。因此，我们说，基本上三年不变，实行一年之后，还会作必要的局部调整。

解决吃穿问题的主要办法*

（一九五七年九月二十四日）

目前粮食和布匹的供应是紧张的。第二个五年计划〔7〕期间，每人平均供应量难于增加，而且有下降的趋势。主要原因：一是人口增加，现在一年要生一千二百万到一千五百万娃娃，这么多的人生下来就要吃饭穿衣。二是国家建设投资增加，因而职工增加，失业变为就业，农民变为工人，于是人民购买力就增加。但是，粮食和布匹等消费品的供应量，增加的速度慢。因此，每人平均供应量就难于增加。这是一个尖锐的矛盾。现在看来，农业已经成为建设中的弱点。

第一个五年计划〔28〕投资的重点，是工业和交通。这是必需的。农业投资和事业费给了八十四亿元，发展农业主要放在合作化上面。那个时候也只能这个样子。但是，现在要看到，合作化只是给发展农业创造了条件，还不能解决根本问题。农业增产的许多措施，需要一定的时间才能见效，大体上要七八年到十年。如果在第二个五年计划期间不注意农业的发展，到

* 这是陈云同志在中国共产党第八届中央委员会第三次全体会议上发言的一部分。在整理本文时，参考了一九五七年八月九日他在辽宁省各级党员负责干部大会上有关这个问题的讲话。

第三个五年计划再来注意，那就晚了，今后十五年内就会处于紧张的状态。换句话说，如果现在不注意，错过了五年，就要耽误十五年。

现在农业合作化实现了，大家还是担心吃饭穿衣问题。农业对我们的重要性，现在看得很清楚了。如果农业搞不好，就一定会扯我们前进的后腿。地方党委是重视农业的，他们大概要有百分之八十的精力忙于农业，忙于解决吃饭穿衣问题。管理工业的同志现在也认为农业是当前的大问题了。那末，在我国究竟应该采取什么最有效的办法来使农业增产呢？增产的办法，过去已在多方面进行，如养猪积肥、治水灾、开荒、改良农具、改良种子、防治病虫害等，都有了效果。毛主席最近提出农业机械问题，中央经济工作五人小组〔42〕准备研究一下。

我现在想说一下化学肥料、化学纤维、治涝、扩大灌溉面积四个问题。归纳起来，一个是化学工业，一个是水利，这两项，可以对农业增产起很大作用。

一　化学肥料

我们要从现在开始大规模地发展化学肥料，这是农业增产的最快、最重要的一条。在农业生产方面，中国不是苏联、美国型的国家。苏联和美国地多人少。中国是地少人多，除去内蒙古、新疆、西藏、青海以外，全国人口的百分之九十四，只占有全国百分之四十的土地。日本、联邦德国这些国家，也是地少人多。苏联、美国农业增产主要是靠扩大耕地面积，而日本、联邦德国基本是靠提高单位面积产量。从化肥的施用量上就可以看出这一点。每亩平均化肥施用量：苏联一斤，美国四斤，日本三十三斤，联邦德国二十八斤〔43〕。今后，我国农业增产的主要出路，在于增加化肥，养猪积肥，提高单位面积产量，而不在开荒。据农垦部〔44〕调查，全国可开荒地只有八亿亩，要全部开垦，很不容易。

在发展化肥方面，过去以为希望不大。苏联为我国设计一个年产七万二千吨的化肥厂，需要建设五年才能投产，国内还不能制造设备。因此，过去未从这方面多想，只是强调养猪积肥。现在情况变了。化肥厂的重要机器和部件，如高压反应筒和高压压缩机，都试制成功了，只缺一些特殊钢材。化肥的原料是煤炭、硫铁矿、石膏以及食盐等，第二个五年计划期间都可以供应。自从今年二月化工部提出大量发展化肥的意见以后，我们同化工部作了多次研究，并召开了各机械工业部的会议，准备从今年下半年开始，经过一年半试制，做出成套设备的标准设计。估计到一九五九年可以大批制造，一九六〇年可以开始装配，然后大量投入生产。我们开始制造的机器可能是落后的，但以后可以改进。

发展化肥比起开荒来，既便宜，又快。年产一百万吨化肥只要十亿元投资，可增产粮食三百万吨即六十亿斤；而开三千万亩荒地，才可增产六十亿斤粮食，需要投资十五亿元。在目前，养猪和其他积肥方法，仍然很重要，将来也是重要的。但是，养猪需要饲料，同时一亿头猪粪也不过增产一百亿斤粮食。所以要大量发展化肥。

二 化学纤维

今后解决穿衣问题的主要出路在于发展化学纤维。可不可以从棉花上找出路?想来想去,现在看,棉花的出路不大。去年全国有九千三百万亩棉田,今年因为粮食不够吃,减少到八千七百万亩,即使这个数字今后也还可能维持不住。在我国,要扩展棉田,数量也有限。比如在新疆,扩大一千万亩棉田,就要同时扩大二千万亩粮田,共三千万亩。但是,新疆到现在只有耕地二千八百万亩,可见,短期内大量扩展棉田很困难。当然,可以提高棉田单位面积产量,但我国内地棉田不如苏联那样旱涝保收。我们只能在二千万亩比较保收的棉田上,集中增施肥料,提高产量;在短期内,全国普遍地大量地提高棉田的单位面积产量,是困难的。

中国出产蚕丝,可不可以多发展一点呢?我们现在蚕丝的产量,只相当于历史最高水平的三分之一;全部丝织品也只相当于二百八十万匹布。抗日战争时期,在长江三角洲,在珠江三角洲,日本人来了,粮食涨价,丝没有人要,老百姓就把桑树砍掉种了粮食。当然,今后可以恢复一些。但是,即使恢复到历史最高年产量,也只相当于八百四十万匹布。而且,不可能全部恢复,不能解决大问题。

麻占耕地,发展有限。苎麻可以小量发展,但脱胶困难,成本很高。据纺织工业部的估计,建设相当于一千五百万担棉花的麻纺织厂,需要五十亿元。

来得快的是人造丝,它以棉籽绒为原料,或以木材为原料，但为数不可能很多。由于它见效最快，在第二个五年计划期间应该积极建设。我们的棉籽绒原料有把握，今后每年可取十万吨到十五万吨。工厂也有，安东[45]的工厂已开始生产，保定的工厂明年也可装配起来。请各产棉区的同志大力组织收集棉籽绒，把所有的剥绒机都开动起来。但是，要注意，棉花种籽一律不剥绒。

其他还有新疆麻[46]、棉秆皮等等都要研究，争取做衣着原料。

上列各种纤维，都发展有限，不能大量解决穿衣问题。

化学纤维今后能大量生产，解决穿衣问题的出路在此。化学纤维有人造纤维和合成纤维，特别是合成纤维品种很多，我们都要研究，争取多种多样。其中，“卡普隆”[47]是很可以发展的一种。它的原料是煤炼成焦炭的副产品。“卡普隆”比棉纱坚牢，照理论计算，牢度比棉纱强五至十一倍。从使用寿命来说，如果生产三十万吨“卡普隆”，即相当于一百五十万吨棉纱，也就是三千万担棉花。据化工部估计，生产三十万吨“卡普隆”，需要投资七十亿元。第二个五年计划期间只能搞几万吨。准备明年在北京装配一个小型的合成纤维实验厂。

总之，化肥和化学纤维发展以后，我国的化学工业将大大前进一步。这除了解决吃饭穿衣以外，还可以解决炸药、染料、西药和塑料等生产发展问题，我国便可以成为化学工业发展的国家，减少化工原料进口。

三 治涝问题

全国解放八年以来，在农业的灾情中，水灾多于旱灾，涝灾又多于洪灾。涝灾在河北、山东、河南、苏北、皖北更多一些，约占一亿亩耕地。灾害主要来自黄河，河床高于平地，积水排不出，形成涝灾。在我国历史上，治水主要靠守堤，结果河床愈积愈高。这些地区的老百姓经常遭受水害，人口大批死亡、流散。

现在国家的钱很少，治涝和开荒，先搞哪一个？我认为治涝比开荒有利。可以比较一下，治涝以后每亩产粮和开荒以后的亩产差不多，大概都是一百五十斤到二百斤。但是，治涝地区人口多，易于动员人力。不治涝，每年需要救济大量粮食，是全国之累。这些地区是经济作物比较集中的地区，治涝以后，农民敢于大量施肥，经济作物可以增产。那末，治涝是否有把握呢？现在还没有把握。我同意有些地区提出的标准，十年之内有八年收获，牺牲一部，保全大部，这就很好了。治涝要有十年左右的时间，希望国家计委、国务院第七办公室〔48〕、水利部和各有关省进行专题研究。

四 扩大灌溉面积

灌溉是农业增产最可靠的办法之一。在水利灌溉方面，我国不如日本，现在我国水地〔49〕只占耕地面积的百分之三十，而日本占到百分之五十。如果我们把两亿亩旱地改变为水地，每亩平均增产一百五十斤，即可增产三百亿斤。中央和国务院最近提出，在今冬明春要搞一个大规模的兴修水利的运动，水利部和各地区要开会研究，准备明年扩大灌溉面积六千万亩，应该争取完成。

一九五五年冬到一九五六年春的兴修水利的运动，扩大了一亿亩水地，是很有成绩的。但也有缺点，主要发生在打井地区。有哪些缺点呢？第一，没有很好地注意因地制宜，不该打井的地方也打了井。不需要打井的地区，没有水源的地区，以及涝洼地区，都提倡打井，是不对的。第二，走群众路线不够，有些地方干部有强迫命令的现象。第三，有些地区任务定的过大，开始时提出全国扩大水地一亿七千万亩，指标太高了。第四，提水、修理渠道、平整土地等技术方面的具体指导不够。第五，兴修水利挤掉了副业生产，以致使农民没有买油盐的钱。这些缺点，都需要加以纠正。今冬明春开展大规模的兴修水利的运动，中央和国务院已经发出了指示〔50〕。至于水利投资，应该主要依靠群众，由国家帮助，而不能完全依靠国家。国务院已经确定一九五七年度的水利经费增加一亿多元，加上地方自筹的水利经费，数目已经不小，如果再要求国家多拨款，物资和现金便不能平衡。这种水利投资或贷款，农民拿到之后是要变成购买力的，因此，必须照顾现金和物资的平衡情况。

我今天讲的，一条也没有开荒。那末，开荒要不要呢？我认为，不是不可以开，但应该量力而行。而且，要先开产量高、收效快的荒地，例如湖北滨湖区、广东海南岛。

以上说了化肥、化学纤维、治涝、扩大灌溉面积四个问题。

我认为这些问题，经过准备之后，应该在报纸上展开讨论，让党内党外各界人士都发表意见。这样做，可以把我们的方案搞得更妥当一点。应该看到：我们历史上有一些事情，决定得太快了。比如说，决定大量种橡胶树，这件事情我有很大责任。那时斯大林来电报说要赶快搞，至少要二十万吨。苏联专家派来了，要机器也有，好，就种吧。种了以后，有许多种不活。我们的雷州半岛和南洋群岛不同，种的方法也不同，不能把所有好坏的种籽都拿来种，需要选种。下籽以后，十五到二十年才能看出产量多大。而我们一下就要求“多快好省”，那是太急了。这是一个教训。再比如说，建设三门峡水库，是全国人民代表大会通过的。像这样的问题，最好是人大通过议案以前，在报纸上公布，征求人民意见，大家讨论。现在社会上有议论，党内也有不同意见，说水库要淹那么多的地，水坝的泥沙淤积起来很快，二十年或者多少年以后就淤满了。有的人主张水坝搞高的，有的人主张搞低的；有的人说淤积不会发展，有的人说要发展，议论纷纷。现在要回过头来重新研究，说明当时不应急于定案。我认为农业上的大问题，许多工作上的大问题，可以在全国展开讨论，这样做只有好处，没有坏处。对中国农业如何发展，不仅共产党内有意见，社会上很多人也有意见。一切好的意见，我们都应该吸收过来。

为了老百姓的吃饭穿衣，搞化肥，搞化学纤维，治涝，扩大灌溉面积，都要花很多钱，这是必要的。我们必须使人民有吃有穿，制定第二个五年计划要从有吃有穿出发。但在第二个五年计划期间，还只能紧吃紧穿。如果我们不能解决人民的吃饭穿衣问题，我们的社会主义建设事业便站不稳，必然还要回头补课。在座的很多同志是搞工业的，工业搞多了，农业搞少了，我们有没有责任？有责任。工业搞得多，但肚子都吃不饱，还不是要回过头来搞农业。帝国主义国家的报纸说，中国的经济迟早要破产。我看，破产倒不见得，但是说我们穷，这是应该承认的。如果我们只注意搞工业，不注意解决吃饭穿衣问题，搞了工业以后，老百姓没有饭吃，没有衣服穿，再回头来搞农业那就晚了。究竟回头搞好，还是先搞好？当然是先搞好。所以，应该对搞工业的同志讲清楚，工业占重要的地位，但老百姓要吃饭穿衣，是生活所必需的，经济不摆在有吃有穿的基础上，我看建设是不稳固的。搞农业的同志提出，今年的农业投资，只占基本建设投资总额的百分之九，太少了，可不可以提高到百分之十二、百分之二十。对农业投资是为了吃饭穿衣，但解决吃穿的问题并不只限于农业，投资应该包括为了农业的工业。比如，化肥和化学纤维，应该把它们看成是解决吃穿的一部分。这些东西当然不算农业，不能摆在农业里头，但是应该看作解决农业问题的一部分。不看到这一点，只强调投资比例，是不对的。

我认为，采取上述办法，农业的增产，是大有希望的。但是，要提高人民的生活水平，还要有一个重要条件，就是娃娃要少生一点。

关于改进工业管理体制的规定*

（一九五七年十一月八日）

我国是社会主义国家，我国的建设是有计划的建设，全国各地区各企业的生产和建设工作都必须服从国家的统一计划，决不可以违反国家的统一计划。我们现行的工业管理体制基本上是符合这种要求的。但是，从目前情况看来，现行工业管理体制存在着两个主要的缺点。一个是有些企业适宜于交给地方管理的，现在还由中央工业部门直接管理；同时，地方行政机关对于工业管理中的物资分配、财务管理、人事管理等等方面的职权太小。另一个是企业主管人员对于本企业的管理权限太小，工业行政部门对于企业中的业务管得过多。这两个主要缺点限制了地方行政机关和企业主管人员在工作方面的主动性和积极性。在国家的统一计划以内，给地方政府和企业以一定程度的因地制宜的权力，是完全必要的。这种国家统一计划范围内的地方政府和企业的一定程度的机动权力，正是为了因地制宜地完成国家的统一计划，这是国家统一计划

* 这是陈云同志为国务院起草的文件，经国务院全体会议第六十一次会议通过，一九五七年十一月十四日第一届全国人民代表大会常务委员会第八十四次会议原则批准，自一九五八年起施行。本文原载一九五七年十一月十八日《人民日报》。

所必需的。为了适当地扩大地方政府在工业管理方面的权限和企业主管人员对企业内部的管理权限，国务院现作下列的规定。

第一 适当扩大省、自治区、直辖市管理工业的权限

一、调整现有企业的隶属关系，把目前由中央直接管理的一部分企业，下放给省、自治区、直辖市领导，作为地方企业。

现在属于轻工业部和食品工业部[51]的企业，除了若干企业必须由中央管理的以外，大部分企业都下放给省、自治区、直辖市管理。纺织工业先下放一小部分，以后根据具体情况，再定大部分下放的步骤。

重工业各部门所属的企业，凡是大型矿山、大型冶金企业、大型化工企业、重要煤炭基地、大电力网、大电站、石油采炼企业、大型和精密的机器、电机和仪表工厂、军事工业以及其他技术复杂的工业，仍旧归中央各工业部门管理。除此以外，其他工厂凡属可以下放的，都应该根据情况，逐步下放。

森林工业部[52]所属的企业，除个别单位需要由部直接管理的以外，其余全部下放。

交通部管理的一部分港口和企业下放。

建筑企业中的土建部分，在许多地区应该逐步下放，由地方统一管理。

中央各有关的工业、交通部门，应该根据上述原则，同地

方政府协商，提出下放企业的名单，报告国务院批准以后，实行下放。

一切仍归中央各部管辖的企业，都实行以中央各部为主的中央和地方的双重领导，加强地方对中央各部所属企业的领导和监督。

二、增加各省、自治区、直辖市人民委员会在物资分配方面的权限。

中央各部所属企业、地方所属企业（包括地方所属的公私合营企业）和商业系统这三个方面所需要的物资，不论是国家经济委员会所管的全国统一分配的物资（以下简称统配物资），或者是中央各部所管的统一分配物资（以下简称部管物资），仍旧各按原来系统申请和分配。地方国营、地方公私合营企业所需要的物资由省、自治区、直辖市统一申请和分配。但是，省、自治区、直辖市人民委员会，对于在省、自治区、直辖市范围以内的中央企业、地方企业和地方商业机关为本企业生产经营所申请分配的物资，在保证完成国家计划的条件下，有权根据当地的情况和需要的缓急，在各个企业之间进行数量、品种和使用时间方面的调剂；各个系统的企业，都要服从这种调剂。

中央各部所有的供应全国需要的物资，不论是存放在某地企业内的或者是仓库中的，当地省、自治区、直辖市一般不能调动使用。如果当地政府要求调用，必须取得中央主管部门的同意。军用产品所用的特殊原材料，地方政府要求调用的时候，也必须取得中央主管部门的同意。

省、自治区、直辖市管理的企业所生产的统配物资和部管物资，如果生产数量超过了国家计划规定数量，超过计划的部分，当地政府可以按照一定比例提成，自行支配使用，但是原定的品种计划不能改变。中央各部所属企业的超过计划的产品，除了中央指定的少数企业和少数产品品种以外，地方政府也可以按照中央批准的比例分成。

各省、自治区、直辖市要求中央各部所属机械制造企业超额生产时，为了避免盲目增产，其超额生产的品种，如果属于国家经济委员会统一分配或者在部管范围内的，需要得到中央各有关机械工业部门的同意。

三、原来属于中央各部管理现在下放给地方政府管理的企业，全部利润的百分之二十归地方所得，百分之八十归中央所得。

凡是属于第二机械工业部〔53〕、邮电部、铁道部、对外贸易部外销部分和民航局等部门的企业和大型矿山、大型冶金、大型化工、大型煤矿、大电力网、石油采炼、大型机器和电机的制造等企业以及长江、沿海跨省经营的航运企业，地方政府不参与利润分成；除此以外，所有仍旧属于中央各部管理的其他企业，例如纺织企业，地方政府也可以分得全部利润的百分之二十。

所有地方政府参与利润分成的企业，上述规定的二八分成的比例，三年不变。

凡是属于原来由地方管理的企业，其全部利润，仍旧归地方政府所得。

四、在人事管理方面，增加地方的管理权限。凡是属于中央各部下放给地方政府管理的企业，在人事管理方面，都按照地方企业办理。各省、自治区、直辖市对仍归中央各部管辖的企业的所有干部，在不削弱主要厂矿领导力量的条件下，可以进行适当的调整。但是，国务院管理范围的干部，地方要求调动的时候，应该报请国务院批准。各主管工业部门管理范围的干部，地方调动的时候，应该同主管部门协商。在调动干部尤其是调动高级技术人员的时候，应该注意干部原来的专业，照顾到某些干部在他的工作岗位上要有一定期间的稳定性。

中央各部所属的企业和分驻各地的管理机构，有关编制定员工作，应该受当地人民委员会的领导和监督。

第二　适当扩大企业主管人员对企业内部的管理权限

一、在计划管理方面减少指令性的指标，扩大企业主管人员对计划管理的职责。

在生产计划方面，原来由国务院规定的非经国务院批准不得改变的指令性的指标共有十二个，即：总产值、主要产品产量、新种类产品试制、重要的技术经济定额、成本降低率、成本降低额、职工总数、年底工人到达数、工资总额、平均工资、劳动生产率、利润。现在把国务院指令性的指标减为四个，即：(一)主要产品产量，(二)职工总数，(三)工资总额，(四)利润。其余八个指标，在一般情况下，都作为非指令性的指标。这些非指令性的指标，在下达计划和上报计划的时候，仍旧和四个指令性指标一样，全部列入计划，作为计算根据，但是，企业在执行中可以依据实际情况进行修改。对于非指令性指标的修改以后的方案，应该报告有关部、局备案。

除了国务院规定的四个指令性的指标以外，各工业部可以根据企业的特殊需要，增加个别指令性的指标，例如新种类产品试制、重要技术经济定额、成本降低率等等。各省、自治区、直辖市人民委员会也可以根据当地需要，对自己所属企业增加个别指令性的指标，例如规定在省、自治区、直辖市范围内平衡的某种产品的产量。

在基本建设计划方面，国务院一九五七年规定的指令性指标是四个，即：（一）总投资额，（二）限额以上项目〔54〕，（三）动用生产能力，（四）建筑安装工作量。今后仍旧按照这四个指令性指标执行。建筑安装部门的劳动工资指标，仍旧按照过去规定办理。各省、自治区、直辖市对于地方基本建设投资的使用，在保证完成上述指令性指标的条件下，在国务院核定的地方投资总额以内，可以对建设项目、建设进度等等方面进行调剂。

国家计划只规定年度计划。关于季度、月度计划，哪些企业应该由主管的部、局规定，哪些企业应该由企业自行制定，都由各主管部门根据具体情况，作出决定。

简化计划编制程序。由现行的两次下达、两次上报的编制过程改为两次下达、一次上报，就是先由上而下的颁发控制数字，然后由下而上的编制计划草案，最后由上而下的下达计划。年度计划力求在上年十一月份大致确定，计划下达以后，一般不再修改。坚决精简现行表报。

二、国家和企业实行利润分成，改进企业的财务管理制度。企业的利润，由国家和企业实行全额分成。分成的基数根据各工业部门第一个五年计划[28]期间领取的四项费用(技术组织措施费用、新种类产品试制费用、劳动保护费用、零星购置费用),加上企业奖励基金,再加上百分之四十的超计划利润,把各部所领取的这三笔收入与工业部门在同一时期所实现的全部上缴利润,以部为单位,分别算出比例。例如各工业部所领取的三笔收入各占该工业部上缴利润的百分之几,就把这个比例分别作为各工业部的固定分成比例。以后年度预算中,国家不再拨付四项费用和企业奖励基金,所有这些费用,统由利润固定分成中解决。分成比例确定以后,三年不变。每年根据实现的利润,计算分成数额。各工业部对于所属企业根据上述原则和具体情况,分别确定各个不同的分成比例,实现国家和企业在利润方面的分成。但是,各工业部可以在自己直属各企业的全部分成所得中,集中一部分作为企业间调剂之用。各省、自治区、直辖市的工业管理部门也可以在它直属企业(包括中央下放企业)所得的利润分成中,抽出一部分,作为当地各企业间调剂之用。

国防企业中新种类产品试制费用,以及其他企业的特殊重要的新种类产品的试制费用,如果超过本企业负担能力,由主管部门另行拨付。

因为公私合营企业过去对四项费用、企业奖励基金、超计划利润分成等等没有像国营企业那样的规定,而且公私合营企业中以中小企业为多,因此在实行企业的利润分成的时候,应该对公私合营企业的分成基数和分成办法,进行专门研究,定出适宜的办法。

企业在使用分成所得的时候,必须把其中的大部分用于生产事业方面，同时，适当地照顾到职工福利方面。

取消现行的某些不合理的规定，例如大修理不准“变形”、“增值”[55]等规定。企业的事业费在保证完成计划的条件下，可以由企业在事业费总额内的项目之间调剂使用。企业的固定资产在上级规定的权限内，可以由企业增减或者报废。

三、改进企业的人事管理制度，除企业主管负责人员（厂长、副厂长、经理、副经理等）、主要技术人员以外，其他一切职工均由企业负责管理。

企业有权在不增加职工总数的条件下，自行调整机构和人员。

关于改进商业管理体制的规定*

（一九五七年十一月八日）

第一，地方（省、自治区、直辖市、县）商业机构的设置，由各省、自治区、直辖市人民委员会根据地方的具体情况决定。当着两个或两个以上的商业行政机构合并设置的时候，在财务上可以不实行原来各系统的独立核算，而实行统一核算；但是，在业务方针政策上仍旧分别接受原来所属主管商业部门的指导。地方商业行政机构和企业管理机构，原则上实行合并。例如，把各商业机构改变为行政与企业管理合一的组织形式，取消地方上原有的商业专业公司，合并到商业行政机构内。有些大城市或某些地区，经过研究认为不能合并的，也可以不合并。

第二，中央各商业部门设在生产集中的城市或者口岸的采购供应站（一级批发站、大型冷藏库、仓库），实行以中央各商业部门领导为主、地方领导为辅的双重领导。省、自治区、直辖市商业行政机构设置的采购供应站（二级批发站），实行由

---

* 这是陈云同志为国务院起草的文件，经国务院全体会议第六十一次会议通过，一九五七年十一月十四日第一届全国人民代表大会常务委员会第八十四次会议原则批准，自一九五八年起施行。本文原载一九五七年十一月十八日《人民日报》。

省、自治区、直辖市的商业行政机构领导为主、所在地政府领导为辅的双重领导。

第三，中央各商业部门所属加工企业，除了某些大型企业，地方认为管理有困难的以外，其余全部移交给地方，由地方商业部门直接管理。这些下放的加工企业，有关生产任务的规定、产品的规格标准、生产设备能力的调整和加工工缴费用[56]的规定，仍旧由中央各商业部门统一管理，以便平衡全国生产。

第四，商业计划指标，国务院每年只颁发四个指标，即：（一）收购计划，（二）销售计划，（三）职工总数，（四）利润指标。同时，允许地方在收购计划和销售计划总额的执行中，有百分之五的或上或下的机动幅度。但是，对于中央各商业部门控制的计划商品的数字的变动，必须经过中央各主管商业部门的批准。对于地方工业生产的超计划的产品，如果要求商业部门收购的时候，经过上级主管商业部门的批准，可以超计划收购。对于全国计划收购的粮食、油脂、棉花的购销数字的变动，必须经过国务院的批准。如果省、自治区、直辖市人民委员会在特殊情况下认为必要的时候，可以先行变动，再报国务院备案。今后对利润指标拟逐渐只下达到省、自治区、直辖市掌握，不再下达到各基层企业，以免基层商店为了勉强完成利润指标而作违反商业政策的活动。但是，中央各商业部门应该规定办法，保证各基层企业的利润不能自行降低。因为利润指标只下达到省、自治区、直辖市掌握，不再下达到基层企业的这样一种措施是一项重大的变动，不宜在全国立即全部实行，必须由中央各商业部门先在一两个省、区内试行，试行有效后，再行推广。

第五，中央各商业部门的企业利润，实行与地方全额分成。粮食经营和对外贸易的外销部分的利润，省、自治区、直辖市不参与分成，但是对外贸易的内销部分仍旧和省、自治区、直辖市分成。供销合作社仍旧实行社员分红、提取公积金和其他基金的办法。现在归地方收入的饮食、服务性行业的利润，仍归地方不变。除了上述几项以外，中央各商业部门的企业利润，都和地方实行二八分成，就是以利润中的百分之二十归地方，百分之八十归中央。

为了生产救灾而要商业部门进行有亏损的收购或者销售的时候，授权省、自治区、直辖市人民委员会责成地方商业部门办理，如有亏损，可列入企业亏损，由商业利润抵补。

第六，商品价格管理的分工。在农、副产品方面，凡是属于计划收购和统一收购的物资的收购价格和销售价格，由中央各商业部门统一规定，但是在非主要产区则委托地方政府根据中央各商业部门规定的价格水平来管理。统一收购的废铜、废锡、废钢铁的收购价格也照此办理。对第三类物资〔33〕的价格和由地方确定为本地统一收购的物资的价格，由地方政府管理，但是应该参照中央各商业部门掌握的价格水平，并且每年由中央规定一次价格升降的幅度。在工业品方面，国家经济委员会统一调拨的物资的收购价格，或者各工业部所管的统一分配的物资的收购价格，都按照国家规定的调拨价格办理。除此以外，所有其他工业品的收购价格，按照中央各商业部门规定的原则，由省、自治区、直辖市管理。工业品在市场的销售价格，主要市场和主要商品由中央各商业部门规定价格，次要市场和次要商品由省、自治区、直辖市根据中央各商业部门规定的订价原则自行订价，并且注意同毗邻地区协商。中央和地方设立统一的各级物价管理机构，中央每年召开物价会议一次，制定全年的物价水平。

第七，实行外汇分成。为了鼓励地方积极完成国家的出口计划和争取若干工农业产品超额出口，中央将所得外汇，分别给地方一定比例的提成。办法另行通知。

关于改进财政管理体制的规定*

（一九五七年十一月八日）

为了划定中央和地方财政收支的范围，确定地方财政的收入来源，使地方有一定数量的机动财力来安排自己特殊的支出，进一步发挥组织收入、节约支出的积极性，以推动建设事业的发展，国务院对改进财政管理体制，现作如下规定。

第一，地方财政收入，一般分为下列三种：

一、地方固定收入。原有地方企业收入、地方事业收入、原已划给地方的七种税收（印花税〔57〕、利息所得税〔58〕、屠宰税、牲畜交易税、城市房地产税、文化娱乐税〔59〕、车船使用牌照税）及地方其他零星收入，全部划归地方。

二、企业分成收入。凡属各省、直辖市用上述地方固定收入解决正常年度支出不足的，划给企业分成收入。企业分成收入，就是将中央划归地方管理的企业和虽然仍属中央管理但地方参与分成的企业的利润百分之二十，分给企业所在的省、直辖市，作为地方收入。

---

* 这是陈云同志为国务院起草的文件，经国务院全体会议第六十一次会议通过，一九五七年十一月十四日第一届全国人民代表大会常务委员会第八十四次会议原则批准，自一九五八年起施行。

三、调剂分成收入。凡属各省、直辖市用上述的地方固定收入和企业分成收入解决正常年度支出还不足的部分，再用不同比例的调剂收入来补足。调剂收入包括商品流通税、货物税、营业税〔60〕、所得税〔61〕、农业税和公债收入。

有的省、直辖市，如果地方固定收入很大，已经超过了正常年度支出的，收入超过支出的余额，按一定的比例上缴。有的省、直辖市，如果地方固定收入加上企业分成收入，已经超过正常年度支出的，收入超过支出的余额，按一定的比例上缴。有的省、直辖市，除了地方固定收入和企业分成收入以外，将调剂收入的全部划给地方，仍然不够正常年度支出的，差额由中央另行拨款补助。

第二，计算地方正常年度支出的办法。计算地方正常的年度支出，应该剔除重大灾荒的救济、堵口、复堤和国家计划的大规模移民垦荒等特殊性支出的数字，因为这些支出并不是各个省、直辖市年年都需要的。如果哪一年度，哪个省、直辖市需要这些支出的时候，由中央另行拨款。地方基本建设的投资，也不计算在地方正常支出的基数以内，因为基本建设应该由中央在地区之间作统一的安排，每个省、直辖市所得的基本建设拨款并不是年年相同的。因此，今后地方基本建设投资，包括中央划归地方管理的企业所需要的扩建改建投资在内，仍由中央统一分配，另行拨款。地方国营企业和地方公私合营企业由预算增拨的流动资金，百分之七十的部分也不计算在地方正常支出的基数以内。今后这些企业需要增加的全部流动资金，包括定额流动资金和非定额流动资金〔62〕，百分之三十由地方自行解决，百分之七十由中央拨款或者由银行贷款解决。中央划归地方管理的企业所需要增加的流动资金，全部由中央拨款或者由银行贷款解决。

第三，分成的计算方法和分成比例三年不变。省、直辖市的地方固定收入、企业分成收入，低于省、直辖市正常年度支出的部分，是以调剂收入来补足的。分给省、直辖市的调剂收入的部分，占该省、直辖市当年全部调剂收入的百分比，就是该省、直辖市应得的调剂收入的分成比例。这种比例，三年不变。例如，应该划给该省、直辖市的调剂分成收入为五千万元，而该省、直辖市的全部调剂收入为五亿元，那末，中央划给该省、直辖市的调剂收入分成比例即为百分之十。三年以内，地方每年在调剂收入中可以分得百分之十。因为调剂收入的总数是年年增加的，因此，地方分得百分之十的绝对金额，在三年之内也是年年增加的。

如果省、直辖市的地方固定收入，已经超过省、直辖市正常的年度支出，那末，超过的部分，应该上缴。上缴部分占地方固定收入的百分比，就是上缴的比例。这种上缴比例，也是三年不变。

如果税收制度有了改变，企业、事业隶属关系和行政区划有了改变，上述各种收入和支出的计算，也必须作相应的调整。

地方收入和地方支出，统以一九五七年度预算所列的地方收入和地方支出数字为根据。个别省、直辖市如果一九五七年预算执行结果，有不能完成原定收入预算的情况，可以在一九五七年年底，按照收入预算的实际执行数字重新计算，相应地调整分成比例。

在改变体制的第一年，地方教育支出增长的部分，由中央另外拨款补助，以后年度看情况再定。今后三年以内，工资标准增加的幅度如果一个年度有超过百分之五的情况，其中增加工资百分之五的部分，由地方用自己的财政收入来开支，超过百分之五的部分由中央另外拨款补助。但是地方应该切实遵守国家有关工资的各项规定，不得随意提高工资标准。如果有的地方因为遭受严重灾害，当年和第二年的收入不够支出的时候，在受灾的当年，中央予以补贴；受灾的第二年，中央保证地方正常支出不低于前一年的水平。

第四，地方财政结余的处理和地方预算的编制。地方预算在执行过程中，收入超过支出，地方可以自行安排使用。地方预算的年终结余，全部留给地方，由地方在下年度安排使用。在分配年度预算指标的时候，地方上年结余的部分，不计算在分配的指标以内。中央不因为地方有上年结余收入，或者本年有可能增加收入，而减少对地方应有的基本建设和特殊性支出的拨款。但是，在最后正式编造预算的时候，上年结余收入仍然应该和其他各项收入一样，汇总列入预算，向全国人民代表大会报告。

地方财政管理制度改变以后，地方原有的各项附加收入〔63〕，包括工商业税〔64〕附加、农业税附加和城市公用事业费附加，一律由地方人民委员会另行管理，不列入预算。关于工商业税附加的比例，今后统一改为按四种税收（商品流通税、货物税、营业税、所得税）的总额附征百分之一。有的城市如果由于工商业税附加办法的改变，使收入减少，应该在预算安排上给予照顾。经济作物区的农业税附加可以酌量提高。提高的幅度，另行规定。

地方除了用中央的拨款举办基本建设以外，还可以用自己的收入举办一部分基本建设。为了合理的分配基本建设所需要的物资，并且照顾全国的产供销平衡，地方对于这一部分基本建设投资，应该连同中央对地方基本建设拨款的部分，一并提出计划草案，报经中央主管部门统一审核，综合平衡，纳入国家整个基本建设计划。

第五，地方机动财力收入的限度。地方固定收入、企业分成收入和调剂分成收入等三种收入都是年年增长的；企业分成收入和调剂分成收入所规定的比例三年不变，在同一比例下，收入的绝对金额也是逐年增长的。使地方得到一定数量的机动财力，是这次财政体制改进的主要目的。但是，地方由于改进财政体制而多得的收入，应该有一个限度，它的原则是使地方可以有适当数量的机动财力，同时又能够保证国家重点建设资金的需要。根据这个原则，由于改进财政体制地方多得的收入，三年累计，一般不应该超过二十亿元左右（例如每年递增三亿元，第一年多得三亿元，第二年多得六亿元，第三年多得九亿元，三年累计十八亿元）；加以可能的地方结余收入，三年累计十亿元到十五亿元；两项合计，三年以内，地方约得三十亿元到三十六亿元。分给地方这些机动财力是必要的，也是可能的。但是，由于改进了的财政体制，尚未实行，还没有经验，分给地方的收入，可能多于上述估计数字，也可能少于上述估计数字。因此，原则上应该按照本规定所说的各项分成比例，三年不变。但是，在执行一年以后，如果地方所得比上述估计数字超收过多，或者远不足上述的估计数字，那末，应该根据第一年执行的结果，进行局部的调整。

第六，关于民族自治区财政。为了适应民族自治区的财政经济发展情况，在计算民族自治区正常年度支出的时候，只扣除重大灾荒的救济、堵口、复堤和国家计划的大规模移民垦荒等特殊性支出，不扣除地方基本建设支出；划给民族自治区的收入，除了地方固定收入仍然全部划给自治区，企业分成收入同样按照全国百分之二十的分成比例分给自治区以外，在自治区的各项调剂收入，也全部划给自治区，作为自治区收入。这样划分以后，根据支出基数计算，收入多于支出的部分，按一定的比例上缴中央；收入少于支出的部分，由中央拨款补助。

民族自治区财政管理制度的其他有关事项和民族自治州、自治县财政管理权限的划分，统按国务院即将颁布的“民族自治地方财政管理暂行办法”办理。

总结经验是提高自己的重要方法*

（一九五八年十二月二十三日）

一九五八年的基本建设工作，成绩是巨大的，但也出现了一些严重的错误和缺点。

今年全国完成的基本建设工作量将会超过二百二十亿元，比去年的一百二十六亿元增长百分之八十以上，建设的进度是很快的。同时，设计和施工力量得到很大的锻炼和提高。这些成绩是应该肯定的。

错误和缺点突出地表现在，从今年十月以来，发生了比历年多得多的工程质量事故，同时也有许多工伤事故。这向我们敲起了警钟，要我们严重注意。如果现在不加以纠正和补救，工程质量事故还会继续增加，将来投入生产后厂房倒塌，损失就会更大。现在注意这件事，为时还不算太晚。召开这次会议，就是因为在获得巨大成绩的同时，出现了严重的工程质量事故。今年基本建设“大跃进”〔65〕，许多厂房是在下半年建起来的，现在需要对那些质量不好的工程进行补救，要把纠正和补

* 这是陈云同志在全国基本建设工程质量杭州现场会议上的讲话。当时他兼任国家基本建设委员会主任。

救的工作看成是当前的一项紧急任务。

造成严重工程质量事故和工伤事故的原因，有设计方面的，有施工方面的，有材料方面的，也有管理制度方面的。概括起来说，有如下五点：

（一）注意了“多”、“快”、“省”，这是对的，但是注意“好”不够。也就是说，注意了数量，忽略了质量，对“多快好省”没有完整的理解。

（二）反对保守思想以后，出现了片面节约材料和不适当地使用代用材料的倾向。我们说，节约材料是需要的，今后还要注意节约材料，但片面节约材料是不对的；使用代用材料是需要的，但不适当地使用代用材料也是不对的。比如大的钢铁厂，应该用钢结构的就要用钢结构，应该用钢筋混凝土结构的就要用钢筋混凝土结构。这不是保守，也不是浪费，而是实事求是。

（三）打破不合理的规章制度，是完全必要的，但有些地方把必要的规章制度也打掉了。不合理的规章制度，如果现在有，还要打破，但合理的必要的规章制度就不能打破。这就同解放思想、破除迷信一样，不能把科学当成迷信去破。

（四）注意在基本建设中开展群众运动，这是重要的，我们还要继续搞，但是业务机关放松了必要的管理工作，特别是技术管理工作，是不对的。应该说，搞群众运动，并不是取消管理制度，而是使群众起来参加管理，改进管理制度，遵守管理制度。

（五）不少地方的施工力量同其担负的基本建设任务很不适应，力量小，任务大，技术工人不够，某些必要的设备不足。

许多地方的建筑队伍过去是承担民用建筑任务的，今年开始搞工业建筑，技术水平不高。我们应该看到这一点。只有看清了这一情况，才会根据可能性分配任务，才会用极大的力量去培养和训练技术队伍，并且在可能的条件下补充一些必要的技术工人和施工设备。

我们在生产上大搞群众运动，到现在不过是三个月的时间，基本建设工作也是如此。这三个月对于我们是极端重要的，我们获得了巨大的成绩，同时出现了许多错误和缺点，这就提醒我们要注意。现在我们来纠正，为时还不算太晚，正是时候。如果再不注意，开工生产以后就有可能发生大的问题。希望这次会议能把坏事变成好事，从中吸取教训，力求以后少发生事故。

现在我再提出一个问题。我们要清醒认识到，第二个五年计划〔7〕时期，将是我们干部真正练出本领的时期。在恢复时期〔66〕和第一个五年计划〔28〕时期内，建设项目不多，那时在重点项目的建设上，我们还是小学生，先生就是苏联。那时无论工厂的设计、施工、安装、试运转及事故的处理，主要是苏联包下了的。第二个五年计划时期就不同了，工厂虽然也还有苏联帮助设计的，重要的设备也有从苏联来的，但是大部分是我们自己设计和自己制造的。这是很大的不同。现在主要是靠我们自己搞，弄得不好，就一定会碰钉子，而且会碰得很多。犯错误，碰钉子，当然不好，但是从错误中能得到经验，练出本领。我们必须这样做，自己动手，准备碰钉子，不经过这个过程，学好本领是不可能的。

现在的问题是，我们的头脑必须清醒，要清醒地认识到我们自己的本领不大。这并不是打击群众的积极性，而是面对现实。现在，不仅青年技术人员本领不大，老的技术人员本领也不大；不仅技术人员本领不大，管理人员本领也不大。说我们本领不大，这是否就丧失了信心呢？不，别人能干的，我们一定能干，而且会干得很好，会后来居上。在这方面我们应该有信心，应该有办法。过去我们鼓励大家，不要卑视自己，要勇敢前进，破除迷信，发扬积极性和创造性，这是完全对的，而且以后仍然要这样鼓励大家。但是，必须看到我们现在的本领还不大，应该小心谨慎地前进，并在前进中随时总结经验，这是提高自己的重要方法。

保证基本建设工程质量的几个重要问题*

（一九五八年十二月二十六日）

开了四天会议，对于我们是有益的，必要的。

今年全国基本建设工作，已经获得了巨大的成绩，这是主要的方面，必须肯定。同时也出现了一些性质严重的错误和缺点，如果不及时纠正，后果将是十分严重的。

今年十月以来，发生了许多工程质量事故，倒坍了不少新建的厂房，事故的数量、伤亡的人数都比历年大大增加。今年仅建筑工程部[67]系统就死亡四百三十五人，而去年是一百三十五人，增加了二点二倍。在死亡的四百三十五人中，由于工程结构倒坍而死亡的有一百一十七人，而去年只死亡三人；高空作业跌落死亡的有七十八人，而去年只有三十八人。在因结构倒坍而死亡的一百一十七人中，属于钢筋混凝土结构倒坍的四十六人，木结构倒坍的五十人，砖结构倒坍的二十一人。这些数字，说明了目前基本建设工程中质量事故突出严重的情况。不过，今年建设的大部分厂房尚未投入生产，或者尚未建成，现在发现这些问题，还来得及补救。希望通过这次会议

* 这是陈云同志在全国基本建设工程质量杭州现场会议上所作的总结。

和上次建筑工程部在此地召开的现场会议，能引起全国、全党的注意，采取措施，改变工程质量方面的这种严重情况。

下面我讲六个问题，即：(一)关于厂房建筑结构；(二)关于设计工作；(三)关于施工；(四)关于建筑材料；(五)关于安全作业；(六)关于地方党委领导和发动群众。今天讲的这些问题，侧重于工业企业建设方面，特别是大中型企业建设方面。

一　关于厂房建筑结构

1. 建筑结构是厂房的重要部分，是厂房的骨干。目前的主要倾向是降低结构的质量。我们必须重视结构，因为厂房是不是牢固，建筑是不是合理，首先决定于结构。当然，从建筑结构的整体性来说，建筑物的基础工程，也属于建筑结构的范围。对某些重型工厂来说，基础工程十分重要。建筑结构在厂房建设中占有头等重要的地位。

目前在全国建筑工程中的主要倾向已经不是保守和浪费(当然这种倾向在个别单位还存在)，而是在各种类型的厂房建筑上降低了结构的质量。就是说，应该用钢结构的不用钢结构，而用钢筋混凝土结构；应该用钢筋混凝土结构的不用钢筋混凝土结构，而用砖木结构代替，甚至用砖拱结构代替。这是一种不适当的节约，不适当的因陋就简。这样，会造成严重的后果，造成更大的浪费。在这方面我们应该有所规定。比如，凡是大中型钢铁厂的炼钢车间、水压机车间以及其他重型厂房，就应该用钢结构，而且要打好地基。这方面的工程为数不多，不怕多花一点钢材，不能过于节省。凡是应该用钢筋混凝土结构的,就应该用钢筋混凝土结构,不能用砖木结构来代替。只有那些应该用砖木结构的,才能采用砖木结构。当然,砖木结构也是一种好的结构,在那些没有装吊车或只用小型吊车的小型机械厂或一般的轻工业工厂是可以用的。现在有的地方在年产五万吨的炼钢车间也用了砖木结构,这是很危险的事情。我们作了这样的规定以后,当然又要防止过去曾发生过的保守、浪费倾向的重新出现,应该注意防止不适当地提高结构标准。

2. 要求全国各省、自治区、直辖市党委对新建的厂房进行一次全面的检查。这次检查在明年一月份就要进行,迟了损失会更大。检查的范围包括:新建的尚未开工生产的工厂;尚未建成的工厂;正在设计的工厂;一九五八年新建并已开工生产的工厂。此外,在民用建筑方面也要来一次检查,现在民用建筑的节约也有些过分的地方,墙头越砌越薄,标准降得过低,这也会降低工程质量。

3. 对于有危险的厂房的补救办法是,应该补救的必须补救,不要犹疑;必须调换结构的就要调换。现在将有危险的结构拆下来,这个损失比之将来压死人、压坏设备要小得多。但是也要注意,不应该补救的也不要随便乱补。为了有计划地进行补救,在一个地区应该把所有的新厂房全面检查了以后,订出一个补救方案,有计划的一起来处理。

4. 第一机械工业部[68]在上海的第二设计院设计的第一种拱形屋架,是有缺点的,而且在目前熟练技工不多的条件下,这样的屋架在施工上也是有困难的。但是,在施工条件比较好的地方,采用这种屋架的厂房并没有垮。因此,不能说这种屋架在任何厂房上都不能用。鉴于这种屋架有缺点，而且在施工中有困难，修改了这种设计的地方已经发生了事故(如杭州半山钢铁厂)，再加上目前还有别的比较好的屋架可以采用，因此，暂时不要推广这种屋架，等待考验一个时期再作结论。目前上海地区采用这种屋架是不少的，要一下子改用别的屋架有困难，因此需要有个过渡时间。就是说，一方面应该小心谨慎地使用这种屋架，另一方面要准备条件过渡到采用其他型式较好的屋架。

5.今后在全国范围内，应该根据工程对象的不同要求，因地制宜地推广会议上提出来的第二、第三、第四、第五种屋架。应该很快地研究一下，在什么地方、什么厂房上用哪一种屋架为好?为了解决这个问题，建筑工程部应立即在上海召开一次专业会议，对这几种屋架进行研究，提出意见。

二　关于设计工作

1.设计是基本建设的关键部分。当工厂决定建设以后，设计工作就是关键。设计决定工厂建设的质量好坏、合理与否的命运。施工是按照图纸施工，服从于设计的。现在，有许多党委的同志(包括经济部门的同志在内)一般地说对设计工作的重要地位是了解得不够的，他们往往重视施工，不重视设计。这是一种不符合客观实际的看法，应该改变。总的说，从全国范围看，我们对设计工作的领导少了一些。现在全国有一支约二十万人的设计队伍，这是从一九五二年开始培养起来的，是个宝贵的基础。但是应该看到，这个队伍的经验还是很少的，质量还是不高的。领导的责任就是要帮助他们，提高他们。在设计人员方面，要有对国家对人民的责任感，感到自己的责任重大，同时也要看到自己的经验不够，本领还不大，要继续兢兢业业地前进。

2. 必须继续提倡设计中的创造性，同时又要提倡实事求是的精神。墨守成规的倾向必须反对，应该提倡敢想、敢说、敢干的精神。没有这种精神，我们就不能前进。但是创造性必须和实事求是相结合，否则就会华而不实，不能真正地前进。现在我们提到实事求是，很可能会有一些设计人员出来讲风凉话。我们必须向这些人讲清楚，在群众的创造中出现一些错误和缺点是难免的；即使有错误和缺点，也比墨守成规而不敢想、不敢干为好。同时要对那些敢想、敢干的有创造精神的青年同志讲清楚，有了创造性再加上实事求是就完整了，那就会前进得更快。

3. 没有勘察不能进行设计，没有设计不能进行施工，这仍然应该是基本建设的程序。我们不能单纯地贪图快，欲速则不达。没有勘察设计就施工，遇到地基有问题再返工，损失会更大。因此，党委和基本建设领导部门在布置设计部门的任务时，必须充分估计到工作中必需的时间，不要勉强。现在过分的突击、图快，使他们没有时间进行勘察和搜集必要的设计资料，这是不好的。当然，在第一个五年计划〔28〕期间，由于种种原因，设计方面有过不适当的缓慢，现在不要重复过去不适当的做法。但是，应该看到，现在的主要毛病是单纯图快，过分粗糙。

4. 套用设计必须经过切实的计算，必须切合实际。套用或使用标准设计原则上是可以的，而且常常是必要的。但没有切实的计算根据就随便套用或者随便修改，是不允许的。现在有些工程质量事故，就是由于套用别的设计不经过切实的计算而造成的。

5.设计图纸不能过分的简化。过去确实有过图纸太多的现象，好多图纸无人看，这种情况应该改变。但是，现在图纸简化得又有些过分了，有些图纸施工人员看不懂，说是“无字天书”。这种现象也必须改变。设计图纸应该适应施工的需要。

6.应该坚持两阶段设计。现在有些设计太简单化了，有的只有一张草图就拿来施工；有的边交图、边施工。这种状况必须改变。当然，有些已经做过的工程或者是比较简单的工程，是可以边设计、边施工的，但是一般说应该按照正规的设计程序办事。

7.设计必须经过适当部门的批准。设计妥当与否，首先需要经过设计人员的集体讨论研究，再交给职工群众（施工现场工人和一定的生产工人）共同讨论。不经过这样的步骤就把设计提到上级批准，这种审查方法往往流于形式。现在有不少设计，一切讨论和批准手续都取消了，甚至只有设计者本人或小组决定就把图纸发给施工部门，这是很危险的做法。我们要求有些重要设计，尽可能做出几个有比较的方案，就像修铁路有比较线路一样。如果不可能有比较方案，也要搞一个有比较方案的说明，使外行人能看懂，使别人也能够比较、研究。今后审查和批准设计的工作，要实行分行业的分级的审批办法，统统集中到一个部门审批是办不到的。具体的办法，将由中央基本建设委员会[69]和建筑工程部加以研究拟定。

8.要使设计工作人员能够进步，必须采取三结合的办法，即党政领导、设计人员、工人群众（包括施工和生产的职工）三者相结合。在技术人员中间，新老技术人员也应该结合起来。现在新的青年设计人员占多数，他们是设计队伍的主力。他们年纪轻，会有缺点，但他们有个好处，就是有敢想、敢说、敢干的精神，没有包袱。将来青年人总是要代替老年人的，青年人是我们的希望所在，不仅是在设计部门，任何一个部门都是如此。所以，老年人应该帮助青年人，对于青年人的那种生气蓬勃的朝气，应该加以爱护。老年技术人员中间，多数是有真才实学的，青年人应该向他们学习，学习他们的经验。相互间可以有辩论，可以有批评，这是从团结出发，为了搞好工作。总之，一切愿意为人民建设事业服务的新老技术人员应该团结起来，把我们的国家建设好，把历来欺侮我们的帝国主义远远地抛在后面，这是我们共同的目标。

9.设计必须与生产相结合。设计的工厂是为了生产，因此，施工现场或者厂矿是考核、校正设计的最好场合。为了实行设计与生产相结合的方针，必须有计划地采取两个步骤：第一是设计人员深入到工地和工厂里去，跟工地和工厂的生产职工、技术人员进行研究；第二是设计人员有计划地分批地与厂矿、工地的技术人员轮换。这两个办法是能够提高设计工作水平的。

10.设计工作必须交流经验、总结经验。过去九年，特别是今年一年，我们已经积累了不少设计的经验。这些经验需要加以总结和交流。设计人员只有经常总结自己的错误和缺点，才能取得经验，提高自己。中央基本建设委员会决定在明年春季召开一次全国设计工作会议，这是全国第二次设计工作会议。这个会议的开法，可能先分区[70]开，然后再开全国的，如何开法还未确定。现在请各省、自治区、直辖市建委通知当地的设计院、所（包括中央直属的），都写一个书面的设计工作报告，于一九五九年一月二十日前写好，报送三份：一份报送当地党委，一份报送中央有关业务领导部门，一份报送中央基本建设委员会。此外，还应该定期或不定期地按行业、按工种、按地区分别召开一些设计工作座谈会。通过这些会议来交流经验，提高我们的工作水平，是非常必要的。

三 关于施工

1. 施工必须有准备。在一般的工程上必须有个施工规划，在较大的工程上必须要有施工的组织设计。现在，有许多工程没有施工准备，工地上连必要的道路也不够，万一发生火灾，救火车也开不进去。施工准备是必要的，准备好了，施工不会慢，而是更快。

2. 要使施工的技术人员和工人熟悉图纸，会审图纸，了解设计的意图，以便提高施工的效果。过去一般是这样做的，后来有些地方取消了这种办法，应该把它恢复起来。而且，设计部门应该把设计中重要部位的计算根据的资料交给施工部门，使他们心中有数。

3. 对于影响工程结构的重要设计部分，施工单位不能随便修改，必要的修改必须取得设计部门的同意。至于材料的换用，有的时候是不可避免的，但是必须经过切实的验算，质量要符合原设计的要求，同时必须经过工地主任工程师的批准。对于设计图纸的部分的改变也是常有的，有些改变还是为了校正设计的错误和不合理的地方所必需的。但是，凡属影响到结构的重要部分，不能随便修改，要修改的时候，必须取得设计部门的同意，设计部门不同意就不能修改。

4.恢复和建立保证工程质量的各种制度。过去有许多不合理的规章制度，必须废除。中央在南宁会议[71]、成都会议[72]上作这样的决定是正确的。但是，在具体执行中间，把有些有用的必要的保证工程质量的规章制度也废除了，这是不对的。中央曾经有过通知，对于那些同技术有关的规章制度，不要随便废除。但是，这件事没有引起大家的注意，这是错误的。现在，各地应该恢复和建立那些保证工程质量的制度。其中有不合理的地方，应该加以修改；但是，对于那些正确的合理的部分，应该恢复起来。建筑工程部在这次会议上发了一个关于应该恢复的规章制度的意见，请各省、自治区、直辖市研究执行，如果有不同的意见，可以同建筑工程部商量。

5.群众性的自己检查和相互检查，必须同专业检查机构的检查结合起来。应该说，群众中的自己检查和相互检查是必要的方式，不能取消，应该继续发展。但是，不能因为有了群众的检查，就取消了专业检查机构的检查，应该把两者结合起来。同时，专业检查机构在工作中应该充分地运用群众路线的工作方法。

6.凡是已经取消了工程验收制度的地方，应该把它恢复起来。因为这种制度是一种检查工程质量的有效的制度，应该把这种制度中的有用部分恢复起来和保存下去。

7.要加强职工的培训工作，首先是培训技术工人。今年增加了很多建筑工人，仅建筑工程部系统的建筑工人就比去年增加约七十万人，达到了一百二十多万人，数量是很大的，而各种技术工人都仅仅经过短时期的训练。今年基本建设的任务很重，明年的建设任务更重，而新的技术工人的比重却很大，这就要求我们大大地加强培训工人的工作。明年第一季度一般说是基本建设工程任务比较轻的时候，必须抓紧这个时机培训工人。培训工人的具体办法，请各地自行规划。今后凡是有间隙时间，就应该进行整训。特别是对于某些技术工种，如电焊工、钢筋混凝土工、起重工、装吊工、安装工等，必须采用各种办法来训练。对于那些大轧钢厂、大机械厂等重型企业的厂房建设和设备安装，应该调集全国各地的有关企业的职工来参加现场实习，以便他们回去进行工作。我们应该估计到，安装工人和大型企业建筑工人的供需关系，在明年夏季以后将会大大地紧张起来，因此，应该采取上述办法，抓紧培训工作。

8.对于快速施工应该有正确的理解。现在，因为发生一些事故，不少人对快速施工有怀疑。在建筑部门内部，也有一部分领导人和职工，对于快速施工的理解有错误的地方。因此，应该说明快速施工的内容，纠正职工对快速施工不正确的认识。快速施工是一种新的施工方法，是和过去不同的施工方法。这个名词是否能概括它的全部内容，另当别论，但是应该弄清它的内容。中央基本建设委员会曾经讨论过这个问题，认为快速施工的主要内容有以下四点：

(1)缩短战线，集中优势兵力，打歼灭战；反对分兵把口，分散使用兵力，打消耗战。对于建设的工程，完成一批再来一批，建成一个再来一个。

(2)在一个厂房或建筑物上，把过去分工很细的专业工作队，如木工专业队、抹灰工专业队等等，改变为混合工作队，实行“多面手”。并且在一个工程上实行分层交叉平行流水作业的方法。

(3)使用预制构件，装配工作的比重大大增加。

(4)施工工地实行一元化的集中领导。各个工种、甲乙方、党政工团都由工地的党委或者建设委员会统一领导。

实行以上这些办法，工作实践证明可以缩短工期。这是一种多快好省的合理的施工方法。但是，有一部分施工领导人员和职工有错误的理解，他们不甚了解快速施工的真实内容，以为快速施工就是单纯图快。因此，没有准备就开工，出现苦战几昼夜、人海战术等等。由于片面地图快，影响了工程质量，发生了事故。产生这些问题，主要的责任在领导方面，因为我们对于快速施工的内容解释得不够明确；对于防止只顾多快省而忽视好，只求数量而不注意质量的倾向，强调得不够。虽然在发生质量事故的工程中，快速施工所占的比重不大，但是，把快速施工误解为单纯求快的思想，影响所及，绝不仅限于用快速施工的工程部分，而是远为广泛的。关于“放卫星”[73]的问题，为了观察施工速度，作个别的典型试验是必要的，但是，这类事以后不宜用“放卫星”的办法，应该有计划地加以推广。我们目前的任务，就是要解释快速施工的正确的内容，同时纠正单纯图快的错误认识；在纠正缺点，总结经验以后，有步骤地加以推广，使它逐步完善，逐步健全发展。

9.增加必要的施工机械设备。今年基本建设投资额将完成二百二十亿元以上,明年的投资计划为三百六十亿元,增长速度很快。而且,大中型的、装配式的厂房大大增加。施工需要必要的机械设备,但是现有的施工机械设备很少,同基本建设任务不相适应。因此,我们应该在充分利用现有机械设备和一部分土机械的同时,还必须增加一部分必要的土洋结合的和洋的机械设备。当然,增加这些设备也只能是逐步的,而且在制造上要力求自力更生。

四 关于建筑材料

1.水泥、钢筋、电焊条、砂、石、砖、瓦等建筑材料,必须是合格的才能使用。今后在主要的工地上必须恢复和建立材料的检验机构,设置必要的试验设备。

2.生产建筑材料的工厂,必须负责地检查产品的质量,合格产品才能出厂,不合格的不能出厂。

3.水泥出厂时,必须经过检查,不得以低标号的冒充高标号的;每一袋水泥必须有足够的重量,不得以少充多。

4.用不好的铁炼出来的钢,由于含硫、含磷比重高,不能用于基本建设工程的重要部分。次要部分,例如用作一些门窗上的小五金等是可以的。

5.大中型的有关人民生命安全的水电站的水坝工程,必须十分注意工程质量和安全,建设这些工程所用的钢筋和水泥等建筑材料,必须符合设计规定的质量规格。对于这件事,参加会议的同志回去后必须专门向省、自治区、直辖市党委作报告，因为关系重大。

6. 必须继续反对保守主义（我们在强调质量之后，保守主义可能抬头），但是，在设计和使用材料上又必须保证有必要的安全系数。施工部门不能在设计的安全系数内再去挖潜力，否则遇到意外事故，如大风、地震等等特殊情况，是很危险的。

7. 在关键性的工程上，如果没有合格的材料，宁可停工待料，决不马虎。因为这是工程的关键部分，如果用了不合格的材料而产生的损失，将远远大于停工待料的损失。

8. 新材料和合格的代用材料仍然应该使用。但是必须经过多次的试验鉴定，不要轻易普遍推广使用。

五　关于安全作业

今年在施工中发生的伤亡事故比去年增加了。今年除了工程的结构倒塌所造成的伤亡事故以外，施工中因工伤事故死亡的在建筑工程部系统内有三百一十八人，去年死亡一百三十二人，今年比去年增加了一倍以上。这件事，应该引起我们的警惕。必须采取下列办法：

1. 恢复安全作业的各种制度。其中有不合理的地方，由建筑工程部和劳动部共同审查修订。

2. 对所有新老工人要重新进行一次安全作业的教育，并且应该把安全教育同技术教育、质量教育结合起来进行。

3. 规定建筑工人合理的劳动和休息时间。现在，基本建设单位普遍存在着延长工人工作时间的现象，必须加以改变。应该根据各地区、各季节的不同情况，由建筑工程部、劳动部共同商量规定每天的工作时间。从现在起，必须规定工人每天有八小时的睡眠时间；对高空作业的工人，在今后几个月内，必须逐步做到每日工作不超过八小时；目前还不能做到的地方，每天工作最多也不能超过十小时。如果人数不够，必须训练新工人，不能用延长工作时间的办法来解决。过度疲劳容易造成工伤事故。关心工人的安全是领导方面的责任。

4. 必须配备足够的安全作业所必要的设备，如安全带等等。

六　关于地方党委领导和发动群众

没有地方党委的领导和没有群众运动，基本建设工作是做不好的。这次会议所讨论的问题，各地基本建设委员会的同志回去后必须报告省、自治区、直辖市党委，请求党委专门讨论一次。为了克服基本建设工程质量事故的错误和缺点，请求各省、自治区、直辖市党委对基本建设工作加强领导，并抓好下列几项工作。

1. 注意工程质量。目前的主要倾向是：注意“多快省”多，而注意“好”不够；注意数量多，注意质量不够。我们必须做到既要求“多快省”，又要求“好”；既要数量，又要质量。

2. 注意设计工作。目前全党对设计工作重视不够。我们应该看到，设计工作是基本建设工作的关键部分，是第一关。对于设计部门，领导的注意力应该不次于施工部门。

对于设计中土洋结合的问题，也应该有正确的理解。中央基本建设委员会曾经讨论过这个问题，我们认为土洋结合的设计，其特点有二：一是根据我国的具体情况，参考外国的经验而进行的创造性的设计，如同西医学中医一样，学成之后，既不是老西医，也不是老中医，而是一种新型的医生；二是在多数企业只能采用机械化程度不高的和简易的设备，目前只能如此，因为这是当前能够办到而且能大量办到的。但是，现在也有人对土洋结合的实质有误解，他们把土洋结合误解为“愈土愈好”，或者是“以土为主”。以土为主，如果是指以中国的实际情况为主是可以讲的；如果是以小高炉为主，以鞍钢为辅，那就不对了。上面说过，应该采用钢结构或钢筋混凝土结构的建筑，如果采用了砖木结构或砖拱结构，那是危险的，会发生工程质量事故。土洋结合不能做这种解释，必须要有正确的理解，这是目前实现多快好省所必需的。

3. 对于新建工程要进行一次全面的质量大检查。应该补救的工程，要迅速加以补救。

4. 今年基本建设部门增加的新工人已经很多，一般的应该停止招收，而把重点转到培训现有工人，提高工人技术水平。

我们应该在基本建设工作中继续开展群众运动，决不能因为发生一些工程质量事故而怀疑群众运动，只有真正进一步搞好群众运动，大家关心质量，才能减少事故。我们应该继续实行干部参加劳动、工人参加管理。目前的群众运动应该更多地注意下列各点：

1. 在群众中提倡工程的多快省的同时，进行一次提高工程质量的运动，全面地贯彻执行多快好省的方针。

2. 在工人中进行一次讨论建立各种技术管理制度的运

动。必须广泛地发动群众，首先讨论要不要建立这些制度，然后讨论建立那些必要的制度的内容。

3. 进行一次学习技术、提高技术的运动。

4. 进行一次安全教育的运动。

所有上面讲的六个问题中的各项工作，目的是为了减少基本建设中的质量事故、作业安全事故，完成明年基本建设任务，提高我们的工作水平。这些工作，都必须在当地党委的领导之下，充分地开展群众运动才能办到。我们希望这次基本建设工程质量杭州现场会议，成为一个重要的转折点，使基本建设工程质量和安全作业从此向好的方面发展。

给中央财经小组[74]各同志的信

（一九五九年四月）

最近就市场问题和计划方法问题，想了几点意见，还不成熟，提出来供你们考虑这些问题时参考。

先说缓和市场紧张状态问题。

一、粮食要省吃俭用。去年夏收和秋收后，估产高了，吃用多了。今年以来，城乡销量继续增加（这一年度[39]比上一个年度要多销粮食一百八十亿斤），库存下降，到处供应紧张。因此，我认为不管今年粮食增产多少，都必须省吃俭用，控制销量。抓住这一头，十分重要。我国粮食问题还没有过关。粮食定，天下定；粮食紧，市场紧。粮食现在仍然是稳定市场最重要的物资，一定要做好这一方面的工作。

二、组织猪、鸡、鸭、蛋、鱼的供应。城市市场上缺少猪肉鸡鸭等的供应和缺少工业品的供应，情况显然是不同的。改善生活，吃还是第一位。市场上如果缺少十亿元猪肉和鸡鸭等商品的供应，是很难有其他的东西可以弥补这个缺口的；即使能拿出十亿元工业品来补缺，也缓和不了市场供应的紧张状况。为什么呢?我们如果有了十亿元的猪、鸡、鸭、蛋、鱼，有一部分做了菜，经过各种加工，合起来就可抵上十四五亿元的商品。现在，烟酒饭铺，差不多都是国营的，这些东西很快就可以成为国家一个很大的货币回笼力量。今年市场物资供应和购买力之间的差额约有四五十亿元，如果我们想出办法增加十亿元的猪、鸡、鸭、鱼和蛋类的供应，也就是大体上增加一千万头猪，两亿只鸡、鸭，两亿斤蛋类和几万吨鱼类的供应，在弥补差额上可以起很大作用，使市场紧张状态有所改变。组织猪、鸡、鸭、蛋、鱼的供应，必须从生产入手，定出有效办法。发展养猪、养鸡、养鸭，国营、集体、个人三种形式可以同时并行，三条腿走路。而在目前，国营饲养场和人民公社集体饲养的经验还不很多，农户分散喂养可能是最可靠而收效最快的办法。在公社内要很好地安排自留地，保证饲养户得到饲料，还要专门拨出一定数量的饲料粮，同时加强管理工作，认真改善家畜家禽的饲养状况。建议国务院第五办公室〔24〕和商业部，在最近期间分别召开猪、鸡、鸭和蔬菜的问题的专业会议，把这一工作认真地抓一下。这样做，即使不能解决今年的问题，但对于改善明年市场供应将会发生作用。

三、要专门安排一下日用必需品的生产。在安排工业生产的时候，应该专门拨出一部分原料和材料，安排日用必需品的生产。原有生产小商品的工厂，如果已经改行，应该让它们“归队”，恢复生产。特别是原有的手工业合作社，由于改变为地方国营工厂或合作工厂，统一安排生产任务，不能单独生产和经营，大量的小商品停止生产了，现在应该组织它们重操本行。它们名义上可以仍然是地方国营工厂或合作工厂，但在地方工业部门领导下，实行独立核算，自负盈亏，以便发挥这些手工业者的积极性，增加手工业品的数量和品种。对于农村人民公社的原有手工业者，应该通过公社帮助他们解决原料和销路的困难，增加各种农村手工业品的产量。

四、压缩购买力，认真精减去年多招收的工人。企业增加职工，就要随之增加购买力。在农村增加劳动力，相应地增加购买力并不可怕，因为同时会增加一些农副产品的供应数量。在城市工业中有两种情况，一种是正常地增加劳动力，也就相应地增加商品产量，同购买力的增加可以大体取得平衡。另一种是不正常地过多地增加劳动力，使劳动生产率下降，商品产量不能增加，只有购买力增加，就加重了市场物资供应的压力，对生产和市场都是不利的。一九五六年我们招工过多，造成当时市场紧张的局面，在这方面是有过经验教训的。对去年过多地招收了的一千多万工人，必须认真地加以精减，安置到农村去，以便压缩现有的购买力。今后必须严格控制职工人数。增加城市劳动力的计划，必须由中央和省区市党委掌握。

五、运输紧张，要优先安排供应市场物资所需要的运输力量，特别是要安排好短途运输所需要的劳动力。当工业和商业都需要运输的时候，各地马车、手推车、木帆船等运输工具，应该尽先安排商业的需要，加强城乡物资交流。工业不要去和农业、商业争短途运输力量。

再说编制一九六〇年计划的方法问题。

一、拟定明年的工业生产指标，要根据今年年底现有企业已经达到的综合设备能力（包括动力、运输等），作为编制明年计划的出发点，拟出明年生产指标的必成数。另外，根据现有设备的潜力再加上明年基本建设可靠的新增加的生产能力，加以确实计算，拟出明年生产指标的期成数。这样拟定两个生产指标，保存一个幅度，就可以使得明年生产计划既可靠，又积极。所谓根据现有企业综合设备能力拟定生产指标，这就是说，不仅要计算主要部分的设备能力，还要计算整个企业和行业各个环节的设备能力。比如钢铁工业的生产能力，不仅要计算高炉、平炉、转炉的设备能力，还要计算采矿、炼焦、耐火材料和轧钢的设备能力。不仅要计算本部门内部的设备能力，而且要计算有关配合部门的设备能力，如计算煤炭、电力、运输等部门的设备能力。总之，要加以综合计算。

二、对于工业中几个薄弱环节，如铜、铝、石油、木材、橡胶这几种物资，在生产和需要之间差额很大，不是短期可以解决的。我们是一个大国，在工业建设中，对这几种必要物资，如果单靠进口来弥补差额，是靠不住的，因为数量太大，难以全部解决。因此，必须在每年编制计划的时候，重视这几种物资的生产，加强这些薄弱环节，使需要和供应之间的缺口越来越小，逐步求得解决。

落实钢铁指标问题*

（一九五九年五月十一日）

目前工业方面有两点情况很突出：一是今年春天上海会议[75]拟定的第二季度分配钢材二百五十万吨的方案，由于生产上不去，将不能实现，而只有二百零五万吨可供分配。这样，原定第二季度的工业生产计划和基本建设计划，就要延缓一个月甚至更多时间才能完成。二是计划一再变动，使企业单位的生产秩序很不安定。有人说，最近一个时期的生产情况是“长江后浪压前浪，做做停停做做停”。许多部门、许多工厂和基本建设单位，现在是人心思定，普遍要求把今年全年本单位确实可以分配到的钢材数量，很快定下来，以便安排生产。

中央书记处根据上述情况，在四月二十九日和三十日的会议上，责成中央财经小组[74]研究三个问题：(一)今年钢铁生产的指标分成两个，一个是可靠的指标，另一个是争取的指标。(二)今年钢材的分配，要按照本年度确实能够生产的可靠数字来进行。(三)如果钢材分配的数目减少了，势必要削减一些建设项目。现在原则上确定：削减基本建设，保证生产的需要，保证市场和维修的需要；在基本建设中，要保证石油、化工

---

* 这是陈云同志在中共中央政治局会议上的发言。

等部门必不可少的建设项目。总的精神是稳住阵地再前进，免得继续被动。

财经小组在书记处会议以后，听取了冶金部六次汇报（钢铁方面总的情况一次，矿石、焦炭、耐火材料、钢铁冶炼、钢材品种等各一次），集中讨论了一次。现在把冶金部的汇报和财经小组讨论的情况分做两个部分说一说，一是钢材的可靠指标和争取指标的问题，二是目前需要着重注意的几个问题。

一　钢材的可靠指标和争取指标的问题

钢材的生产指标，冶金部提出三个数字：九百万吨，九百五十万吨，一千万吨。与此相适应，钢的生产数字是一千三百万吨，一千四百万吨和一千五百万吨。冶金部还提出过一千六百万吨钢的数字，但是没有详细说明。

在讨论中，国家计委重工业计划局提出的数字是：钢材的可靠指标是八百五十万吨到九百万吨，争取指标是九百五十万吨。与此相适应，钢的可靠指标是一千二百五十万吨到一千三百万吨，争取指标是一千四百万吨。国家经委冶金局提出钢的可靠指标是一千三百万吨，争取指标是一千五百万吨。这些数字，都比上海会议拟定的指标要低。上海会议拟定的指标，钢材是一千一百五十万吨，钢是一千六百五十万吨。

财经小组经常参加这次汇报会议的几个同志，富春〔76〕、一波〔32〕、赵尔陆〔77〕同志和我，都同意钢材的可靠指标可以初步定为九百万吨，钢的生产指标就是一千三百万吨。至于争取的数字，需待听取煤炭、机械、铁道等部汇报后，弄清楚这些部门的生产能力和运输能力，再来研究，这次暂时不议。

为什么钢材定为九百万吨，并且以此作为前进的基点呢？理由有下面几条：

第一，从钢铁工业内部的各个环节来看，这个指标比较可靠，比较实在，但也不是轻而易举，要作很大努力才能完成。要生产九百万吨钢材，就要求生产一千三百万吨钢，二千万吨铁（其中包括炼钢用铁一千三百万吨，铸造和增加周转用铁五百五十万吨，另外还准备有质量不好的次铁一百五十万吨）。现在从矿石、焦炭、耐火材料、冶炼、运输等五个方面来说明。

关于矿石。生产一吨铁需要三吨半铁矿石，生产二千万吨铁就要七千万吨矿石。现有十四个有机械装备和铁路运输的大型采矿企业，今年可采铁矿石五千三百万吨（去年采三千四百六十万吨）。现有十九个中型采矿企业，其中六个有半机械装备和铁路运输，其余十三个原来是手工开采，也没有铁路，今年设法装备一部分机械，用风动工具打眼，用炸药爆破，“打眼放炮”，并铺设轻轨铁路，这样全年共可采铁矿石八百万吨（去年采六百八十万吨）。现有二百一十四个小型土法生产的采矿点，全年共可采铁矿石一千万吨（去年采六百零六万吨）。以上大、中、小三类企业合计，可以生产铁矿石七千一百万吨，能够运出的是七千万吨。

为着保证七千万吨矿石的开采，需要增加空气压缩机、电铲、卷扬机、球磨机等设备和爆破材料。这些设备和材料，有些已经订了货，但是还没有全部落实。

根据计算，平炉用的富铁矿（含铁在百分之五十八以上者)全年需要二百一十万吨,只能生产一百七十万吨,还差四十万吨。为了弥补这个差额,准备从海南岛多运出十万到十五万吨富铁矿;在鞍山采取团矿的办法(采用含铁量在百分之六十以上的矿粉,压块焙烧),生产三十万吨。

从上述情况看,全年开采七千万吨铁矿石,由于要对大中型矿山进行基本建设工作,还要增加许多设备,事情并不轻易。但是从第一季度运出矿石一千七百八十万吨(小型土法生产的是七百四十万吨)的情况看,只要继续抓紧这方面的工作,完成七千万吨的任务是可能的。

关于焦炭。炼一吨铁,平均需要一吨半焦炭;炼一吨焦炭,平均需要一吨半洗煤;一吨洗煤,平均需要两吨炼焦煤。因此,生产二千万吨生铁,就需要三千万吨焦炭,折合四千五百万吨洗煤,或者九千万至一亿吨炼焦煤。

洗煤是提高铁和钢的质量的关键。有些铁和钢的质量不好,主要是因为含硫过多,而硫的来源,有百分之七八十是由于煤里的硫没有洗掉。因此,必须大力把炼焦煤洗好,否则费了人力、物力和财力,还得不到好铁好钢。解决焦炭质量的问题,首先是要解决洗煤问题。

洗煤能力的情况是:大型的机械化洗煤厂今年大约可以生产一千九百五十万吨,新建的洗煤厂(大部分是简易洗煤厂,设备正在专案解决)可以生产五百五十万吨,两项合计是二千五百万吨。另外,还要用土法生产洗煤二千万吨。这部分土法洗煤,据估计需要六十万个劳动力,从现在起继续生产二百天才能完成,并且要有粉碎设备和其他必要的工具。还必须指出,上述洋法洗煤二千五百万吨,各个季度生产是不均衡的。第一季度已经完成了四百一十五万吨，第二季度大体只能完成四百六十四万吨，第三季度也只能完成五百四十七万吨，其余的一千零七十四万吨（占总数的百分之四十）要集中在第四季度完成，这样，就同各个季度炼铁的需要不相适应。如果洋法洗煤不能在第二、第三季度多生产一些，那末，这两个季度的土法洗煤还要有所增加。

炼焦能力的情况是：原有的大型洋法生产可以达到一千万吨，新建的机械化炼焦炉和简易炼焦炉可以生产一千万吨，土法炼焦计划生产一千万吨，三项合计三千万吨。新建的炼焦炉，有三十六座是机械化的，其中十九座在今年可以建成，能够生产二百四十三万吨；有红旗二号简易炼焦炉一千七百座，能够生产五百三十万吨；有红旗三号简易炼焦炉八百座，建成以后，可以生产一百七十万吨。现在，红旗二号炼焦炉基本上是手工生产，技术问题还需要进一步解决。

应该看到，炼焦方面的建设规模（包括机械化炼焦炉和简易炼焦炉）是不小的，即使能够如期建成，加上发挥原有的炼焦能力，也只能满足需要的三分之二，其余三分之一，即一千万吨，仍然需要用土法生产来解决。自然，洗过的煤，用土法也可以炼成好焦，但是还要掌握好技术。对此，必须有足够的重视。

关于耐火材料。据冶金部计算，全年需要各种耐火材料（包括粘土砖、矽砖、镁砖、高铝砖）四百二十万吨，需要原料（粘土、矽石、镁矿石、高铝砂等）六百万吨。这些原料，用机械化开采的只占百分之二十，其余百分之八十基本上是手工操作的。因此，在开采和搬运方面都需要用很多的人力。

关于炼铁、炼钢、轧钢的设备。要生产那么多的生铁、钢和钢材，基本上依靠现有的设备（一部分还要配套）就可以解决，不需要再增加很多的东西。这方面的情况，过去计委和冶金部已经说的比较详细，我就不再重复了。

关于运输。为了生产二千万吨生铁，除了要运输炼焦煤九千万到一亿吨以外，矿石、耐火材料等物资的运输量也是很大的。冶金部要求：铺设铁路支线和专用线共五百公里，铺设轻便铁路五百公里，增加机车一百五十台，增加车皮一千五百辆，还要增加一批小机车和矿车。

由于钢铁生产的需要，目前短途运输异常紧张，不少省的汽车大部分用于运输钢铁原料、材料。这种状况是难以持久的。一个年产几万吨的钢铁厂，光靠汽车运输是不行的。

上述各方面的情况说明，今年生产九百万吨钢材，相应地生产一千三百万吨钢，是有可能的，但是还需要做很大的努力。

第二，今年头四个月的生产情况也说明，九百万吨钢材、一千三百万吨钢、二千万吨铁的生产指标是可能完成的，重要的问题是要保证产品质量。

过去四个月，已经生产钢材二百二十七万吨，钢三百三十六万吨，铁六百零三万吨（内有一部分土铁[78]和不合格的次铁）。在今后八个月中，还要生产钢材六百七十三万吨，钢九百六十四万吨，铁一千四百万吨。这个任务经过努力是可能完成的，但是需要特别注意改进铁的质量。现在各地生产的铁，不合格的还不少。冶金部提出目前在钢铁生产方面要着重抓质量问题，是完全对的。

这里谈一下小高炉问题。高炉的建设必须贯彻大中小相结合的方针,以大的为主。小高炉在目前是需要的,今年生产二千万吨铁,其中有九百万吨要靠小高炉。小高炉要改进技术,有些要向大中型发展,这是必然的趋势。那些煤铁资源缺乏和运输条件困难的地区,有一部分小高炉要停止生产。那些条件很困难的地方,不要再新建小高炉。现在进行生产的小高炉,必须采取有力的措施,提高技术,加强管理,认真改进生铁质量。

第三,钢材生产,今年只要炼出一千三百万吨好钢,就能轧出九百万吨钢材,但是,钢材品种还有问题。今年新增的轧钢机都是中小型的,轧成的小型钢材比重增大了,即由过去几年占百分之二十四左右,增大为占百分之二十九左右,按绝对数说,由去年的一百四十九万吨增加为二百六十万吨。另一方面,大轧钢机和重要轧钢机都还没有制造出来,今年八种重要钢材(重轨、大型钢材、中厚钢板、薄钢板、无缝钢管、有缝钢管、矽钢片和优质钢材)不能增加很多,再加上进口比去年少得多,全年可供分配的可能只有四百八十六万吨,只比去年多十万吨。小型的钢材增加得多,大型的、重要的钢材增加得很少,这就势必影响重要设备的制造和重要工程的建设。

多生产一些钢当然是好事,现在的主要问题,是要力争多增加八种重要钢材的产量,适应生产和建设的需要。为此,就要尽快地多制造出一些大轧钢机和重要轧钢机来。

从钢铁工业内部的各个环节和今年前四个月钢铁生产的情况以及钢材的品种等方面来说,把钢材的产量定为九百万吨,以此作为可靠的出发点,是有根据的,可能是比较适当的。

当然我们不应该满足这个指标而停止不前。站稳的目的，是为了前进。我们在这个基点上站稳了，就可以扎扎实实地前进，也才有可能超过这个指标。至于能超过多少，争取的指标定为多少，需要进一步研究以后才能提出。

这次对钢铁生产指标的研究，只限于钢铁工业内部的各个环节，还没有对钢铁工业同其他工业的关系进行综合研究，更没有对整个工业同国民经济其他各部门的关系进行全面研究。仅仅就钢铁论钢铁来规定钢和钢材的生产指标，还不可能完全确当。因为钢铁只是整个工业和国民经济中的一个环节，钢铁指标定得是否确当，经过综合研究以后才会看得更清楚。这次财经小组提出的意见，只能是初步的，只是提供政治局进行考虑，还不希望做出最后决定。即使政治局同意把钢材产量初步定为九百万吨，钢产量初步定为一千三百万吨，也请政治局再给财经小组一些时间，考虑一下冶金部的同志提出的把钢产量定为一千五百万吨的意见，并且全面研究一下钢铁生产同整个工业和国民经济的关系。

为着退到可靠的阵地，站稳以后再前进，我们的生产和建设必须实事求是地进行有计划的安排，同时要使广大干部和群众懂得，站稳以后的前进是更踏实的前进，不致因此而泄气。

如何有计划地安排和向各企业单位进行解释，财经小组还要研究一下。钢材生产指标比原来设想的降低了，分配数字也就少了，生产和基建单位就可能提出：给的钢材少了，完不成原定的任务怎么办？我们认为，只能按照实际拿到的材料，加上主观努力，完成多少就算多少。

二 目前需要着重注意的几个问题

第一，要强调改进质量。钢铁要强调改进质量，设备制造、日用工业品生产、基本建设等等，都要强调提高质量。有不少出口的东西，过去质量比较好，现在也降低了，在国外名誉很不好。数量虽然多，但是如果质量很坏，生产出来的东西不能真正顶用，不仅不能满足生产、建设和市场的需要，而且要造成极大的浪费。凡是过去质量好而后来降低了的产品，应该尽快恢复到原来的水平；凡是质量一直不好的产品，应该积极采取措施，限期提高。经委和财经小组准备用几天的时间，专门讨论改进产品质量的问题，并且准备拟定一些切实有效的办法。

第二，既要保证重点又要照顾一般。钢铁、煤炭、电力、机械、运输这些重点的生产和建设，是必须加以保证的，但是，对于石油、化工、重要建筑材料和市场迫切需要的轻工业品，也应该切实加以照顾。否则，不仅国民经济各部门不能互相协调地向前发展，而且重点本身的发展也难以得到可靠的保证。总之，我们必须依据有计划按比例的原则办事。

第三，既要照顾明年又要照顾长远。当前的生产和建设是重要的，决不能忽视。但是，也不能只顾眼前，不顾将来。例如，大中型钢材轧机，管材、板材轧机，是解决钢材品种所必需的，应该加以保证。又如，武汉、包头、太原、石景山〔79〕四个钢铁厂今年建设的四大高炉，是提高生铁产量所必需的，也要保证提早建成。如果冶金部目前分配到的钢材比较少，用于重要轧钢机和四大高炉配套的钢材同其他方面所需要的钢材发生矛盾，两者不能兼顾的时候，为长远打算，宁愿暂时削减后者，保证前者。此外，主焦煤[80]新基地和江南煤炭新基地的建设，兰新铁路干线的建设，西北油田的开发，以及其他工业方面必不可少的原料，如合金钢原料和炭极原料等等的生产，都要进行长期的规划，现在就要加以安排，积极进行各项工作。

上面是我听了冶金部关于钢铁情况的汇报以后，向中央的第一次报告。我对工业的情况不熟悉，知道的不多，也还没有听其他工业部门的汇报，提出的意见是否适当，还没有很大把握。准备在听取各工业部和其他部门的汇报以后，再向主席、政治局和书记处作几次报告。

就钢铁指标问题给毛泽东同志的信

（一九五九年五月十五日）

参加研究钢铁指标问题的多数同志的意见，把今年钢材生产的可靠指标，定在九百万吨，并以九百万吨钢材为分配给各部和各省市的数量，把将来超过九百万吨的数量作为奋斗和争取的目标。冶金部参加会议的同志，认为钢材数量定为九百万吨（即钢的数量定为一千三百万吨）太少了，会使下面泄气。今年究竟能够可靠地生产多少钢材和多少钢，议论是不一的，不仅在北京如此，各省市的同志也有不同的意见。但就全局看来，为了安定生产秩序，为了使计划不再变动太多，我认为以九百万吨钢材来分配较为可靠。如果那个月生产超过了月定指标，我们第二个月就可将超过的部分再分下去，这样并不妨碍超产。说把生产数字定得少一点（实际是可靠数字），会泄气，我看也不见得。正如少奇〔81〕同志在政治局讲的，定高了，做不到，反而会泄气。

小高炉炼出的九百多万吨铁，目前含硫量超过冶金部规定千分之二标准的，有百分之四十以上，有的说至少有百分之五十。那就是说，如果这种情况不改变，将有四五百万吨生铁含硫超过标准，既不能用于铸造，也不能在炼钢后轧成有用的钢材，这是劳民伤财。现在应该想办法克服高硫状态。如果关键在洗煤，那就应该规定必须洗煤，并且明确定出含硫量的标准。凡是不洗煤的，就不要炼铁。我担心铁的质量如果不改进，铸造铁也铸造不成，炼钢也搞不到一千三百万吨。也就是说，搞不到九百万吨有用的钢材。洗煤去硫，是今后能否完成现在拟议的钢材指标的关键。

我希望同财经小组[74]的几个同志，包括鹤寿[82]同志，一起向你汇报一次。请你有空时找我们。

因为有的同志有不同意见，代表了相当多的一部分同志的看法，财经小组准备再一次研究他们的意见。遵照你的指示，多谋以求善断。

安排市场要网开一面*

（一九六一年一月十九日）

我说两个问题。

第一，进口粮食问题。我们这个国家，在粮食问题上的立脚点，当然要摆在自给上面。但是，现在有进口两百万吨粮食的可能，已经快要签合同了；如果能再多进来一些，我们也要。那末，这里就发生一个问题，有些东西要出口，比如核桃、瓜子、红枣等，国内吃的就少了。我们现在究竟要顾哪一头？我看，要顾进口粮食这一头。如果顾那些零零碎碎的吃的东西，是解决不了大问题的，还不如把这些有出口市场的东西都集结起来，换粮食进来。如果有四百万吨粮食进来，那我们今年的日子就比较好过一些了。明年、后年如果再多进一点，那我们就能够稍微有点存粮了。总之，顾了东头顾不了西头，要有所得就会有所失。如果这也舍不得丢掉，那也舍不得丢掉，结果什么也得不到就是了。这和打仗的道理一样，两个拳头打不行，要一个拳头打。进口粮食这一条，我们现在大体上已经这样做了。这样做有没有危险？我看，再咬紧牙关搞几年，对我们有利。现在老百姓的布票已经减少得不像样子了。从前每

* 这是陈云同志在中央工作会议上的讲话。

人每年十八尺，不包括絮棉和针织品，现在都算在里头，实际上真正的布只有六尺，当然不像样子。但是，上次讨论进口粮食的时候，我们还是定下来每人再减少一尺布。每人减少一尺布，就可以多进口十亿斤粮食。五美元一匹布，七千万匹布就是三千五百万美元，恰好是买十亿斤麦子的钱。我看宁肯每人减少一尺布，多进口十亿斤粮食。这样做是错的还是对的呢？恐怕是对的，应该这样做。

第二，糕点问题。这看来是一件小事情，但却是一个能缓和人心的问题。因为，现在什么东西都凭证供应，每个人买一份，有钱也不能多买，闲话就来了。江苏有一个资本家讲："现在人民币不挂帅了。"上海有一个医生对党委书记说："我和老婆两个人每月工资四百多块钱，但是什么东西都买不到，发给我们没有意思，还不如把工资还给公家。"按人口凭证分配，这是一个办法。这个办法，社会主义国家在必要的时候可以采取，在战时则必须采取。现在供应紧张，应该"两条腿走路"，即有些商品可以实行凭证分配的办法，有些商品应该是只要有钞票就可以买。我们现在出售糕点，就可以同时采取这两种办法。一种是便宜的，五角或者六角钱一斤，凭证供应。另外一种是高价的，你有钱就可以买。

我们这样做，有什么意义呢？我看，一是可以缓和人心，二是可以增加点营养，三是可以回笼货币。在供应紧张的时候，总要网开一面。外国也是这样的。我问了一些同志，伦敦在战时实行粮食配给，但饭馆还是开的，一个人只能吃一份，不要粮票。总之，网开一面好办事，不能都搞平均主义。这样，既可以使人们能吃到一些东西，增加一点热量，又可以多收回一点钞票。用这个办法回笼货币，实在是打了一个大主意。

现在的问题，是如何充分利用进口的糖和麦子。从古巴进口的糖，如果平均分配，每个人只能分到很少一点。我们中国有七万万张嘴巴，稍微张一张就差不多了。进口糖要集中使用到对于我们最有利的方面。过去，有些地方规定，一个人一个月供应二两或者三两糖，如果能保持住这个供应标准，可以不变，但绝对不要再增加；有些地方因为糖很紧张，早已停止供应的，也就不要再恢复。现在要先把进口糖用于制作高级糖果和高级糕点。有了猪肉，也可以采取开馆子的办法，卖炒肉片、炒肉丝。进口的麦子，面粉可以做高级糕点，麸皮是养猪的好饲料。把卖高价糕点、炒肉片和养肥猪这些办法联系在一起，可以解决不少问题。总之，现在进口的糖也好，麦子也好，以后的猪肉也好，要集中使用在机动的方面，自由买卖的方面。

在商业工作人员里头要动员一番，提高高级糖果和高级糕点的质量。现在把做糕点的人搞到乡下去了，做出来的高级点心不像样子。我叫孩子在中南海排队买了一斤，所谓高级点心是什么东西呢？看不得就是了。从前是六角四分钱一斤，现在升级了，一斤四元五角。北京的高级糕点开市的前一天晚上，姚依林〔83〕同志到零售店去看样品，质量也是不好。对此，我有意见。因为拿来给我们看的样品有几十种，但到零售店里去看就不同了，比给我们看的差。就是说，做假样品给我们看。高级点心贵，但要贵得像个样子，做得好一点。所以，北京、天津、上海、广州、武汉以及其他城市，要把原先做糕点的人找回来。负责财贸工作的同志要认真检查一番。

在商业工作人员中，有些同志对卖高级糕点、高级糖果不放手，他们怕大家抢购，供应不上。这是因为他们对情况不清楚。应该告诉他们，现在可以敞开来卖，不要怕抢购。我算了一下，把一万吨糖做成高级糖果，平均五块钱一斤，就是一亿人民币。有人怕资本家抢购。全国资本家一年的定息〔3〕是多少呢？最多是一亿元。如果他们把所有的定息都拿出来买糖果，那很好，一万吨糖果拿出去，一亿元钞票就回笼了。我们手里有多少糖呢？已经到货的就有十几万吨，在路上的还有二十几万吨，第二季度还有三十万吨。这是可以靠得住的。所以，不要怕，敞开来卖就是了。也不要怕高级知识分子抢购。高级知识分子最多二十万人，就算他每人买一百斤，也不过一万吨。再就是五千万职工。五块钱一斤糖果，他们是不能多买的。他们只有那么多钱，要养家活口，要吃饭。工资高的和工资低的职工，平均每人买一斤，就是了不得的事情。就算每人买一斤，也只有两万多吨。

有些同志被抢购吓怕了，他们没有计算一下我们的后备力量有多少，社会购买力有多少。从上面算的那笔帐来看，可以放大胆子敞开来卖。江苏那个资本家不是说"人民币不挂帅"了嘛，现在我们就请它"挂帅"，挂得越多越好，把钞票都挂过来。要动员商业工作人员，放大胆子，不要缩手缩脚。你越怕鬼，鬼越厉害。天津第一天卖了七万斤，第二天卖了八万斤，第三天就只卖了八千斤。开始买得多些，这是人们的心理作用，敞开来卖之后，情况就会改变，卖数一定会降下来。

现在百货公司的东西，这样也不能买，那样也不能买，什么都要凭证，自由买的东西都没有了。北京也是一样。这不行。要摆出几样东西来卖。

将来，在一部分地区，我们与其提高粮食供应标准，不如让它经过糕点这个渠道出去比较好。当然，这只能是一部分地区，而不是全国。我们预备把将来可以增加的粮食供应量，大部用于糕点。现在一斤糕点，收六两粮票，等到我们的粮食有把握的时候，收的粮票可以慢慢地降下来。当然，在目前粮食不够的时候，还不行。但是，只要有办法，我主张减收一点粮票。

加速发展氮肥工业*

（一九六一年五月十六日）

中央已经决定把加速发展氮肥工业列为工业支援农业的重要任务之一。

为着实现这个重要任务，当前有两个问题需要我们做出决定。第一个问题，氮肥厂的规模是搞小型的，还是搞大型的？第二个问题，氮肥厂建设的部署，是把现在已经铺开的十几个点全部列入年度计划齐头并进，还是集中力量分批进行，每年建成二十万到二十五万吨合成氨的生产能力？

今年四月四日到十日，在陈云同志召集的、中央化肥小组一些同志参加的杭州座谈会上，对这两个问题以及有关的重要工作进行了详细研究，得出了一致的意见。我们认为，在一九六二年到一九六四年这三年内，氮肥厂的规模应该搞大型的，建设的部署应该是集中力量，每年建成年产二十万到二十五万吨合成氨的生产能力。

为什么我们要做这样的选择，而不做另外的选择呢？现在向中央报告一下我们讨论的意见。

---

* 这是陈云同志为中央化肥小组起草的给中共中央的报告。这个报告得到中共中央的同意，作为中央文件下发。

关于氮肥厂的规模问题。

一九五九年和一九六〇年在化工部的技术指导下，开始建设了一批年产八百吨和年产二千吨合成氨的小型氮肥厂。到一九六〇年底，年产八百吨的厂已经建成投产二十多个，其中五个生产比较正常；年产二千吨的厂已经建成投产七个，其中三个生产比较正常。当时曾经设想大量地、普遍地建设小型氮肥厂，是因为考虑到：小型氮肥厂需要的重要材料比较少，设备制造比较容易，省属机械厂就可以承担制造任务；适合农村分散的条件，易于满足各地方对氮肥的普遍需要，有利于调动各级地方以至某些人民公社发展化肥的积极性；建设的时间短，发展快。经过一年来实践的检验，证明这种设想是缺乏充分根据的。

从最近所了解的情况来看，即使八个生产比较正常的小型氮肥厂，由于设备的质量不好，技术操作很难掌握，事故比较多，现在生产也还不稳定，实际产量还未达到设计要求，而且原料和动力的消耗都很大。总之，小型氮肥厂的建设和生产，在技术上还没有过关。要完全过关，还得作很大的努力，需要一定的时间。

与小氮肥厂相反，年产二万五千吨或五万吨合成氨的大型氮肥厂，不论建设和生产，在技术上都是成熟的。这样的大型厂现在全国共有六个，分别设在大连、南京、吉林、兰州、太原、成都。这些大厂都已经进行了比较长时间的生产，而且一直很正常。建设这类大型厂所需要的各种主要设备和配套设备，除个别以外，现在国内已经试制成功，并且正式生产。到一九六一年底，可以争取制成三套年产二万五千吨合成氨所需要的设备。

同时，大型氮肥厂可以节约劳动力，可以集中使用技术力量，产品质量好，生产成本低。在这些方面，大型厂比小型厂都要优越。

至于大型厂和中型厂的比较，后者在技术上也不如前者成熟。年产一万吨合成氨的中型厂，一九五九年底在北京建成并投入生产，但是直到现在，生产还不稳定，产量并没有达到设计要求。特别是由于氨加工的技术问题没有很好解决，氨的损耗比较大，而且成品容易分解，不易保存，因此，目前不能大量推广。

当然，小型氮肥厂有它的优点。但是，由于小型厂技术上还没有完全过关，还要继续试验，不断改进。在没有完全过关以前，不应该大量地、普遍地建设。

建设大型氮肥厂，年产五万吨的，一种是分两期建成，每期二万五千吨；另一种是一次建成。年产二万五千吨的厂和五万吨的厂，建设的时间都是二年到二年半。年产五万吨的厂一次建成，比第一期先建成二万五千吨，材料和设备只多三分之一，比同时建设两个二万五千吨的厂则少用三分之一。为了节约材料、设备，集中使用技术力量，争取时间，今后应该使年产五万吨合成氨的厂一次建成，既不要分作两期去建设，也不要分为两个厂去建设。

今后三年内，发展氮肥工业的计划安排，应该是分年分批建设年产五万吨合成氨的大型氮肥厂。

在研究氮肥厂规模的过程中，我们对于氮肥的品种问题也进行了一些调查和研究。由于硫酸的资源和产量的限制，在某些地区硫酸根还容易破坏土壤结构，现在和将来都不宜于过多地生产硫酸铵。目前炭酸氢氨和尿素还在小规模试生产阶段，也不能大量推广。因此，我们认为，在今后两三年内应该主要生产硝酸铵。

关于氮肥厂建设的部署问题。

一九五八年以来，全国各地先后开始了十几个大型氮肥厂的建设。由于布点多，材料和设备供应不足，到现在还没有建成一个。这些项目，大部分没有列入今年的计划，不能继续建设。

为了发展农业生产，增加粮食产量，必须尽可能加快氮肥工业的发展。对于这一点，大家的认识都是一致的。问题是，在氮肥厂的建设部署上，多大的规模才既是积极的，又是可靠的。年产五万吨合成氨厂的建设，从开工到建成，约需二年到二年半。鉴于过去搞多了都完不成的教训，我们认为，从一九六二年到一九六四年这三年内，以分别建成四个到五个年产五万吨合成氨的厂为合适。具体说来，一九六二年除了完成上年国家计划安排的建设项目以外，开始新建四个；一九六三年在完成一九六二年建设的四个厂的同时，开始新建五个；同样，一九六四年要完成这五个厂的建设，同时再开始新建五个。这样，从一九六三年起，每年建设的规模，包括续建和新建的在内，共有八个到十个厂，即每年共有四十万吨到五十万吨规模的合成氨厂的建设同时交错进行。每年建设完工并投入生产的合成氨厂，共有生产能力二十万到二十五万吨。如果正常地进行生产，每年就可以生产四十多万吨到五十多万吨的硝酸铵（一吨合成氨可以制成二吨多硝酸铵），即相当于八十万吨到一百万吨的硫酸铵(一吨合成氨可以制成近四吨硫酸铵)。

在我国目前条件下,每年增加二十万到二十五万吨合成氨的生产能力,规模已经是很大的了。一九五〇年到一九六〇年十一年中,共建成合成氨的生产能力五十一万吨。其中,一九五〇年到一九五七年增加十四万五千吨,平均每年一万八千吨;一九五八年到一九六〇年增加三十六万五千吨,平均每年十二万二千吨。而今后几年,每年将增加二十万到二十五万吨,等于过去十一年每年平均增长量的四到五倍。同解放前比较,更不可同日而语(解放前合成氨最高的生产能力是五万吨)。

今后三年氮肥建设的规模能不能更大一些呢?在目前条件下,不能更大。氮肥工业的发展尽可能快些,使农业生产有较快的发展速度,这是完全必要的。每年增加二十万到二十五万吨合成氨的生产能力,已经比其他工业走快了很大的一步。我们不应该、也不可能用挤掉其他部门的建设的办法,来加快氮肥工业的建设,而必须在整个国民经济综合平衡、全面安排的基础上,正确部署氮肥工业和其他部门的建设。在投资分配、材料安排和设备制造上,既要照顾氮肥工业建设的需要,又要照顾其他部门建设的需要。只有这样,才能站稳脚跟,在巩固的阵地上前进,使氮肥工业的建设走上健康发展的轨道。应该指出,就是按照上述的规模来建设氮肥工业,也必须做极大的努力。能否全部如期建成,还需要几年的实践,才能做出判断。

按照这样的规模来进行建设,应该怎样布点呢?我们认为，应该尽先在经济作物的集中产区和粮食的高产区布点，然后分期分批在其他地区布点。这样布点，就要把经济作物的分散产区和粮食的一般产区的氮肥工业建设加以推迟，即使是经济作物的集中产区和粮食的高产区，也要分成若干步骤来进行。这同全国各地都希望普遍地发展氮肥工业的要求，是有矛盾的。但是，按照现在材料、设备和技术力量等条件，我们只能这样做。过去的经验证明，如果实行与此相反的办法，全面铺开，齐头并进，势必把有限的材料、设备和技术力量分散使用，使建设期限拖得很长，不能按期形成生产能力，甚至造成很大的浪费。实行集中力量、分期建设的方法，正是为了避免上述缺点，大大加快建设速度。

以上是我们经过研究和比较以后得出的关于加速发展氮肥工业的一些方针性的意见。

为贯彻执行上述方针，争取大型氮肥厂建设计划的全部完成，建议采取如下几条重要措施：

第一，进口重要材料。建设一个年产五万吨合成氨的厂，包括自备电站、自备焦炉、硝酸铵加工设备等在内，需要各种重要金属材料共约一万吨。这些材料，目前国内生产不足，或者不能生产，必须从国外购进，应该列入国家年度进口计划，并确实保证所需要的外汇。这是能否完成今后三年氮肥厂建设的关键。据化工部计算，一个年产五万吨合成氨厂需要的重要材料，约需外汇三百二十万美元，五个厂共需一千六百万美元。进口这些重要材料建设氮肥厂，比进口粮食有利得多。三百二十万美元只能购买四万五千吨粮食，很快就吃完了。而用来购买重要材料建设一个年产五万吨的合成氨厂，生产的化肥每年可以增产粮食五六十万吨。为了组织这些重要材料的进口,建议由化工部、一机部[68]、外贸部成立专门的进口小组,决定进口的详细货单,并进行其他各种准备工作,争取于五月底六月初派人出国订货,根据品种规格成套分批定足。进口重要材料的数量,除保证本年度的需要外,要逐步做到有一年的储备。这些进口的材料,由化工部设立专门仓库保管,保证专材专用,以便氮肥厂的设备制造和建设工程能够按计划进行。

第二,定点制造设备。为保证氮肥厂设备的正常生产和成套供应,过去制造氮肥专用设备的工厂,应该继续担任原定的制造任务,同时必须由一机部指定一批工厂,给氮肥厂制造通用设备(如制氧机、冷冻机、鼓风机、阀门等)和各种电气设备。所谓定点制造,并不是要求这些制造厂今后只生产氮肥厂所需要的设备,不能为其他工业部门制造设备。这些工厂为其他工业部门制造专用设备的任务,仍应按照原定计划进行,只是要把制造氮肥设备的任务,在这些工厂中固定下来,避免现在存在的氮肥厂所需要的通用设备不能保证供应或者不能如期供应的现象。在定点制造以后,化工部和一机部负责供应专项材料,制造厂就可以按期完成生产任务,保证供应,并不断地提高质量。另外,原来由三机部[84]所属工厂承担的制造氮肥设备的任务,仍应由三机部继续承担,几年内不变。

第三,成套供应氮肥设备。氮肥设备种类多、数量大,协作关系很复杂。为了保证氮肥厂建设的顺利进行,必须按照大型合成氨厂设计文件中的设备清单,组织设备的成套生产和成套供应。同时,必须扩大氮肥设备的成套供应的范围,即除了要保证氮肥主要生产设备和全部辅助车间的设备能够成套供应以外，还要保证有关的洗煤、炼焦、电站、交通运输和公用工程等所需要的设备，都能够成套供应。建议国家计委把大型氮肥厂设计文件中所规定的全部成套设备列入计划，由一机部成套总局负责保证供应。氮肥设备的配套产品，凡不属于国家和有关部统一分配的机电产品，以及需要向市场采购的五金、电气器材(所谓三类物资)，应由物资总局、商业部分别成立专门机构，负责供应。在氮肥设备实行全部成套供应，并把这些供应关系固定下来以后，大型氮肥厂的建设单位可以不再参加全国机电产品的订货会议。

第四，保证国内材料的供应。建设一个年产五万吨合成氨厂所需要的各种金属材料共约三万多吨，其中由国外进口的将近一万吨，由国内生产供应的约二万多吨。这些国内生产的材料，应该由一机部和化工部按照每年氮肥厂建设的需要，计算数量，经国家计委核定分配指标，列入年度计划，确保供应。制造设备的材料要提前半年预拨，专料专用，直拨到厂，以便尽早制造设备。供应的材料，特别是铸造生铁，必须是合乎规格的，以保证设备的质量。

第五，消除配套设备制造中的薄弱环节。全国对制氧机、冷冻机、压缩机、高压阀门、中压阀门、大电动机的需要量很大，但是产量少，供不应求。这是目前机械制造工业中的薄弱环节。为了不致因为保证氮肥厂建设的需要，而使其他部门的建设受到影响，应该采取有效措施，包括扩建原有企业和加强新产品的试制，在两三年内提高这些设备的制造能力。这一工作，由一机部提出具体方案，报请国家计委审查批准后实施。

第六，严格遵守基本建设程序。今后建设大型氮肥厂，除了做好设计计划任务书、经过有关部门批准以外，必须按照先材料、再设备、后土建的次序进行。这就是说，首先必须组织好重要材料的进口和国内材料的供应；在材料供应完全落实的基础上，组织设备的制造和成套供应；然后，再安排工厂建设进度，组织土建施工。根据过去的经验，这样做，不但不会推延建设时间，反而会加快进度，保证工程质量。

做好外贸工作*

（一九六一年五月三十日）

农产品的收购松一点比紧一点好

过去一个时期，我们总是想多收购一些农产品。但是，由于收购过头，给农民留得太少，最后农民不愿意生产，反而收不到东西。结果出口和城市供应都大为减少。经过几年的反复，经验证明，农产品的收购，松一点比紧一点好。这就是说，我们宁可少购一些，给农民多留一些。例如，农民养一只母鸡，一年产蛋五六斤，只收购一两斤；养两头肥猪，只收购一头。这样，农民高兴，就愿意多生产了。“肥水不落外人田。”东西生产多了，事情就好办。现在农民还很穷，多给农民留一些，其实农民也舍不得吃，还是要卖的。放宽一些，东西反而会多起来。油料也可以考虑采取这个办法。现在的毛病是卡得过死，种类越统越多，东西越收越少，搞得活一些，生产发展了，收购上来的东西自然就会多起来。

希望同志们特别注意农产品的生产、收购和出口。我们的工业品，在国际市场上同资本主义国家竞争，打开销路不容

* 这是陈云同志在外贸专业会议上的讲话。

易，出口数量有一定限度。农产品则不同，港澳同胞和东南亚华侨，都爱吃爱用祖国的农副土特产品，销路比较有保证，而且这些产品生产周期短，见效快，可以争取多出口。

搞好外贸和稳定国内市场

现在各地都在想办法把市场供应搞得好一点，这是很必要的。但是，外贸也不能放松。能出口的东西要尽量出口，先搞好外贸这一头。当然，国内市场也要留一些，保证城市最必需的供应。收购农产品，手不要太狠，要注意改善农民生活，调动农民生产积极性。

几年来，城市人口增加三千多万人，工资总额从一九五六年的一百三十七亿元，增加到现在的二百六十三亿元。另一方面，经过连续两年的灾害，农业和轻工业生产都下降很多，因此，在社会购买力和物资可供量之间就出现了很大的差额。为了解决这个问题，我们已经采取了一些措施，如出售高价糖果糕点等，但是这些都是临时性的办法。根本的办法，还在于增加生产，特别是农业生产，减少城市人口，压缩购买力。解决这个问题要有一个过程，大体上需要两三年的时间。

解决国内市场供应问题的次序，是先吃后穿。吃的方面，先粮食后副食品。等到购买力和物资可供量之间的矛盾比较缓和的时候，可以进口一批原料制成日用工业品投入市场。那时，除了粮、油、布少数几种东西外，其他商品都可敞开供应，不收票证。我看这是有可能的。

稳定市场，关键是进口一些粮食。进口粮食，就要下定决心拿出东西来出口，先国外，后国内。把粮食拿进来，这是关系全局的一个重大问题。进来粮食，就可以向农民少拿粮食，稳定农民的生产情绪，提高农民的生产积极性。用两三年的时间把农业生产发展起来，国内市场问题也就可以得到解决。农民手头的粮食宽裕了，可以多养鸡、鸭、猪，多生产经济作物和各种农副产品，增加出口。总之，当前只有首先抓好粮食，整个局势才能稳定，同农民的关系才能缓和，而且多种经营也才能好转。没有粮食是最危险的。市场上其他商品少了当然不好看，现在已经不好看了，百货公司实际上是商品陈列所，很多东西都凭票证，只有文具、化妆品和小商品可以自由买。但是比较起来，还是粮食重要得多。

建立出口商品基地

出口商品都应该有生产基地，哪一种农产品固定在哪几个县生产，哪一种工业品固定在哪几个工厂生产，这几个县和这几个工厂就是某些出口商品的基地。

生产什么就出口什么，从资源有无的意义上讲是对的。比如说我们生产钨砂，就可以出口钨砂；如果某种产品我们不能生产，那就不能出口。这是从数量较大而且在国际市场上占有一定地位的产品来说的，至于一般商品就不能这样说了。在国际市场上做生意，不只是我们一家，而是有许多家。在彼此竞争中，哪一种商品质量好，价格便宜，那一种商品就有销路。做生意的要在竞争中取胜，只能听从顾客的需要，不能由生产单位主观决定。为了多出口，就必须根据国际市场的要求组织生产，搞好出口商品的基地。

不论出口的或内销的商品，只要是名牌货，过去都有自己的基地。全聚德[85]的烤鸭，东来顺[86]的涮羊肉，张小泉[87]的剪刀，苏州的檀香扇，杭州的绸伞等等，都有比较固定的原料供应的基地。基地出产的东西，生产稳定，产量大，质量好，成本低。我们现在把这一套都打乱平分，是不合乎经济原则的。这种办法，是不能持久的。如不迅速恢复，出口就做不到既经济又稳定。如一只特别品种的鸡换三块美元，能买一百斤粮食，这就叫经济；许多人喜欢吃这种鸡，有销路，这就叫稳定。要保证出口，就一定要搞商品基地。

我们要用一年半的时间把出口商品基地搞起来。凡是总值在二三十万美元以上的出口商品，生产多少，出口多少，留下内销多少，原材料如何供应等，都要逐项讨论，并且开专业会议进行安排，每一项都要有着落。同时，还要研究和实行产销直接挂钩，组织外贸部门同人民公社或者工厂直接挂钩。

我们的出口商品一定要保证质量，对外国做生意不能出门不认货，要包换包退，建立信用。要树立这样的硬牌子。过去的商人为了创牌子，建立商品信誉，开始赔本也卖。现在我们有些商品不合规格，质量又差，在国际市场上名誉不好。因此，对出口的商品，一定要建立严格的质量检验制度，不合标准的一律不准出口。这样做，不仅今后三四年有好处，而且从长远来说也是有好处的。只有这样，我们的出口贸易才能巩固和发展。

做经济工作要有战略眼光，要算大帐。同时，也要算小帐。不能只想做大生意，只是大进大出，而要该大则大，该小则小。

总之，无论外贸内贸，都要像个做买卖的样子。现在我们的国营商店好像“阎王老子开酒店”，谁敢进来？这种“官商”习气非去掉不可！

动员城市人口下乡*

（一九六一年五月三十一日）

我谈谈精减职工和城市人口下乡的问题。

为什么要精减职工和动员城市人口下乡呢？

今天是五月三十一日，再过一个月这个粮食年度〔39〕就结束了。如果将农村的情况估计一下，我认为这个年度比上个年度要好一点。这个年度内，党中央和毛主席抓了“十二条”〔88〕，随后又有“六十条”〔89〕，农村的情况逐渐好转。这次会议〔90〕进一步解决了一些政策问题，我看下一年度会比今年更好些。农业是会增产的，增产的速度也许不是很高，但无论如何是会增产的，因为农民的积极性起来了。

农村的情况好了，整个国家的经济情况也在好转。但是，现在看，国家掌握的粮食，明年度将比今年度还要紧张，因为库存减少了。假如今年度各省、自治区上缴的公购粮〔91〕有一百一十六亿斤，明年度可能下降为八十四亿斤。为什么呢？今年度各地上缴的粮食能达到一百一十六亿斤，是因为挖了一部分库存，而明年度就没有什么库存好挖了。

要解决摆在我们面前的粮食紧张问题，有四条：

---

* 这是陈云同志在中央工作会议上的讲话。

一、继续调整党在农村的基本政策。这就是贯彻执行“十二条”和“六十条”，再加这次会议定的四条（调查研究、群众路线、退赔〔92〕、平反〔93〕与处罚〔94〕）。这是重要的。政策问题不解决，农民的积极性发挥不出来，其他的措施再多，农业生产也上不去。

二、工业要大力支援农业。这一条也很重要。但是因为化肥、拖拉机、排灌机械等不可能一下子增产很多，所以这一措施不是短时间可以见效的。

三、进口粮食。进口粮食很有必要，但从目前情况看，超过一百亿斤有困难，因为没有那么多的外汇，也没有那么大的运输力量。

四、动员城市人口下乡，减少城市粮食的销量。

以上四条，第一条是根本的，第二、三两条有时间和数量的限制，第四条则是必不可少的，我们非采取不可。

现在的问题，实质是这样：城市人口如果不下乡，就只好再挖农民的口粮。现在全国在讨论贯彻“十二条”和“六十条”，但是，如果粮食征购任务不减少，“十二条”和“六十条”就起不了应有的作用。因为农民最后还是要看我们征购多少。如果征购数量还是那么多，农民还是吃不饱，那末，他们的积极性仍然不会高。所以，面前摆着两条路要我们选择：一个是继续挖农民的口粮；一个是城市人口下乡。两条路必须选一条，没有什么别的路可走。我认为只能走压缩城市人口这条路。

城市人口下乡，为什么必要呢？我们从历史上看一看就会懂得。建国以来，出现过四次粮食供应比较严重的紧张状况。这四次当中，有三次是由于城市人口增加过多产生的，也就是说，城市人口的增加超过了当时商品粮食负担的可能。还有一次是由于工作上的失误造成的。下面说一说这四次紧张的具体情况。

第一次是一九五三年。这年十月决定实行粮食统购统销。在这以前，是依靠公粮过日子，每年征三百亿斤至四百亿斤公粮，就可以稳定市场。一九五三年国家征的公粮加上买农民的余粮，共八百三十亿斤，还不能保证市场的供应。为什么呢？主要是因为，一九五二年上半年城市人口不过六千一百万。从下半年起，准备实行第一个五年计划〔28〕，政府的机构扩大了，基建队伍和企业职工都增加了，到一九五三年城市人口就增加到七千八百万，一下子增加了一千七百万人。这样，再靠农民缴公粮和卖余粮来维持市场供应就不行了。

第二次是一九五四年。这一年闹了大水灾，粮食减产。那年冬天粮食工作上（首先是我）有错误，购的多了，比上一年多购了七十亿斤，使征购总数达到了九百零二亿斤。一是灾荒，二是工作上的错误，结果搞得一九五五年上半年“家家谈粮食，户户谈统购”。

第三次是一九五七年。这次粮食供应紧张没有表面化，要对统计数字仔细分析一下，才能看得出来，就是粮食库存减少了。一九五四年和一九五五年，粮食库存都是增加的。由于一九五六年城市人口增加过多，到一九五七年六月底，库存粮食从原来的四百二十七亿斤，下降到三百六十四亿斤，减少六十三亿斤，其原因是征购的粮食数量已经不能适应当时城市人口的规模了。当时这个问题没有表面化，是因为那时库存粮食比较多。

第四次是从一九五九年开始，一直到现在。这两年征购得多，但是销售得更多。这一时期，城市人口大量增加，从一九五七年的九千九百万人，增加到了现在的一亿三千万人。这样，就使粮食库存连年下降，到今年六月底可能下降到一百四十八亿斤，其中陈粮只有一百零一亿斤。

由此可见，农村能有多少剩余产品拿到城市，工业建设以及城市的规模才能搞多大。其中关键是粮食。这已经有了几次教训。

当然，应该承认，动员城市人口下乡是一件很困难的工作。人已经来了，在城市里生活比农村好得多，再动员他们回去是很不容易的，搞不好要“打扁担”。我们要承认这一困难。

那末，不动员城市人口下乡行不行呢？不行。因为那样就会产生一些更为严重的问题。

第一，会把粮食高产的队、社、县、专区〔40〕和省的积极性打下去。城市人口不下去，那么多人吃饭，势必向农村多要粮食。向灾区要吗？灾区没有，只能向高产的省、专区和县要，向高产的社、队要。向他们多要，实际上是一个很大的平均主义。高产了不能多吃，只给留三百斤原粮，一年还可以，长期下去就不行。像黑龙江、杭嘉湖〔95〕等商品粮产区，如果长期吃粮标准很低，他们增产的积极性就没有了，高产区会变成低产区。全国高产县并不多，浙江省有二十三个县，担负了全省征购粮总数的百分之七十四。江苏省苏州专区六个县〔96〕，征购十二亿斤稻谷，上缴中央和供应南京市的粮食，主要靠这个专区。把这些高产地区的积极性打下去，对我国农业的发展非常不利。

第二，牲口要继续大量死亡。饲料粮留的少（大牲口八十斤，猪六十斤），牲口和人争粮，牲口是争不赢的，人会把饲料粮拿来吃掉，牲口势必继续大量死亡，这对农业的损失就太大了。因为现在农业生产主要还是靠畜力和粪肥，而不是靠机械和化肥。

第三，经济作物产量要继续下降。我们向农村征购的粮食多，销售的粮食少，农民吃不饱，管你棉花不棉花，管你发多少布票，为了吃饭，就会挤掉经济作物。要不挤经济作物，就得给粮食。比如说，要山东恢复种花生的面积并不困难，只要给五亿斤粮食，并且规定适当的价格，就可以了。不然的话，你说种经济作物是"政治任务"，农民就在地头上种一点，中间还是种粮食。这样，不仅城市市场不好维持，对整个农业的发展也很不利。你拿了农民的粮食，把什么东西给农民呢？老是给他高级糖果总不行吧，他还要穿衣服。所以，经济作物继续下降对于人民生活和整个国民经济的发展都很不利。

第四，粮食进口要增加。城市人口不下乡，一年要进口一百亿斤粮食，这个负担很重。我们前些年是出口粮食，外汇主要用来进口成套设备和重要工业原材料。现在，要把很大一部分外汇用在买粮食上，势必削减成套设备和重要工业原材料的进口，这就要大大影响国家工业建设。

总之，如果不动员城市人口下乡，就会发生上述种种困难。国民经济的基础是农业，农业好转了，工业和其他方面才会好转。所以，工业不能挤农业，城市不能挤农村，而要让农业，让农村。现在，我们面临着这样的局面：城市人口过多有困难，动员城市人口下乡也有困难。从全局来看，这两方面的困难相比，还是城市人口过多的困难更严重。我们只能走动员城市人口下乡这条路子。只有这样，才能稳定全局，并且保证农业生产的恢复。

动员大批城市人口下乡，要有很大的决心。影响我们下这种决心的，可能有以下两点。

一是对农业恢复快慢的估计。如果认为农业可能很快恢复，人们就会说，既然很快就恢复了，何必动员城市人口下乡，多此一举呢？对于恢复农业生产的问题，周总理已经作了分析，认为不能很快。农业生产即使恢复到一九五七年以前的水平，粮食供应依然不能维持，至少要达到一九五八年的水平才行。要达到一九五八年的水平，即使从今年起每年增产两百亿斤到三百亿斤粮食，也要三四年。增产的手段，包括化肥、排灌机械这些东西，是不是能够一下子增加很多？这个问题周总理也讲过了，我也摸了一下，不可能。所以，摆在我们面前的问题是，让很多人在城里吃着饭等待农业的发展呢，还是现在就下去？我看不能等待，应该现在就下去。

二是怕影响工业生产。动员城市人口下乡，工业生产是不是会受很大影响？我看，会有点影响，但是不会大。不减人，工业生产也上不去，减了人，可能反而有好处。例如，今年煤炭、钢铁的生产，应该说我们是很努力了，但一月到五月，就是上不去。原材料不够是很大的问题。棉花少了，许多纺织厂就要停工。煤炭上不去，许多钢铁厂要停工。钢铁少了，许多机械工厂要停工。建筑材料和设备少了，许多基本建设项目也要停工。这说明，工业生产上得去上不去，目前不在于人多人少的问题。我也想过，停工待料、生产上不去这种现象，是不是到今年十二月三十一日就可以结束，从明年一月一日起就大为改观？我看也不是这样。不能设想工业生产的困难局面一下子就可以好转。

现在先举煤炭生产的例子。去年做计划，规定今年第一季度日产原煤六十五万吨，第二季度七十万吨，第三季度八十五万吨。我曾经估计，二月份可能达到六十万吨，三月十五日以后可能达到六十五万吨。但是，现在是五月底，日产只有五十三万吨多一点。煤炭上不去究竟是什么原因呢？我找煤炭部的几个同志谈过，也跟地方的一些同志谈过。他们告诉我，煤炭生产上不去，主要有这么几个问题：一是开采与后备力量比例失调；二是大量设备失修，“带病”运转；三是工人的粮食和副食品供应不够；四是生产关系的某些环节需要调整。这许多实际问题都必须解决，如果不解决，即使在两个月内把整风[97]搞好了，产量也还是上不去。而解决这些实际问题，不是很快可以办到的。

说到煤炭的后备力量，前后、左右、上下都有问题。前后的问题，就是在正常情况下，掘进量要超过开采量，而现在则是相反，掘进没有后备力量。左右的问题，就是同时开几个巷道，这个巷道开完了，可以马上转到另外的巷道；如果这个巷道发生了事故，能够马上转到另外的巷道。现在的情况是，左面开采，右面没有准备新巷道，或者准备的很少。上下的问题，就是在开采上一层的时候，要为开采下一层做准备，以便这一层采完了，能够紧接着采下一层。老井向下延伸，开新井来代替采完了的老井，都可以叫上下。现在的问题是只顾眼前，在一个水平上开采，不顾长远，不预作准备。这里说的前后问题，两三个月可以解决;左右问题,五六个月可以解决;上下问题,则需要两三年的时间。至于现在煤炭工业中前后、左右、上下的问题各有多少,我还没有细摸。但是今后几个月,煤炭产量肯定上升不了很多,弄不好还会下降。这里还没有谈设备失修及其他影响生产的问题。

再看铁矿石的开采。这几年搞钢铁,主要搞了冶炼,没有很好注意铁矿的开采,也没有注意轧钢设备的制造。因为钢材少,制造的矿山设备也少,铁矿开采的机械化跟不上,开采方式很落后。冶金工业部系统,小土群〔98〕矿山跟大洋群〔99〕矿山大概各占一半。铁矿开采的机械化问题是很不容易解决的。过去我们搞小土群,用手工开采,搞了一点露头的矿石。现在露头矿开采完了,要采地下的,就要有基本建设,安装抽水、通风、提升等设备。过去铁矿石的运输,多半是靠人力,工具只有手推车。现在再要那样多人搞运输是不行的,这就要把手工劳动变成机械化作业。还有一个问题就是贫矿要变富矿。现在是含铁量百分之三十的矿石也好,百分之四十的矿石也好,统统都用,费煤很多。要提高炉料的含铁量,就得把矿石磨碎,进行磁选,然后烧结成富矿。这样一个由露头变地下,由手工变机械,由贫矿变富矿的过程,即把小土群变成小洋群〔98〕,没有三年时间是不行的。

修铁路运矿石,也是个大问题。所谓开矿,无非是搬石头。光靠手推车推,那是不行的,势必要修铁路。离南京二十里有一个牛首山铁矿,是个很小的矿,就有一千三百工人,其中一千工人是在搬石头。河北龙烟铁矿〔100〕年产二百九十万吨矿石,矿下的铁轨就有三十万米。建设一个机械化的矿山,是要很长时间的。

此外，解决炼焦问题也需要一个时间。现在许多炼焦厂没有经过洗煤就炼焦，或者是用土法炼焦，用煤多，质量差。要洗煤，要把土法炼焦变为洋法，就要增加很多设备。

如果煤搞不了很多，钢铁搞不了很多，那末，轻工业生产也好，重工业生产也好，基本建设也好，都上不去。这几年，全国职工总共增加了二千五百多万人。新增加的，第一位是基本建设部门，增加了四百二十多万人；第二位是机械工业，增加了三百二十万人。如果钢铁工业上不去，基本建设也搞不了很多，其他部门没有原材料也难以有大的发展，生产企业和基建单位都不会有很多的活好做。我们又不能靠进口原材料，因为外汇买了粮食，所剩不多。从这几个方面看起来，我以为要调整工业也不是今年一年的事。现在实际上已经出现一种情况，就是有人无事做。纺织工业已经停了五百万纱锭，工人吃了饭无事做。食品工业三年来增加了五十五万人，可谓少矣，但也是很多人没事做。所以，动员大批工人下去搞农业，并不妨碍工业生产和基本建设，也不妨碍工业改造和矿山改造。将来农村情况好转了，农民能够负担那么多粮食了，那时候再说嘛。

三年来我们招收职工二千五百多万人，使城市人口增加到一亿三千万，现在看来，并不恰当。当时我们没有经验，而且把粮食产量估高了，认为工厂多搞一些，小一点土一点的也好，即使用人很多，只要把东西搞出来就好，就是这样招了很多人。采取手工或者半手工、半机械的方法来搞工业，可不可以呢？只要粮食能充分供应，在某一个时候，在一定的范围内并不是不可以的。但是，要讲究经济效果。现在的情况却不是这样，粮食并不够，工业摊子铺得太大，用人又太多，人浮于事。这样下去是不行的。

有人说，工人下乡，也一样要吃饭，不在这里吃，就要在那里吃。其实在城市吃饭和在乡下吃饭大不一样。究竟差别有多大？我看相当大。工人头一年下去，每人每年一般可以少供应一百五十斤粮食，下去一千万人就是十五亿斤，两千万人就是三十亿斤。这是第一年的差别。更显著的差别还在第二年。原来家在农村的工人回了老家，原来家在城市的工人到农村安家落户，参加集体生产和分配了，加上自留地有收成了，他们就不要国家供应粮食了。这样，下乡一千万人就可以少供应粮食四十五亿斤，两千万人就是九十亿斤。

工人回乡会不会没有事情做？我看不会。农村里可做的事情很多，他东搞一点，西搞一点，总会生产一些东西出来。搞一点能够出口的东西也是可能的。农业的基本建设要做的事情也很多，如平整土地、修渠挖沟，加上精耕细作等等，总可以多增产一些粮食和其他农副产品。

上面的情况都说明，要下决心动员城市人口下乡。这个决心早下比晚下好。我看，凡是近三年从农村来的，一般地都要动员他们回去。那里来的就回那里去。当然，全部回去可能会有困难，但大多数要回去。至于原来城市里的小商小贩以及资本家，就不必动员他们下乡了。只要我们工作做得好，精减职工和动员城市人口下乡这样一件关系全局的大事，肯定是会收到显著的效果的。

青浦农村调查*

（一九六一年八月八日）

六月下旬到七月上旬，我在上海市青浦县小蒸人民公社住了十五天，进行了农村调查。这里是我一九二七年做过农民运动的地方，解放后也常有联系，情况比较熟悉。在我去之前，由薛暮桥〔101〕同志带了一个工作组先去调查了一个星期。工作组中有两位同志，是一九二七年和我同在此地做过农民运动的。农民知道我们，所以敢于讲话。我听了公社党委两次汇报，召开了十次专题座谈会，内容是：（一）公养猪，（二）私养猪，（三）农作物种植安排，（四）自留地，（五）平调退赔〔92〕，（六）农村商业，（七）公社工业和手工业，（八）粮食包产指标、征购任务、农民积极性，（九）干部问题和群众监督，（十）防止小偷小摸，保护生产。这些座谈会，有几次主要是向农民做调查，有几次是和公社党委交换意见。我自己还去农民家中跑了若干次，观察他们养猪、种自留地、住房和吃饭等情况。农民对我们党有赞扬，也有批评。他们的意见和情绪，概括起来有四：一是粮食吃不饱；二是基层干部不顾实际、瞎吹高指标，参加劳动少，生活特殊化；三是干部在生产中瞎指挥，不向群众进

* 这是陈云同志写给邓小平同志的一封信和所附的三个调查报告。

行自我批评；四是没有把集体生产组织好，农民的积极性差，相反，对自留地、副业生产积极性高。但是，他们认为在解放后，得到的好处不少，主要有五：一是分到土地后“好过年了”；二是荡田[102]淤高了（全公社共有耕地二万四千亩，其中荡田占七千亩）；三是电力灌溉多了（约占耕地面积百分之八十）；四是化肥多了（近两年每亩平均有三十斤）；五是虽然还受干部一点气，可是比国民党时好得多了。

此后，我又到杭州、苏州，找了与青浦情况相仿的嘉兴专区[103]几个县（如嘉兴、嘉善）、苏州专区[36]几个县（如吴县、吴江、昆山）的县委书记和若干个大队支部书记，研究了种双季稻和种小麦的问题，也顺便问了养猪和自留地的情况。另外，又找了与青浦土地、人口、气候条件不同的萧山和无锡两县县委的同志，调查了种植情况，做了比较，研究了农作物种植安排上的有关问题。最后，就养猪、农作物种植安排、自留地等三个问题，同上海市委、浙江省委、江苏省委交换了意见。现在把这三个问题的调查材料送阅，供参考。

母猪也应该下放给农民私养

——青浦县小蒸人民公社调查报告之一

目前在养猪问题上，公私并举、私养为主的方针已经确定了，但对母猪公养或私养，还没有明确规定。这个问题需要迅速解决。根据我们看到的和听到的情况来说，目前大多数农村人民公社已经把肉猪下放给社员私养了，但大部分母猪仍然由公社、生产大队或生产队公养。母猪是否应该下放给社员私养，许多公社仍然犹豫不决，等待观望。我们在小蒸人民公社亲自观察了全公社十五个养猪场中的十个，并召开了两次养猪问题座谈会以后，清楚地感到私养母猪养得好，产苗猪多，苗猪的成活率高。相反，公养母猪空怀多，流产多，苗猪死亡多。我们在嘉兴专区、苏州专区同若干个公社的干部谈话中，也得到了同样的印象。事实告诉我们，要迅速恢复和发展养猪事业，必须多产苗猪；而要多产苗猪，就必须把母猪下放给社员私养。这是今后养猪事业能否迅速恢复和发展的一个关键。

一、私养母猪养得好，产苗猪多

小蒸农民原来有养母猪的习惯，过去每十户中大约有三户养母猪。在公社化以前，二千四百农户共养母猪七百到八百头，全年产苗猪一万多头。苗猪一部分留下来养肉猪，一部分卖给邻近地区，换回饲料。在母猪实行公养以后，一九六〇年全公社母猪增加到一千五百头，但只生了六千七百零四头苗猪，一头母猪全年平均只生四头半苗猪；而且死亡了五千九百九十三头，死亡率达到百分之八十九。另外还有七百一十胎流产，损失了四千一百九十六头胎猪。在公社化前实行母猪私养时，平均一头母猪一年生十四五头苗猪，苗猪的死亡率只有百分之六。据饲养场的管理人员说，私养母猪几个人管一头，所以养得好；公养母猪一个人管几头（一个饲养员平均十头，加上种饲料和收集、搬运饲料的人员以及饲养场的管理人员，平均每人养四头），所以养不好。据养母猪有经验的农民说，他们养母猪，养得好赚钱多，养不好要亏本，所以对母猪像对产妇一样关心，对苗猪像对婴儿一样关心。他们举出母猪私养比公养有下列几条好处：

（一）喂食喂得好。按照不同时期母猪和奶猪的不同需要，供给饲料，有时多给吃精饲料，有时多给吃青饲料，有时让吃干一点，有时让吃稀一点。他们看着母猪、奶猪吃食，研究它们喜欢吃什么，如果有病不吃食也容易及早发现。公养猪喂食一般化，像开“大锅饭”，干稀一律，吃多吃少没有人管。

（二）垫圈垫得好。私养猪用青草垫圈，圈内清洁舒适，母猪、奶猪皮毛干净，不易得病。公养猪因无人割草，只用少量稻草垫圈，圈内都是水淋淋的，母猪、奶猪常常遍体泥浆，容易得病。

（三）母猪怀孕后注意保胎，不使它受惊。有的农民想方设法减少雷声、爆竹声对母猪的惊动，出肥时先把母猪赶到圈外，避免受惊。

（四）注意接生。发现母猪快要生产时，农民就睡在猪棚旁守护，生产时注意不让母猪压死苗猪。

（五）保护奶猪。对最后生下来的比较瘦弱的奶猪特别照顾，把它放在奶水最多的第三个奶头上吃奶。经过安排，奶猪就习惯于在固定的奶头上吃，大小长得比较均匀。

（六）夏天注意防暑，冬天注意保温。夏天在猪棚内垫些水草，母猪睡在上面比较清凉。冬天在猪棚内垫些干草，加上棚小，遮盖得好，容易保温。公养猪因为棚大，冬天很冷，苗猪怕冷，挤在稻草中或母猪腹下，易被母猪压死。

养母猪比养肉猪困难一些，有些同志怕农民养母猪养不好。据我们了解，愿意养母猪的，都是对养母猪比较有经验的农户。他们喂养母猪，总是不让母猪空怀、流产，力求生得多、活得多。因为饲养得当，一头私养母猪全年生产和养大的苗猪，至少比公养母猪多一倍以上。

二、无论母猪或者肉猪，私养比公养还有几个好处

（一）私养猪饲料比较充足。现在养猪不可能完全靠精饲料，必须搭配相当多的青饲料。在青饲料的供应上，私养猪比公养猪好得多。养猪农户可以利用辅助劳动力和工余时间去捞水草、割青草，把鲜嫩的给猪吃，老的垫圈。小蒸公社在宣布把大部分母猪和苗猪、肉猪下放给社员私养后，当天晚上和次日清早就有许多要求养猪的农户，争先出去捞水草、割青草，晒干贮存，准备作冬季的猪饲料。可见，国家供应同样多的精饲料，私养猪比公养猪可以吃得饱，吃得好。

（二）私养猪比公养猪长肉多。私养猪因为吃得好，睡得好，长肉比较快。一头肉猪平均每天可以长肉半斤，二十多斤的苗猪，养四五个月就能够长到一百斤上下。公养猪吃同样多的精饲料，一个月平均只能长五六斤。

（三）私养猪比公养猪积肥多。私养猪用大量青草垫圈，积肥多，肥料的质量也好。公养猪用少量稻草垫圈，积肥少，肥料的质量也差。私养母猪每头每年能出肥约二百担，公养母猪每头每年只能出肥一百担到一百二十担，按肥效计算只能抵六十担到八十担。

（四）私养猪可以利用辅助劳动力和工余时间。有辅助劳

动力的农户，养肉猪不需要误工，养一头母猪全年只要少出工十到二十天。公养猪则要用整劳动力。小蒸公社每个整劳动力只能养四头母猪，或者养十头肉猪；公社和大队共养二千四百头猪（包括苗猪），就用了整劳动力约三百人，平均每人只养八头。

（五）私养猪节约稻草。公养猪煮饲料和垫圈，每头每天至少用稻草二斤，全年七担多，比一亩稻田所收的稻草（约六七百斤）还多一点。私养猪在做饭时附带煮猪食，割青草垫圈，所用稻草很少。

由于以上原因，私养猪能赚钱，公养猪要亏本。据农民计算，养一头母猪，一年生苗猪十二头到十六头，可以卖一百八十元到二百元。养一头肉猪，长到一百多斤出卖，可以卖三十元到四十元；一年养两头，可以卖六十元到八十元。公养猪大多亏本，去年小蒸公社公养猪亏本三万八千多元，平均每一农户要负担十六元，加上基本建设投资约七万元，损失更大。

我们也问了私养猪有什么缺点，干部提出下面两条：一是怕农民偷杀肉猪拿到黑市出卖，二是怕国家迫切需要肉猪上市的时候农民不肯出卖。但是，只要政策得当，加强管理，这两个缺点是可以避免的。同时，国家和集体也可以养一部分肉猪，来适应市场紧急需要。

三、母猪不下放就不能恢复和发展养猪业

把肉猪下放给社员私养，把母猪留着归公社、生产大队或生产队公养，这是否可以说已经执行了公私并举而以私养为

主的方针呢?我们认为执行得不彻底,公养的比重还太大。理由有两条:

(一)粗看起来,母猪少,肉猪多,母猪公养,肉猪私养,就已经是私养为主了。实际情况并不如此。每一头公养母猪在正常的情况下,平均要带四五头奶猪;母猪和奶猪合计,在猪的圈存数中,一般要占三分之一到二分之一。如果母猪公养,加上苗猪和公猪,就有三分之一以上,甚至半数上下仍然是公养。小蒸公社在今年六月底圈存猪三千七百二十头中,肉猪只占一千四百三十七头,还不到百分之四十,其余百分之六十全是母猪、公猪和苗猪。由于母猪大部分是公养,肉猪也仍有小部分是公养,所以小蒸公社六月底的圈存猪中,公养的仍占三分之二,私养的只占三分之一。上海市郊区十个县〔104〕,六月底在圈存猪八十五万头中,社员私养的只占四分之一。

(二)母猪比肉猪更加难养。前面已经说过,公养母猪空怀多、流产多,所生苗猪死亡多。如果不能多得苗猪,整个养猪事业就不可能迅速发展。小蒸公社一九五七年猪的全年饲养量达到一万五六千头,在母猪公养后的一九六〇年,下降到五千六百头,减少将近三分之二。据今年六月底统计,全公社有九百零九头公养母猪,只带了一千二百三十四头奶猪,每头母猪平均还不到两头。目前公养母猪的条件,还不可能迅速改善。如果母猪继续公养,今年冬季奶猪仍可能有较多的死亡。只有迅速把母猪下放给社员私养,母猪的生育率和奶猪的成活率才能够大大提高,才能够供应大量的苗猪,以便保证明年养猪事业的迅速恢复和发展。

在鼓励社员私养母猪以后,必须解决苗猪的市场交易问题。可以考虑在国营商业或供销合作社的领导下，恢复过去的苗猪市场。对出售苗猪的农民，应该奖励一定数额的饲料和肉票，使苗猪的供应能够迅速增加。

四、母猪私养要从实际情况出发

把大部分母猪下放给社员私养，和公私并举的方针并不矛盾。有些地区养猪有一定基础，把大部分母猪下放给社员私养是毫无问题的。但是，上海市近郊的蔬菜产区，大概有十个公社，农民过去缺乏养猪的经验，他们不会养母猪。目前还不可能把大部分母猪下放给社员私养。在这些地区，机关或公社办养猪场，养比较多的母猪和肉猪，可能是必要的，可以继续试办。但必须按照饲料供应的可能来拟订养猪规划，并努力改善经营管理方法。同时，要充分利用农民私养的可能性，协助他们多养猪。在一般的农村中，为着改进猪的品种，公社或生产大队应该饲养良种的公猪和一部分良种的母猪。这样，仍然是公私并举，但以私养为主。

上海市郊区要担负七百万城市人口猪肉供应的任务，因此有必要采取多种办法，包括机关公养、社队公养和社员私养等，迅速发展养猪事业。究竟如何养得多，养得好，还有待于进一步摸索经验。目前农民养猪的潜力还很大。农村现在重新分了自留地，又把口粮安排到户，口粮加工所得的糠也归农民所有，广大农民就具备了养猪的条件，积极性大大提高了。到六月底止，上海市郊区八十多万农户，私养猪只有二十一万头，平均每四户养一头，如果发展到每户一头猪，就可以增加三倍。为着充分发挥社员养猪的巨大潜力，目前必须拿出大部分公养的母猪和苗猪，来满足社员的需要。这个问题，在许多地区还没有完全解决。解决这个问题，对今后养猪事业的迅速发展可能是有重要意义的。

种双季稻不如种蚕豆和单季稻

——青浦县小蒸人民公社调查报告之二

小蒸人民公社地势低洼，每一农业人口平均有耕地二亩四分。几年来，这里的农业生产比较稳定，一九六〇年的粮食产量，比一九五七年有所增长，与大丰收的一九五六年约略相等。在农作物的安排上，存在着两个争论的问题：一个是种不种双季稻？一个是多种小麦还是多种蚕豆？农民不赞成种双季稻和多种小麦，认为这是"明增暗减，得不偿失"。我们在同社队干部和农民反复研究以后，认为农民的意见是有道理的。

一、为什么种双季稻不如种单季稻

在小蒸地区种双季稻，前熟每亩可以收稻谷五百斤上下，后熟可以收三百斤上下，两熟共收八百斤上下。种双季稻的都是高田〔105〕，用高田种单季晚稻，每亩可以收五百八十斤上下。两者比较，双季稻比单季稻每亩多收二百二十斤上下。从表面上看起来，种双季稻确实可以增产。但如果全面算帐，种双季稻各方面损失很大，实际上并不合算。

（一）影响寄秧田的产量。这里习惯，双季晚稻在单季晚稻田中寄秧，即单季晚稻田中多插秧苗，到八月初拔出一半移植到双季晚稻田中。这样做，寄秧田将因此少产稻谷约一百五十斤（如果一般的单季晚稻亩产五百八十斤上下，被寄秧的田就只能亩产四百三十斤上下）。

如果改用老壮秧，让秧苗在秧田中长大，秧苗必须种得很稀，一亩秧苗只能插四亩田。即使如此，秧苗还是长得比较瘦弱。用这样的秧苗种的后季晚稻，每亩只能收稻谷约二百五十斤，即比寄秧的办法还少收五十斤。这种秧田不能种早稻，只能种晚稻，而且因为种得迟，每亩也只能收二百五十斤上下，比单季晚稻亩产五百八十斤要少收三百三十斤。把这三百三十斤分摊到另外三亩田上，每亩又要少收一百一十斤。两者合计共少收一百六十斤，比寄秧田的损失（一百五十斤）还大一点。

（二）多用种子。双季早稻秧株数要增加一倍，加以天气冷，成苗率低，每亩需用稻种四十斤；双季晚稻下稻种十五斤，合计五十五斤。单季晚稻每亩只用稻种十五斤，双季比单季每亩多用稻种四十斤。

（三）种了双季稻就不能种夏熟（豆、麦），只能种红花草。种了单季稻还可以种一熟蚕豆或小麦，每亩可以收豆麦八十至一百斤，扣除种子可以得六十至八十斤。

以上三项合计共二百五十至二百七十斤，多于双季稻增产的二百二十斤。所以种双季稻还不如种一熟豆麦、一熟水稻。此外，种双季稻还有以下几项间接损失。

（四）多用肥料。双季早稻因为时间短，必须多施肥；双季晚稻的施肥量，则与单季晚稻大体相同。双季稻比单季稻每亩至少要多施十五担人粪或猪肥和十五斤化肥，才能获得前面说的收成。目前单季稻施肥不足，如果把双季稻多施的肥料用在单季稻上，每亩单季稻至少可以多收四十斤稻谷。

（五）多用劳动力。这里人少地多，种了双季稻，在抢收早稻、抢种晚稻时候，劳动力特别紧张，将使单季晚稻少耘一次。这时又是捞水草、割野草，用来作饲料和绿肥的最好季节。少种一亩双季稻，省下来的人工用来耘田和增施绿肥，每亩单季晚稻至少可以多收二十斤稻谷。

（六）双季稻长得矮，稻草少，两季稻草还不如一季多。

全面算帐，种双季稻比种单季晚稻每亩多收稻谷二百二十斤，但是，种双季稻的各项损失加在一起，则合三百一十至三百三十斤稻谷。两相比较，种双季稻显然是得不偿失。

二、为什么多种小麦不如多种蚕豆

这里的地势比较低，地下水位高，不适宜种小麦。农民要求少种小麦，多种蚕豆，原因是种小麦的收入比种蚕豆少。

（一）这里每亩高田只能收小麦八十斤上下（今年只有六十二斤），除去二十斤麦种，实收六十斤上下。荡田种小麦只能亩产三十至四十斤，除去种子，所余无几。高田种蚕豆，每亩可以收干蚕豆一百斤上下。八十斤小麦约值九元，一百斤蚕豆约值十一元。

（二）种小麦用肥料多。每亩小麦要施猪肥十五担，种蚕豆只需要五担。种小麦比种蚕豆消耗土地的肥力多，原因是豆科植物有根瘤菌，可以固氮。豆田种水稻施同样多的肥料，要比麦田种水稻每亩多收约五十斤。如果把种豆少用的十担猪肥施在水稻上，再增收二十斤，两项合计每亩可以多收稻谷约七十斤。

（三）种了蚕豆，可以吃一部分青蚕豆，这样比完全吃干蚕豆更加合算。吃了青蚕豆，豆萁还可以作绿肥，一亩豆萁可以作两亩水稻的底肥，肥效同一亩红花草大体相同。青蚕豆比干蚕豆或小麦早收二十天，对种水稻在时间安排上也比较有利。青蚕豆的收入比干蚕豆高得多，每亩可以收带荚的青蚕豆五百斤上下，值二十五至三十元。青蚕豆可以当菜吃，多吃青蚕豆也可以少吃粮食。上海市规定，出售六斤带荚的青蚕豆，可以少向国家交售一斤粮食。所以每亩产五百斤青蚕豆，可抵粮食八十多斤。

（四）如果出口蚕豆，换回小麦或大麦也很有利。一吨蚕豆的出口价是三十英镑，一吨小麦的进口价是二十二至二十三英镑，一吨大麦的进口价是十六英镑。所以出口一吨蚕豆，可以换回一点三二至一点三六吨小麦，或者一点八八吨大麦。

最近几年，由于多种小麦和双季稻，少种蚕豆和红花草，土地的肥力有逐渐衰退的趋势。虽然由于多施化肥，使粮食的亩产量仍然略有增长，但土质已经不如以前那样好。从长远着想，必须下决心把这种不合理的耕作制度迅速改变过来。

三、作物安排必须因地制宜

历史上长期形成的耕作习惯，不宜轻易变更。小蒸地区过去不种双季稻，小麦也种得很少。解放前一个农户如果种十亩田，在冬季大约种七亩红花草、两亩蚕豆、半亩小麦、半亩油菜。去年双季稻增加到占总面积的百分之十四，小麦增加到占总面积的百分之二十四，蚕豆和红花草都种得比较少。这样的安排，违反了当地的具体条件，使农业生产和农民收入受到损失，群众很不满意。今年双季稻虽然缩小到占总面积的百分之七点五，农民仍然嫌种得多了。

从上海市郊区和嘉兴、苏州两个专区的情况来看，这里无霜期还不够长，一般说来不适宜于多种双季稻。在这样的地区，如果双季稻种植面积大，劳动力和肥料比较紧张，就会得不偿失。嘉兴专区每一农业人口平均有耕地二点八亩，去年种的双季稻达到水稻总面积的百分之六十，由于“双抢”时劳动力不足，误了季节，两季的产量每亩只有四百五十斤，比单季稻还低四十八斤。所以，不研究客观条件，主观地把“单改双”作为增产粮食的主要措施，是不切合实际的。

在有的地方，种一些双季稻可能是有利的。像浙江省萧山县今年种了占稻田百分之六十的双季稻，据说仍然有可能获得丰收。原因是：

（一）这里无霜期比较长，双季早稻种得早，收得早，双季晚稻能在七月底前种完（其他地区要迟七天到十天），霜冻也比较晚。因此，早稻和晚稻的亩产量都能达到五百多斤。

（二）这里每人平均不到一亩耕地，劳力多，肥料足。因为靠近杭州，可以从城里运回很多肥料。

（三）这里是半水稻、半棉麻〔106〕地区，种水稻和种棉麻可以错开时间。种一部分双季稻，在抢收早稻、抢种晚稻的大忙时，可以不误季节，也不致使单季晚稻受很大影响。

即使在这样的地区，种双季稻过多也是不适宜的，农民对去年双季稻种的过多就很不满意。

由此可见，种不种双季稻，种多少，主要决定于无霜期的长短，以及人口和耕地的比例等因素。从目前的情况来看，在长江三角洲的南部地区，如果耕地每人不到一亩，可以种较多的双季稻；每人一亩半左右，就只能种少量的双季稻；如果每人二亩半左右，则以不种双季稻为好。偏北地区（例如无锡），即使每人不到一亩，种双季稻也不一定适宜。

种多少小麦，主要决定于地势的高低和土质是否适宜。一般来讲，在低洼地区不宜多种小麦。如青浦县，东部地势高于西部，种的小麦历年就比西部多，亩产量也比西部高。上海市的上海、宝山、嘉定等县，苏州专区的江阴[107]等县，是小麦的高产区，历来多种小麦。即使在这一类地区，也应该种一点蚕豆和绿肥，使土质能够改善。

四、有必要改变口粮安排的时间

在小蒸地区，不种双季稻，少种小麦，多种蚕豆和红花草，是农民的共同要求。去年冬季所以种了相当多的小麦，今年春季所以又种了一部分双季稻，主要是为了接口粮。去年的粮食只安排到今年六月底，第三季度三个月的口粮要靠小麦和双季早稻来解决。如果不种双季稻，并压缩小麦的面积，第三季度的口粮就必须主要依靠上一年的秋收。也就是说，必须把口粮安排到次年的九月底。这样，粮食年度[39]就要由原来的从上年七月到次年六月，改变为上年十月到次年九月。解放以来长时期中，这个地区农民的口粮就是从每年十月留到次年九月底的。

上海市郊区、嘉兴专区、苏州专区都有一部分地区的情况同小蒸类似。我们在同嘉兴、嘉善、吴江、吴县等县、社、队干部的座谈中，经过算帐，大部分同志要求不种或少种双季稻，少种小麦，多种蚕豆，但认为要改变这种作物安排方法，必须解决第三季度的口粮问题。他们计算，种一部分小麦，在易涝的荡田种一部分赤稻或洋籼[108]（可以比晚稻早收四十五天），再用蚕豆抵一部分粮食，这样在第三季度就只缺一个半月口粮。如果国家能在第一年每人减少六十斤统购任务，就可以改变口粮安排的时间，第二年把上年减少的六十斤统购粮补起来，国家统购总数并不减少。

同小蒸公社相类似的地区，在嘉兴专区估计有二十五万人，苏州专区估计有十万人，上海市郊区估计有二十万人，共计五十五万人。如果统购粮每人平均减少六十斤，总共只有三千三百万斤。仅仅在第一年减少这一点统购任务，就有可能使这个地区粮食的实际产量和农民的实际收入都有增加。更重要的是，这样安排可以逐渐增加土地肥力，经过两三年，使土质得到恢复和改善，为今后的粮食增产打下良好的基础。

按中央规定留足自留地

——青浦县小蒸人民公社调查报告之三

小蒸地区在高级农业生产合作社时期，有自留地七百多亩，只占耕地面积的百分之三。其中大田约五百亩，其余都是

"十边地"[109]。人民公社化时把自留地统统归公。一九五九年郑州会议[110]后,分了三百多亩大田作农民自留地,可是,春天分了,秋后又归公,自留地所产粮食也折价归公。本来社员还保留一些"十边地",后来也陆续变为公共食堂的菜地了。

今年春天,在农业"六十条"[89]下达后,又重新分给农民自留地七百二十六亩,平均每人不到八厘。其中,大田只有一百二十亩,占耕地总数的百分之零点五,不到高级社时期的四分之一。社队干部的意见,现在这一点自留地,显然满足不了农民各方面的要求。农民的自留地不仅不应该比高级社时期少,还应该多一点。

在与社队干部讨论时,他们提出,让农民多种一点自留地有以下好处:

(一)可以补充口粮。现在口粮少,多数农民一天吃四餐粥,这是不能持久的。上海郊区的口粮标准已经高于其他地区,在短时期内不可能再提高。多给农民一些自留地种粮食和瓜菜,是目前补充口粮的主要办法。

(二)便于养猪积肥。增产粮食,肥料很重要。增加肥料,主要靠多养猪,多种绿肥。现在养猪,不能像过去那样依靠外地供应豆饼和麸皮,单靠自己的口粮加工所得的一点糠也不够,必须在自留地上种些杂粮作饲料。

(三)可以种些蔬菜,满足农民自己的需要。过去小蒸的蔬菜靠外地供应,现在供应很少。要吃蔬菜,必须在自留地上种。

(四)农民可以有些零用钱。现在农民用几个钱,都要向生产队借,"比做媳妇还困难"。有了自留地,农民可以种些东西出卖,也可以养鸡、养鸭,卖蛋换钱。农民手头灵活了,干部也省掉许多麻烦。

（五）可以恢复和发展竹园。因为自留地不够，有些农民砍了竹子种粮、种菜，竹园比解放前减少很多，这是十分不利的。现在木材供应困难，竹子的用途更多了，特别是制除草用的耥竿和翻土用的铁搭柄所用的竹子，每年需要补充，不能短少。从外地买回竹子也很不容易。应该分出一部分自留地恢复和扩大竹园，并在宅前宅后多种一点竹子。

社队干部一方面认为很有必要再多分一点自留地，另一方面对多分自留地仍有各种顾虑，主要是担心因集体耕地减少而完不成粮食征购任务，社员可能只关心自留地而不积极参加集体劳动。经过讨论，大家认为这些顾虑是不必要的。为什么呢？农民种自留地，可以种得很好，单位面积产量比生产队高。增加一点自留地，可以使农民的口粮得到一些补充，生活有所改善。再加上包产落实、超产奖励、多劳多得等一系列的措施，农民对集体生产的积极性就容易提高。农民的积极性提高了，种这样一点自留地决不会妨碍集体生产，相反地会促进集体生产的发展。生产发展了，国家规定的征购任务也就更容易完成。

在讨论中，小蒸公社的干部提出把自留地扩大到占耕地总面积的百分之六（最近上海市委已经决定，自留地增加到占耕地的百分之七），其中大田只占耕地的百分之三点五。达到这样的标准，要再分七百亩大田。现在饲养场饲料地和公共食堂菜地共有三百七十四亩可以分给社员，再抽出三百二十六亩大田就够了，这并不算多。

怎样使我们的认识更正确些*

（一九六二年二月八日）

在这次扩大的中央工作会议[111]上，陕西省参加会议的同志开了大会和小会，都是开得好的。好就好在上下通了气。一方面地委和县委的同志对中央和省委提了意见，另一方面省委负责同志作了两次自我批评。批评和自我批评是上下通气的必要条件。只有通气，才能团结；只有民主，才能集中。

这几年我们党内生活不正常。“逢人只说三分话，未可全抛一片心”，这种现象是非常危险的。一个人说话有时免不了说错，一点错话不说那是不可能的。在党内不怕有人说错话，就怕大家不说话。有些“聪明人”，见面就是“今天天气哈哈哈”，看到了缺点、错误也不提。如果这样下去，我们的革命事业就不能成功，肯定是要失败的。

这次大会取得了非常大的胜利，不要估计低了。只要有勇于开展批评与自我批评这一条，坚持真理，改正错误，我们共产党就将无敌于天下。

光靠少数领导干部发现我们工作中的问题、缺点和错误，

---

* 这是陈云同志在参加扩大的中央工作会议的陕西省全体干部会议上讲话的一部分。

那是很不够的。必须充分发扬民主，发动广大群众和干部对我们的工作提意见。只有根据大家的意见，切实改正我们工作中的缺点、错误，才能把人们的积极性调动起来，真正把工作做好。

领导干部听话要特别注意听反面的话。相同的意见谁也敢讲，容易听得到；不同的意见，常常由于领导人不虚心，人家不敢讲，不容易听到。所以，我们一定要虚心，多听不同的意见。还应该看到，事物是很复杂的，要想得到比较全面的正确的了解，那就必须听取各种不同的意见，经过周密的分析，把它集中起来。调查研究有各种各样的方法，找有各种不同看法的人交换意见，也是一种方法，而且是一种重要的方法。总之，我们共产党员要加强修养，养成耐心听取不同意见的良好习惯。

采取什么方法，才能使我们的认识比较正确呢？我提出以下几个方法，看行不行，同志们可以试一试。

交换。看问题往往容易产生片面性。比如这个茶杯放在桌子上，对面的人看见茶杯是有花没有把的。可是这面的人看见茶杯是有把没有花的，两人各看到一面，都是片面的，都不全面。如果两人把各人看到的一面“交换”一下，那就全面了。我们常讲实事求是。实事，就是要弄清楚实际情况；求是，就是要求根据研究所得的结果，拿出正确的政策。譬如打仗，敌情判断错了，作战就要失败。又如医生看病，把病情诊断错了，就治不好病，甚至把人治死。用什么办法来弄清情况呢？办法之一，就是多和别人交换意见。这样做，本来是片面的看法，就可以逐渐全面起来；本来不太清楚的事物，就可以逐渐明白起来；本来意见有分歧的问题，就可以逐渐一致起来。如果没有反对意见怎么办？我看可以作点假设，从反面和各个侧面来考虑问题，并且研究各种条件和可能性，这就可以使我们的认识更全面些。我们犯错误，就是因为不根据客观事实办事。但犯错误的人，并不都是没有一点事实根据的，而是把片面当成了全面。领导机关制定政策，要用百分之九十以上的时间作调查研究工作，最后讨论作决定用不到百分之十的时间就够了。

比较。研究问题，制定政策，决定计划，要把各种方案拿来比较。在比较的时候，不但要和现行的作比较，和过去的作比较，还要和外国的作比较。这样进行多方面的比较，可以把情况弄得更清楚，判断得更准确。多比较，只有好处，没有坏处。

反复。作了比较以后，不要马上决定问题，还要进行反复考虑。对于有些问题的决定，当时看来是正确的，但是过了一个时期就可能发现不正确，或者不完全正确。因此，决定问题不要太匆忙，要留一个反复考虑的时间，最好过一个时候再看看，然后再作出决定。我和毛主席在一起工作的时候，发现他对于有些问题也不是一下就决定的。你和他谈问题，他当时嗯一声，但并不一定就是表示同意你的意见。

在你们的会议上，省委作了两次检讨。检讨得够不够呢？我不在陕西工作，情况不大了解，够不够要由你们来判断。但是，我看应该对省委的自我批评采取欢迎的态度，因为作了自我批评总比不作好。大家可以对省委提意见，有什么意见都可以提，但是应该允许省委有从容的时间来考虑，有些问题可以从长计议。因为这次提出的问题，有很多是原来未预料到的，再加上时间短，还来不及深入研究。此外，省委的领导干部在这里只有一半，有很多问题还不能讨论决定。

有人说，现在在北京，什么意见都可以提，回去以后恐怕就不行了。我看不会吧。为什么？大势所趋嘛！从这次大会开始，今后批评的门是大开着的，并且应该越开越大。少奇[81]同志报告中所讲的要认真实行民主集中制，开展批评与自我批评，并不是什么新问题。发扬民主，经常开展批评与自我批评，都是我们党的老传统，只是这几年把这个传统丢了，现在要把它恢复起来。同志们！如果共产党不能进行批评与自我批评，大家见面都是哈哈哈，我看人们就不会参加革命了，也不会愿意当这样的共产党员了。当然，我也不能保证所有的领导人都能虚心接受批评，不过少数人想挡终究是挡不住的。有的同志说，我还要看一看。应该允许人家看一看。由于这几年我们党内民主生活不正常，有些人对是否能真正发扬民主表示怀疑，这是不奇怪的。

这几年工作中的缺点、错误，责任由谁负？中央、省委各有各的帐，但是有许多事情，责任首先在中央。省委也有自己的帐，再往下，地委有地委的帐，县委有县委的帐。大家都要吸取经验教训，把今后的工作做好。

目前财政经济的情况和克服困难的若干办法[*]

（一九六二年二月二十六日）

今天我要讲的是：目前财政经济的情况和克服困难的若干办法。

目前我们在财政经济方面是存在着困难的。当然，我们有克服困难、争取好转的有利条件，但是，应该说，目前的处境是困难的。

对于存在着困难这一点，大家的认识是一致的。但是，对于困难的程度，克服困难的快慢，在高级干部中看法并不完全一致。我认为这种不一致是正常的，难免的。不要掩盖这种不一致。这几年处在大变动中，大家对形势自然会有这样那样的看法。取得认识的一致，需要时间，需要事实的证明。我相信，大家的认识，在实践的过程中，可以逐步地一致起来。把各种不同的看法说出来，进行讨论，不是坏事而是好事，有利于使我们的认识趋于统一。高级干部的看法统一，非常重要。经过讨论，如果还有不一致的意见，可以保留，可以再看一看。保留不同意见是容许的。

---

* 这是陈云同志在国务院各部、委党组成员会议上的讲话。

关于目前财政经济方面的困难，我讲五点：

一、农业在近几年有很大的减产。一九六一年的产量同一九五七年相比，粮食大约减少八百多亿斤，棉花等经济作物和畜牧产品也减产很多。粮食不够吃，去年进口一百多亿斤，今年还要进口八十亿斤。肚子里缺少油水，身上缺少衣着，这都是农业减产直接带来的后果。

农业上的困难是大还是小？有不同的估计。近来听到一些同志说，有的乡村，农民吃得好，鸡鸭成群，等等。有这样的乡村，但这是极少数。全国大多数地区并不是如此，大多数农民粮食不够吃。

农业恢复的速度是快还是慢？也有不同的估计。去年上半年，我设想过今后几年每年可能增加二百亿斤粮食。为了弄清楚增产的可能性，现在已经由国务院农林办公室〔48〕等几个单位组织一个小组，研究农业生产的一些基本条件，如土地、耕畜、肥料、农具、种子、水利、机械，以及今后几年中工业支援农业的可能性等等，看看这些条件现在和过去有什么不同，哪些比过去好，哪些比过去差。对于这些，我今天还不能具体回答。但是，可以做这样的估计，好的条件同不好的条件相抵，恐怕很难说目前的情况比第一个五年计划〔28〕时期的情况好。

第一个五年计划时期每年平均增产多少粮食？根据农业部计划局一九五九年出版的《农业经济资料手册》上的材料，同上一年相比，一九五三年增产五十亿斤，一九五四年增产七十一亿斤，一九五五年增产二百八十七亿斤，一九五六年增产一百五十四亿斤，一九五七年增产五十亿斤，五年合计共增产六百一十二亿斤，平均每年增产一百二十二亿斤。如果公布的一九五七年的粮食产量有“水分”，那末，每年平均增产的数字还没有这样多。

现在同第一个五年计划时期相比，水利和机械这两个条件要好一些，灌溉面积扩大了，防洪能力加强了，排灌机械多了，拖拉机和其他农业机械也多了。同时，工业基础大了，可能支援农业的力量也比过去增加了。这是一方面。另一方面，土地、耕畜、肥料、农具、种子这几个条件，现在都比过去差。拿土地来说，最近四年，水利、工业、交通的基本建设占用的耕地大约有二亿亩，菜地扩大了五千万亩，而新开荒地只有一亿五千万亩，增减相抵，粮食和其他作物的用地减少了一亿亩。全国的耕地一共十六亿多亩，减少了一亿亩，是一件大事。而且，这几年减少的耕地，大多是产量高的好地；增加的耕地，大多是在黑龙江、新疆、内蒙古等边远地区，一般的产量比较低。耕畜和猪现在比过去少了，有一部分种子退化了，有些地方的茬口〔112〕搞乱了。按通常情况说，恢复时期的速度可能会快一点，但是，也要看条件怎样。总的看，好坏两种条件相抵，现在的条件可能不如过去。这是稳当的说法。至于农业恢复的速度能够多快，目前还不能肯定，需要再看一两年。那时候，实践将会证明能不能快一点。

我们工作的基点应该是：争取快，准备慢。凡是有利于争取农业增产的，我们都要尽力去做。但是，也要考虑到，工作都做了，还可能不够快，所以要作慢的准备。毛主席说过，“向着最坏的一种可能性作准备是完全必要的，但这不是抛弃好的可能性，而正是为着争取好的可能性并使之变为现实性的一个条件”〔113〕。我们今后安排农业计划，也必须照着这个意见办。

对于农业生产，首先是对于粮食生产恢复快慢的估计不同，我们财政经济工作所采取的步骤就会有很大的不同。比如：每年能够征购多少粮食？要不要进口粮食？经济作物和猪的恢复速度有多快？今后几年每年能够投资多少，基本建设的规模多大？城市人口要不要减，减多少？这些问题，都要根据农业首先是粮食增产的速度来决定。拿基本建设来说，增加投资，除了增加生产资料以外，还必须相应地增加粮食和其他各种生活消费品。农业生产恢复的快慢，也直接关系到工业生产恢复的快慢。中央所有部委的负责同志，都来研究一下农业问题，是很必要的。农业问题是全国的大事，对各部委的工作都有关系。不仅农、林、水各部要研究，工、交各部要研究，财、贸各部要研究，而且文教、政法、外事各部也要研究。我们都是干革命的，搞社会主义的，对于这样关系全国六亿多人民的大事，关系整个社会主义建设的大事，是不能不关心的。

二、已经摆开的基本建设规模，超过了国家财力物力的可能性，同现在的工农业生产水平不相适应。在这个问题上，也有不同的看法。有人说，这几年建设规模是合适的，就是因为有灾荒才发生了问题。也有人说，是农业扯了腿，不然就正好。在他们看来，好像是工业吃了农业的亏，工业本身没有问题。我看不是这样，而是基本建设规模过大，农业负担不了，工业也负担不了。

我们现在这样大的建设规模，不仅在农业遇到灾荒的时候负担不了，即使在正常年景，也维持不了。假定一九六一年度〔39〕的粮食产量不减少那么多，而是正常年景的三千七百亿斤，维持这样大的建设规模行不行呢？我看也不行。

从开国以来，粮食紧张已经有过四次，其中三次是因为城市人口增加得过快。第一次是一九五三年，即第一个五年计划建设的第一年，增加职工很多，结果不得不对粮食实行统购统销。第二次是一九五五年春天，由于一九五四年购了过头粮，就出现紧张情况，弄得“家家谈粮食，户户谈统购”。粮食工作上的这个错误，中央和毛主席批评过。第三次是一九五六到一九五七年度，当时表面上粮食不那么紧张，但是，当年粮食的征购量已经不能适应需要，不得不挖库存六十几亿斤，可见，当时的农业维持那么大的工业建设规模，已经有困难。第四次是一九五九年到一九六一年，产量下降，而征得多，销得更多。

最近几年工业建设的大发展，是建立在一九五八年生产七千亿斤粮食、七千万担棉花的错误估计上的。当时以为粮食过了关，可以大办工业，所以大量招收职工。这几年增加了那么多职工，绝大部分是一九五八年下半年招收的。从过去的经验看，今后几年即使恢复到年产三千七百亿斤粮食，同现有的建设规模还是不相适应的。

已经摆开的建设规模，不仅农业负担不了，而且也超过了工业的基础。现在工业的情况是，工人增加得太多了，产量却增加得不多。工业产品，不论从数量、质量、品种、规格来看，都不能满足各个方面的需要。因此，基本建设项目就不得不一批一批下马，工厂半成品就不能不大量积压。

这几年的建设规模是怎样铺开的呢？除了一九五八年误认为粮食过了关以外，又是根据钢产量很快可以达到五六千万吨的设想来布置的。大家没有经验，摊子铺得大了，工人招得多了。这样就造成了建设规模同实际的工业基础不相适应的情况。

三、钞票发得太多，通货膨胀。现在的通货膨胀，虽然根本不同于国民党垮台前那种恶性通货膨胀，但是，毫无疑义，也是一种通货膨胀。究竟是否如此？是否说得太严重？也可能有不同的看法。这几年挖了商业库存，涨了物价，动用了很大一部分黄金、白银和外汇的储备，在对外贸易上还欠了债，并且多发了六七十亿元票子来弥补财政赤字，这些，都是通货膨胀的表现。原因很简单：一方面支出钞票多；另一方面，农业、轻工业减产，国家掌握的商品少，这两方面不能平衡。

通货膨胀的趋势如何?照现在的情况看，在采取有力措施以前，恐怕还不能停止。我们必须坚决扭转通货膨胀的趋势。否则，将不利于工农业生产的恢复，不利于市场的稳定，不利于经济建设的开展。

四、城市的钞票大量向乡村转移，一部分农民手里的钞票很多，投机倒把在发展。对这一点，在我们高级干部中也有不同的看法。目前的情况是，农民自己经营的副业产品，集体和个人生产的三类物资〔33〕，都大幅度地涨价。在过去一年多中间，农民在自由市场上出卖相当于正常价格十亿元左右的物资，换去了三十亿元左右的钞票。现在不少农民手里的钞票相当多，城市钞票向农村转移的趋势还没有停止，还会继续一段时间。原因是国家没有充分的商品来满足城市的需要。我们要公社和农民发展农副业生产，不让卖不行，过多地派购也不行，而城市人民又要吃，价钱虽高，你不买，有人买。过去每年供应给城市的猪肉三十多亿斤，现在还不到十亿斤。能不能很快恢复到三十多亿斤？不可能。只有当国家手里掌握很多物资，能够保证城市供应的时候，城市钞票大量向农村转移的趋势，才能停止。

在物资少、钞票多的情况下，出现了相当严重的投机倒把现象。要把两种人区别开来：一种是农民，他们把自己生产的猪肉、鸡蛋等在自由市场上高价出卖，多得了一些钱；另一种是投机分子，他们一手买进，一手卖出，一转手就捞很多钱。从人数说，前一种人占多数，但后一种投机分子确实也不少。刚才先念〔114〕同志说，一辆自行车要六百五十元钱，还有人抢着买。对于投机分子，必须采取有效办法来对付。

大批钞票流向农村，国家没有足够的工业品来回笼这些钞票。集体生产者向国家出售了一定数量的农副产品，也得不到等价的工业品。据商业部的同志说，现在农民卖出一百元的农副产品，我们能够供给他们的商品只有六十多元，加上理发、看电影等等，也只有七八十元，还差二三十元。没有相当的工业品供应农村，没有等价交换，单靠政治动员，是难以持久的。在相当范围内的自由市场，对促进生产是有利的。但是，农民高价出售农副产品所得到的钞票，如果不想办法换回来，农民手里的钞票越来越多，就有农民不愿意继续向国家出卖农副产品的危险。

五、城市人民的生活水平下降。吃的、穿的、用的都不够，物价上涨，实际工资下降很多。这一点，大概没有不同的意见了。

以上讲了五点困难，其中一、二两点是基本的，其他三点都是从前两点派生出来的。

我们是不是有克服困难的有利条件呢？当然有。我想着重指出以下几点：

一、社会主义建设总路线〔115〕在实践中已经逐步地丰富起来。在党中央和毛主席的领导下，我们已经制定了实现总路线的一些具体政策。改进农村工作的“十二条”〔88〕、农村人民公社“六十条”〔89〕贯彻执行后，农民的积极性显著提高，农村人民公社已经进一步巩固。中央关于调整工业的指示〔116〕、工业企业“七十条”〔117〕，也已经开始实行并收到效果。经过最近召开的扩大的中央工作会议〔111〕，全党县级以上主要干部的思想认识大为提高，各项工作将会有显著的进步。

二、粮食、家禽、猪的产量在回升，这是肯定无疑的。回升的速度多快？还要观察一下。至于经济作物的产量是否能很快恢复以至有所发展，现在还难于肯定，因为粮食不够吃，农民还不愿意多种经济作物。

三、几年来扩大了的工业、交通的生产能力，其中许多部分，将会在经济恢复中起作用。这就是说，我们克服困难的力量，比以前大了。

四、人民在克服困难、恢复经济中，是会同我们党合作的。只要我们把存在的困难和克服困难的办法讲清楚，没有疑问，人民会同我们合作。当然，不是说一点小乱子都不会出。但是，总的说来，人民是会同我们党一起去战胜困难的。这一点非常重要。我们应该有信心。我们党英勇奋斗几十年的历史，建国后十几年建设社会主义所取得的成绩，人民是看得清楚的。在某些问题上，人民可能对我们有意见，但是，同旧社会比，他们还是觉得我们好。我们所做的好事，包括革命的胜利，建设的成就，同我们犯的错误所造成的损失比较起来，当然是好事多。对于这一点，人民会作出公正的评价。我们目前的困难，一般说是好人好心做了错事所造成的。人是好人，心是好心，就是做错了事。讲清楚了，改正了错误，把工作做好了，人民是会原谅我们的。

五、党的各级领导干部取得了正、反两方面的经验。这一点也很重要。干部取得了经验，有利于克服困难，恢复经济，对今后工作很有好处。

以上五点是我想到的有利条件。可能还有别的，我说得不完全，请大家研究。

总起来说，我们有克服困难的有利条件，但是，目前的困难是相当严重的。在中央部一级和省、自治区、直辖市一级干部中，应该指出这一点。至于认识不一致，那是难免的，也是允许的。彼此交换意见，对统一认识、克服困难有好处。中央财经各部委可否在部长一级和司局长一级的干部中，提出这些问题，让大家发表各种不同的意见？我认为应该这样做。因为各部委之间，各部委的内部，对这些问题事实上存在着不同的看法，彼此进行交换，听听不同的意见，这对暴露缺点、改进工作，很有好处。“逢人只说三分话”，说话有顾虑的情况还是存在的。见面打“官腔”，不互相交心，这种情况继续下去，革命是会失败的。我们干革命的人，应该讲真话，有问题就提出，有意见就发表，认真地进行讨论。

现在讲克服困难的若干办法。

针对上述情况，在财政经济工作中，应该采取哪些办法来克服困难呢？我提六点意见。

第一点，把十年经济规划[118]分为两个阶段。前一阶段是恢复阶段，后一阶段是发展阶段。

现在无论农业或者工业，都需要有一个恢复时期。农业的恢复大约要三年到五年。工业在这三五年内，也只能放慢速度，只能是调整和恢复。恢复阶段要几年？我个人看来，从一九六〇年算起，大体上要五年。是否就是五年，请大家考虑，最后由中央来决定。

当然，在恢复阶段某些方面也可能有若干发展。大家知道，在建国后的三年恢复时期[66]，钢的年产量不但恢复到九十多万吨，而且发展到一百三十多万吨。但是，就全体来说，十年规划的第一个阶段主要是恢复。这一阶段的任务，是克服困难，恢复农业，恢复工业，争取财政经济情况的根本好转。恢复是为了发展。有了前一阶段的恢复，才有后一阶段的发展。

把十年规划明确地分为两个阶段，并且确定前一阶段是恢复阶段，对我们妥善部署财经各部门的工作很有好处。如果不是这样，笼统地要大家执行十年规划，又想发展，又要下马，又想扩大规模，又要“精兵简政”，就会彼此矛盾，举棋不定。而分成两个阶段，基本建设和若干重工业生产的指标先下后上，任务就比较明确。

恢复阶段的经济情况，应该说是很困难的。照少奇[81]同志的说法：类似非常时期。我们要有应付非常时期的办法。主要有两条：一条是要有更多的集中统一；另一条是一切步骤要稳扎稳打。这里所说的集中统一，就是在给地方和企业以必需的机动的财力、物力以后，把力量集中统一起来。这种集中统一的程度，可能要超过建国初期，因为现在的情况更复杂。

第二点，减少城市人口，“精兵简政”。

这是克服困难的一项根本性的措施。无论从临时之计看，还是从长久之计看，都必须如此。

要精减的职工，不单是来自农村的人，还有一部分城市的人。减下来后都要作适当的安排。如纺织工人，大多是城里人，现在很多纺织厂不能开工，也只能多做思想工作，把道理向工人说清楚。减人这件事是很困难的，要他们来容易，要他们走就很困难。但是，如果现在不减，财政继续亏空，市场发生动乱，就会使我们更加被动。现在减有困难，将来减更困难，两个困难比较起来，我看还是早减为好。

家在农村的人，动员他们回乡有困难。但是，总比从农村征购粮食拿到城市里来供给他们要容易得多。去年压缩城市人口一千多万人，如果这些人继续留在城市，一年要吃四十多亿斤粮食。现在向农民多征购四十多亿斤粮食是不可能的，就是多征购十来亿斤、甚至几亿斤，也是困难的。让家在农村的职工回家吃饭，在家里匀着吃，比较好办。对于减人，大家一定要下定决心，否则没有出路。

第三点，要采取一切办法制止通货膨胀。

我想到的，大体有四种办法：

一是严格管理现金，节约现金支出。银行要把钞票管理好，能不用的钱一定不用。要恢复银行严格管理现金的制度，严格的程度要超过第一个五年计划时期。

二是尽可能增产人民需要的生活用品。要从重工业方面转移一部分原料、材料给轻工业，再进口一部分原材料，增产日用品，回笼货币。人民有了钱，总要使他们能够买到东西，才能心情舒畅。没有这一条，只搞高价商品，老百姓是要骂娘的。

三是增加几种高价商品。高价商品品种要少，回笼货币要多。不要星星点点地搞，这也高价，那也高价，所得不多，弄得名誉不好。应该是不搞则已，一搞就要确能收回一大批钞票。我们增加几种高价商品，首先是为了把在自由市场上高价出售商品的人的钞票收回来，同时也利用它来平衡商品供应量同购买力之间的差额。去年搞高价商品，重点是在城市；这次搞高价商品，重点是在农村。哪里钞票多，就在那里投放高价商品。这个办法要先试点，看一看，听一听反映，步子稳一点，看准了以后再推广。卖高价商品，实际上是货币贬值，群众会有些不满意。但是，只要基本生活资料不涨价，就不会出大问题。如果不采取这个办法，多余的货币不能回笼，到处冲击市场，更不好办。

四是坚决同投机倒把活动作斗争。这种斗争应该有三方面的对策。首先是经济斗争。你按牌价卖给我鸡蛋，我也按牌价卖给你糖果；如果你卖高价鸡蛋，我就卖高价糖果，你多赚了钱，我就想办法拿回来。这就是说，不仅要有低价对低价，而且要有高价对高价，否则办法不完全。其次是业务经营。在农村建立供销社，在城市建立消费社，互相配合，经营三类物资和一部分工业品。供销社、消费社经营这些东西，价格可能会高一点。但是，如果不要它们经营，搞投机倒把的人会经营，人民的损失更多。让供销社、消费社得利，比让投机倒把的人得利好得多。再次是行政管理。要通过市场管理、税收、运价等办法把自由市场管起来。这些工作，都要反复考虑，进行试点，取得经验，然后铺开。

一九六二年和一九六三年，必须千方百计做到财政、信贷收支平衡，制止通货膨胀。不能今年不动手，等到明年再去制止。

第四点，尽力保证城市人民的最低生活需要。

目前我们能够逐步采取的办法有三项：

一是分几步做到城市每人每月供应三斤大豆，夏天和蔬菜多的地区可以少一点。一亿城市人口，实行这个办法，每年需要三十亿斤大豆。我国每年大豆的产量，在一九五八年以前是一百九十亿斤左右，这两年是一百二十亿斤，拿出三十亿斤来供应城市，是可能的。我们应该力求在两年内逐步做到这一点。第一步可以先在大中城市的六千多万人口中实行。这个办法，不仅可以保证城市人民的健康，而且可以提高一点职工的实际工资。有了豆子吃，或者换豆腐吃，就可以不买或少买自由市场上的高价副食品。据计算，每人每天最低需要七十克的蛋白质，一斤粮食含蛋白质四十五克左右，一斤蔬菜含五克，一两大豆含二十克。在缺少肉类和蛋品的情况下，用大豆来补充营养，是一个比较可靠的办法。

二是每年供应几千万双尼龙袜子。这也可以说是一件大事。孩子多的人家，都感到补袜子是一件伤脑筋的事。如果每年用四百万美元进口一千吨尼龙，就可以织四千万双袜子；如果织尼龙底的袜子，产量可以加倍。一双尼龙袜子可以卖几块钱，买的人欢喜，国家一年也可以回笼几亿元的货币，这是公私两利的事情。

三是把全国各地价值约四千万到五千万元的山珍海味等高级副食品，用于高价馆子，价钱卖贵一点。招待所用这些东西的时候，也要卖高价。这样，既可以改善一部分人的生活，也可以回笼不少货币。

在保证城市人民生活需要方面，现在想到的比较可行的办法只有这三条，其他的“支票”还开不出来。就是这些办法，做起来还是不容易的。

第五点，把一切可能的力量用于农业增产。

这一条是根本大计。从目前的实际情况来看，要抓好以下三个方面的事情：

一是除增产粮食外，要重新考虑保证经济作物增产的办法。保哪几种？保多大范围？多少年搞起来？都要研究。现在对经济作物的奖励办法是“二百二”红药水，有点用处，但是不能解决多大问题。经济作物不恢复，国家就没有商品来保证城市和乡村的供应，国家同农民也不可能有真正的等价交换，工农联盟就不能巩固。国家用一块钱收购棉花，纺成纱，织成布，就可以卖四块钱。如果用来生产针织品，回笼的钞票就更多。但是，要鼓励农民种棉花，就必须保证棉农有足够的口粮。现在，棉农向国家交售一百斤皮棉，只奖三十五斤粮食。这个办法，棉农吃不饱，他们只好把棉田改种粮食。这样下去，棉花不但不能很快增产，而且还可能继续减少。如果棉农交售一斤皮棉，供应二斤粮食，那末，农民就会积极种棉花。按照这个办法，我们每年收购二千五百万担棉花，就要用五十亿斤粮食。其他经济作物的情况也是这样，要增产就要供应足够的口粮。现在，国家必须进口粮食来补充口粮，如果要保经济作物，还要多进口一些粮食。也曾经考虑过，是进口棉花合算，还是进口粮食合算？研究的结果，进口棉花不仅货源不够，而且不如进口粮食合算。进口一吨棉花要用七百美元，进口一吨粮食只要用七十美元。这就是说，进口一吨棉花所用外汇可以进口十吨粮食，而用十吨粮食就可以鼓励农民多产五吨棉花。

二是对不同的产粮区，研究出不同的增产办法。我国商品粮的主要产区，有黑龙江，吉林，内蒙古，关中平原，长江三角洲，江汉平原，洞庭湖周围，成都盆地，珠江三角洲，等等。这些地区，都各有不同的特点。我们应该找出适应这些地区特点的有效的增产办法。对商品粮的主要产区，应该多供应化肥。据计算，进口化肥比进口粮食合算。只要外汇有可能，就应该多进口一点化肥。

三是拨出一部分钢铁、木材，制造中小农具。目前工业支援农业的重点，不是拖拉机，而是中小农具。要切实计算化肥和农业机械可能供应的程度，要确实能够办到，不要做不切实际的计划。

第六点，计划机关的主要注意力，应该从工业、交通方面，转移到农业增产和制止通货膨胀方面来，并且要在国家计划里得到体现。

我认为，增加农业生产，解决吃、穿问题，保证市场供应，制止通货膨胀，在目前是第一位的问题。年产七百五十万吨钢，二亿五千万吨煤，也是重要的，但这是第二位的问题。在不妨碍增加农业生产和制止通货膨胀的前提下，能搞到这么多钢和煤，当然很好；如果有所妨碍，搞不到这么多也可以。

要增加农业生产和制止通货膨胀，只靠国务院的农林办公室和财贸办公室〔24〕是不行的，主要要靠计委、经委等综合机关，在国家计划中把这些事情摆到头等重要的位置。毛主席早就提出，国民经济的发展必须以农业为基础，必须按照“农轻重”的次序来安排计划[119]。现在，必须研究我们的计划工作和经济工作，怎样才能切实地体现这个精神。

以上六点，是克服当前困难的主要办法。我讲得可能不完全，请同志们讨论和补充。

目前财政经济的状况怎样，克服困难的办法是什么，这是全党和全国人民时刻关心的大事，我们应该慎重地考虑这些问题，兢兢业业地做几年工作。我们的工作部署，要反复考虑，看得很准，典型试验，逐步推广，稳扎稳打。慎重一点，看得准一点，解决得好一点，比轻举妄动、早动乱动好得多。困难时期只是着急，或者病急乱投医，不但无益，而且有害。当然，凡是看准了的确实有效的办法，就要集中统一，全力以赴。今后几年克服困难应该力争快一点，同时要准备不快的可能。毫无疑问，只要我们努力去做，就一定能够克服困难，争取财政经济状况早日好转。

在中央财经小组[120]会议上的讲话

（一九六二年三月七日）

今天我讲七个问题。

第一个是长期计划问题。我认为，现在可以不搞十年规划[118]，先搞五年计划。我上次说过，十年规划可以分为两个阶段，第一个阶段是恢复阶段，第二个阶段是发展阶段。只有恢复好了，才谈得上发展。在恢复阶段，可以逐渐看清楚发展阶段的问题。现在谈发展，情况还摸不准。这里牵涉到一个问题，就是怎么讲法，要很好斟酌。是讲以调整为中心贯彻八字方针[121]，还是讲调整和恢复？这要由中央决定。但是，领导机关在认识上必须明确，当前主要是恢复。

当然，在恢复阶段，有些方面会有发展；在发展阶段，有些方面还有恢复。例如牲畜，现在粮食紧张，首先是顾人吃，看来五年内不一定能恢复到过去的最高水平。

今年七月准备召开的中央工作会议[122]，是否可以不讨论第三个五年计划[123]的指标，因为现在情况还没有摸清楚，很难提出比较切实的指标，甚至划个“框框”也困难。建议七月会议主要谈财政经济的形势，摆情况，把问题搞清楚，讨论方针，研究措施。对形势的估计和应该采取的方针，要认真讨论，把思想统一起来。

农业的全面恢复究竟有多快？还要看两年，今年一年，明年一年。因此，不但今年七月提不出五年计划指标，甚至明年也难以提出。我们的第一个五年计划[28]是从一九五三年开始的。在编制这个计划之前，我们同苏联的党和政府谈过，同斯大林也谈过。一九五二年底成立国家计划委员会以后，对第一个五年计划草案进行了反复的研究。做出计划来，是在一九五五年春天，先经过党的全国代表会议通过，七月提交全国人民代表大会讨论通过后才公布的。编制第一个五年计划用了三年多的时间。现在，编制第三个五年计划，情况更复杂。为了把问题看准，我看现在不忙于搞指标。至于明年的年度计划，可以在今年的七月会议上先提出一个"框框"，使大家心里有个数。

第二个问题，今年的年度计划，需要有一个相当大的调整，重新安排。这是非常必要的。定了以后，后三个季度就不要变动了，再不要像往年那样"一年计划、计划一年"，使计委的同志苦得不得了。过去改一两个数字就要重新算一次帐，而数字又不落实，把精力都放在算帐上，顾不上研究形势和方针。以后不能这样办。今年的计划调整以后，执行中的某些变动，由经委去管。

现在调整计划，实质上是要把工业生产和基本建设的发展放慢一点，以便把重点真正放在农业和市场上。材料的分配，要先满足恢复农业生产的需要。当然，这也要根据实际可能。例如，按照农村的需要，今年供应五百万立方米以上的木材，这是做不到的。不过，必须尽可能先照顾农业。材料的分配，第二要满足市场的需要，主要是日用工业品生产的需要，根据实际可能，能多给一点就多给一点。这两项定下来，再考虑其他。管年度计划，首先就要安排好农业和市场。

现在城市的主、副食品供应都不足，人民的体质下降。可不可以拨一点钢材，制造一些机帆船，增添一些捕鱼网具，让水产部门出海多捕一些鱼？如果一年增产十五万吨鱼，就可以使大中城市的六千多万人平均每人每月有半斤鱼吃。（周恩来同志插话：陈云同志以前提出的每人每天供应一两豆子的办法很好。但人的营养光有植物蛋白不行，还要有动物蛋白。和尚尼姑，每天打坐，有植物蛋白也许就行了。我们这些人不行，劳动量比我们大的人更不行，有了植物蛋白，还需要有点动物蛋白。）每人半斤鱼，再搞点高级馆子，有钱可以去吃。这样，我们对干部适当照顾一下，群众就不会有多大意见了。现在不少人对照顾干部的办法有意见，这是有道理的。增产鱼的指标和措施，必须从今年开始列入年度计划。这个问题，只要切实安排，是可以解决的。

我还想到，除了每人半斤鱼，到明年年底，大中城市的六千多万人，每人每月可不可以增加半斤肉？据姚依林〔83〕同志说，今年计划收购一千二百万头猪，每头按六十斤净肉计算，共有七亿多斤。除开出口和其他必保的用途以外，平均每人每年可以有六斤。猪要保证收购到，收购到以后，还要合理分配，如压缩一部分出口。这样，鱼、肉两项，五口之家一个月就有五斤。目前，这样的问题，是国家大事。如果六千多万人身体搞得不好，我们不切实想办法解决，群众是会有意见的。人民群众要看共产党对他们到底关心不关心，有没有办法解决生活的问题。这是政治问题。

农业问题，市场问题，是关系五亿多农民和一亿多城市人口生活的大问题，是民生问题。解决这个问题，应该成为重要的国策。为了农业、市场，其他的方面"牺牲"一点，是完全必要的。今年的计划，特别是材料的分配，要先把农业、市场这一头定下来，然后再看有多少材料搞工业。工业也要首先照顾维修、配套，维持简单再生产。满足了当年生产方面的需要，再搞基本建设。有多大余力，就搞多少基本建设。今年如此，今后也要如此，使人民的生活一年一年好起来。

同志们，我们花了几十年的时间把革命搞成功了，千万不要使革命成果在我们手里失掉。现在我们面临着如何把革命成果巩固和发展下去的问题，关键就在于要安排好六亿多人民的生活，真正为人民谋福利。

我看今年的年度计划要做相当大的调整。要准备对重工业、基本建设的指标"伤筋动骨"。重点是"伤筋动骨"这四个字。要痛痛快快地下来，不要拒绝"伤筋动骨"。现在，再不能犹豫了。（周恩来同志插话：可以写一副对联，上联是先抓吃穿用，下联是实现农轻重，横批是综合平衡。）

第三个问题，综合平衡。这个问题有很多争论，牵涉到积极平衡和消极平衡的提法。究竟什么是积极平衡，什么是消极平衡，认识是不同的。我以为，现在首先要弄清楚两点：一点是，从什么时候开始搞综合平衡？一点是，从什么"线"出发搞综合平衡？

先说从什么时候开始搞综合平衡。有些同志认为，现在不能搞综合平衡，因为没有条件。他们主张先订出几个远景指标,然后推算出各种数字,制定建设方案。冶金部的领导同志原来想在七年内搞三千万吨或者两千五百万吨钢。我问他,那时候品种能不能齐全?他说还不能齐全。我的看法是,综合平衡必须从现在开始,今年的年度计划就要搞综合平衡,开步走就要搞综合平衡。不能说在达到了多少万吨钢以后再去搞平衡。要从现在综合平衡的经济水平出发,经过切实的研究和计算,看远景规划能达到什么水平,而绝不能采取倒过来的办法。所谓综合平衡,就是按比例;按比例,就平衡了。任何一个部门都不能离开别的部门。一部机器,只要缺一部分配件,即使其他东西都有了,还是开不动。按比例是客观规律,不按比例就一定搞不好。按照国内和国外的经验,生产一百万吨钢,就要相应地有近五万吨的有色金属;在有色金属中,铜、铝、铅、锌又有一定的比例,缺一样都不行,数量少了也不行。搞经济不讲综合平衡,就寸步难移。

再说按什么"线"搞综合平衡,无非是长线、短线。过去几年,基本上是按长线搞平衡。这样做,最大的教训就是不能平衡。结果,建设项目长期拖延,工厂半成品大量积压,造成严重浪费。在这方面,这几年的教训已经够多了。按短线搞综合平衡,才能有真正的综合平衡。所谓按短线平衡,就是当年能够生产的东西,加上动用必要的库存,再加上切实可靠的进口,使供求相适应。例如,生产一定数量的钢,需要一定数量的有色金属,那就要认真地计算这些有色金属当年能生产多少,能动用库存多少,能从国外进口多少,在这个基础上进行平衡,确定钢的生产指标。冶金部的领导同志想说服我,说他们打算搞二千五百万吨钢,有色金属不够,可以从国外进口。我给他们算了一笔帐，按百分之五计算，每年增加三百万吨钢，就需要十五万吨有色金属。开国以来，进口有色金属最多的年份是十三万吨。明年要增加三百万吨钢，假定国内生产不足的有色金属可以靠从国外进口，那末，后年再增加几百万吨钢，又需要进口更多的有色金属。我看，即使有那么多的外汇，在国外市场也很难买到。所以，一定要从短线出发搞综合平衡，这样做，生产就可以协调，生产出来的东西就能够配套。配了套才能做大事情，不配套就只是一堆半成品，浪费资金。

按照短线进行综合平衡制定计划指标以后，长线怎么办？一种办法是继续生产。如一机部〔68〕的生产能力，许多是长线（内部也有很多短线），生产出来的机器今年用不上，但明后年需要的，可以安排生产，生产出来暂时存在库里。不过也要考虑，是生产出来放在库里好，还是把原材料用于生产更急需的东西好。这就是说，另一种办法是，现在不需要的，或者虽然需要但不是急需的，就可以停下来，生产更急需的东西。

总之，计划指标必须可靠，而且必须留有余地。只要综合平衡了，指标低一点，也不怕。看起来指标低一点，但是比不切实际的高指标要好得多，可以掌握主动，避免被动。例如，煤的生产指标，应该按照实际可能进行安排，即使比实际可能安排得低一点，也没有损失，东西还在中华人民共和国，以后还可以多生产。长期计划的指标，更要注意留有余地，而且以后再不要只想到钢了，应该在综合平衡的基础上全面安排。

最近，我查了美、英、德、日、苏等国九十年来钢产量的统计数字，看出这些国家钢的年产量在一千万吨以下的时候，花的时间最长。美、英、德、日等国，钢产量在五百万吨到一千万吨之间，就成了帝国主义国家。苏联也是在这样的生产水平上，成了工业强国。大体说来，这些国家钢产量在五百万吨到一千万吨的时候，各种工业就比较齐全，把工业基础打下来了。日本在发动七七事变[124]的时候，钢产量还不到七百万吨。根据历史经验，我们应该从现在开始，争取在一定的时间内，使工业产品品种齐全，质量良好，技术先进，适应需要。有了这样一个基础，再前进就比较快了。

这几年，大家的胃口大了，每年一百来亿元的投资似乎不算什么。中国从张之洞[125]办工业开始，到中华人民共和国成立，私营工业的固定资产一共只有二十二亿元左右。现在，我们一年就花一百亿元的投资，安排合理，搞得好，一年就等于过去几十年，规模还能说不大？一百亿元投资，需要二百万吨钢材。现在我们年产七八百万吨钢材，拿两百万吨来搞基本建设，可以做很多事情；此外，还可以有五六百万吨钢材搞其他事情。

第四个问题，物资管理制度。总的说，物资管理应该比第一个五年计划期间更集中。现在，物资是由国家、各部门、各地方分管的。今后，部管的产品不能太多。钢材交冶金部管，他们就“监守自盗”，应该归国家统一管理。现在经委的精力和时间，一半以上是用在物资的分配和调度上。生产过程也是物资的调度过程，如果无权调度物资，也就无法统一指挥生产。要找管物资的同志开会，总结经验教训，包括集中过多和分散过多的经验教训，研究出一套科学管理的办法来。

第五个问题，要研究农业的基本情况。计委、经委、农办[126]要扎扎实实地做调查，认真研究农业生产的各种条件。

在此基础上，拟定农业生产指标。

第六个问题，计委要把主要精力放在农业生产和稳定市场方面。计委有个传统，一开始就是搞工业，搞基本建设，其他方面，如农业、财政、贸易等，都是凑凑合合。这有历史原因。恢复时期[66]有个财经委员会[23]统管财政经济。成立计委以后，农业和财贸是农办和财办[127]分头管的。

财经委员会的时候，我着重注意的是三个方面：一是资本主义工商业、手工业和小商小贩的社会主义改造。毛主席看到反映资本家意见的材料，就批条子要我研究。每次资本家来北京开会，我们就注意研究他们提出的问题。有个“反对派”站在我们面前，可是好事，逼着我们多考虑问题。二是基本建设投资。我当时的办法就是“砍”，“砍”到国家财力、物力特别是农业生产所能承担的程度才定下来。三是劳动力。每年大家都要求增加人，我卡得很紧。人进来容易，出去很困难。进来了就得发工资，供应吃、穿、日用品。凡是增加职工，我总要算一算，看市场供应怎样。如果物资不够，就不准增加人。基本建设投资和劳动力这两条管住了，计划大体上也就管住了，就不至于出乱子。那时候，我对农业管得少，后来才管了粮食统购统销。黄敬[128]同志曾经提出：银行的信贷资金很多，商业的流动资金很多，为什么不从这两方面抽点钱多搞点基本建设？他不懂得，把必要的信贷资金和流动资金拿来搞基本建设，物资供应就要出现缺口，这是不行的，是有危险的。

过去我们每年要算一次帐，购买力多少，商品供应有多少，要使商品供应量超过购买力。一百元的购买力，要有几百元的商品，否则，就会出现市场供应紧张，因为有些商品不一定适应消费者的需要。商品供应量大于购买力,才能使消费者有选择的余地。商品供应量同购买力不适应,市场就不能稳定,甚至造成通货膨胀。

第七个问题,要鼓励大家发表不同的意见。对于目前的形势、方针、措施,以及工作重点摆在哪里,实际上有不同的看法。每个部委,每个单位,都要鼓励有不同看法的两方面把意见发表出来。在我们党内,在政府机关内,有不同意见是好事,可以使我们看问题比较全面,避免片面性,少犯错误。

要研究当代资本主义*

（一九七三年六月七日）

陈　云：我是一天打鱼一天晒网。今天是晒网时间，只谈半小时好不好？

陈希愈〔129〕：好！

陈　云：我想了解一下国际金融和货币问题，请你们从以下几方面收集一些材料：

一、美、日、英、西德、法各国从一九六九年至一九七三年的货币发行量是多少？外汇储备是多少，其中黄金储备是多少？

二、现在世界黄金年产量是多少，其中主要产金国的年产量是多少？

三、八百亿欧洲美元分布在哪些国家和地区？

四、作为经济繁荣、衰退、危机的标志，工业除了钢铁以外，还有哪些行业？

从一九六九年至一九七三年美、日、英、西德、法各国的钢铁、机械或其他基本建设投资是多少？

---

* 这是陈云同志在听取中国人民银行工作汇报时的谈话。此时，陈云同志受周恩来同志委托，研究对外贸易方面的一些问题。

五、美、日、英、西德、法各国度过危机的办法是什么?每次危机间隔时间是多少?

六、美国同英、日、西德、法各国的矛盾,除了政治上的以外,经济上的表现在哪些方面? 主要矛盾是什么?

七、美国和日、英、法、西德各国在贸易和货币方面存在的问题,估计采取什么办法来解决?

法国财长德斯坦是主张把货币和黄金联系起来的。世界上货币总流通量和世界上黄金总持有量,是否可以算出一个大致的比例来?

八、美国一九七三年对外赤字是多少?包括转移、驻军、投资、旅游、贸易等方面。

九、对世界经济和货币、金融情况的近期和远期的估计。

十、对外国银行给我们的透支便利的利害估计。

就是这十个问题,不知道有没有困难。时间是一个星期到十天。如果时间不够,再长一点也可以。

陈希愈:我们回去组织一下。

陈　云:你们银行是不是还有研究机构啊?

乔培新〔130〕:文化大革命前有个金融研究所,后来撤销了,现在还有个研究室,共十来个人,主要搞国际金融研究。这方面,外贸部门比我们好些。

陈　云:外贸部门主要是搞货价研究的,全面的经济研究还是要由银行担负起来。有懂外文的人吗?

乔培新:有。

陈　云:你们那个研究机构还是要搞起来。过去我们的对外贸易是百分之七十五面向苏联和东欧国家,百分之二十五对资本主义国家。现在改变为百分之七十五对资本主义国家，百分之二十五对苏联、东欧。供求关系、货币关系的变化通通反映到外贸上来了，不搞研究机构怎么能行。百分之七十五对资本主义国家，百分之二十五对苏联、东欧，这个趋势是不是定了？我看是定了。因此，我们对资本主义要很好地研究。

陈希愈：我们准备把金融研究所恢复起来。

陈　云：机构搞起来之后，要研究包括像尼克松〔131〕国情咨文那样的东西。过去没有参考资料，只有参考消息，但过去这方面的材料我是都要看的，重要地方还划圈圈。像康纳利〔132〕、舒尔茨〔133〕、德斯坦的讲话材料都要看，都要研究。列宁讲过：到共产主义时代，会用金子修一些公共厕所。我看，现在离那个时代还很远。不研究资本主义，我们就要吃亏。不研究资本主义，就不要想在世界市场中占有我们应占的地位。

乔培新同志你还记不记得，在延安的时候我们研究边币〔134〕对法币〔135〕的关系，你那时是货币发行处处长，崔平同志是兑换所主任，那时每星期都要开会研究盐的价格和运费。现在的条件比过去好多了，我们在国外都有商务机构。

陈希愈：我们银行在国外也有机构。

陈　云：一个星期到十天请你们搞那么多材料，是有点强迫。但是，政治是上层建筑，经济是基础嘛。李裕民〔136〕同志，你是管哪方面工作的？

李裕民：我是管外汇资金的。

陈　云：你多大年纪了？

李裕民：四十三岁了。

陈　云：听了很高兴！三十岁到四十多岁，正是干工作的时候。乔培新同志你多大年纪了?

乔培新:六十一岁了。

陈　云:你也这么大年纪了,也算老年了!你还可以活二十年,我不行了,不过和资本主义打交道是大势已定。

陈希愈:我们想把利用外资的问题汇报一下。

陈　云:好!

乔培新:现在我们可以搞到十亿美元甚至更多一些外汇资金,但是在国内碰到两个问题:一是方针问题,这样做符合不符合毛主席的自力更生方针和党的路线,符合不符合既无内债又无外债的精神;二是方法问题,要把国内的规矩变动一下。这些问题不解决就行不通。

陈　云:你说的,一个是合法不合法的问题,一个是规章制度问题。我看,首先要弄清是不是好事。只要是好事,你们就可以找出一个办法——一个变通办法来让大家讨论。立一个新的办法,要把一些界线划清楚,如不要把实行自力更生方针同利用资本主义信贷对立起来。要有条有理,不会和国内冲突的。总之,只要承认是好事,就可以找出理由来。要把大道理讲清楚。凡是存在的东西都有理由,至于是不是合法,那是另一回事。我们做工作不要被那些老框框束缚住。当然这可能会犯错误。但是谁不犯错误?今年广交会提价,总的趋势是对的,但也有过头的地方,过头的降下来就是了。过去没有百分之七十五对资本主义国家的问题,现在形势变了,有些同志没有看到,所以要向他们解释这些。

乔培新:现在外国银行来,一是送点情况,二是送钱。

陈　云:这和过去上海、天津那些银行、钱庄一样,看到哪家生意做好了，就找上门来了，无非是要些利润。这就是马克思讲的平均利润率。你信誉好的时候人家找上门来，不好的时候就要逼债。总之，情况变了，有些同志还不了解。有时好事就是不好做。规章制度要变动一下。道理就是外贸百分之七十五对资本主义国家了。银行要把这个任务担当起来。

进口工作中利用商品交易所的问题*

（一九七三年十月十日）

今年四月，中国粮油食品进出口总公司布置香港华润公司所属五丰行，尽快购买年内到货的原糖四十七万吨。当时国际市场砂糖求过于供，货源紧张，价格趋涨。五丰行认为，如果我们立即大量购糖，必将刺激价格上涨，可能出了高价不一定能按时买到现货。为了完成购糖任务，五丰行采取委托香港商人出面，先在伦敦和纽约砂糖交易所购买期货〔137〕二十六万吨，平均价格每吨八十二英镑左右。然后立即向巴西、澳洲、伦敦、泰国、多米尼加、阿根廷购买现货四十一万多吨，平均价格每吨八十九英镑左右。从五月二十日开始，市场传说中国购入大量砂糖，纽约、伦敦砂糖市场大幅度涨价。然后，澳洲、巴西先后证实我向他们购糖，市价又进一步上涨，至五月二十二日涨至每吨一百零五英镑。我因购买砂糖现货任务已完成，从五月二十二日起至六月五日将期货售出。除中间商应得费用和利润六十万英镑外，我五丰行还赚二百四十万英镑。

我部核心小组讨论了上述做法，认为利用交易所做买卖，

---

* 这是陈云同志为对外贸易部起草的向国务院的请示报告。

有一定风险，但在一定条件下，可以试做。

（一）目前我对资本主义国家的贸易已占我进出口贸易的百分之七十五。资本主义国际市场上，因货币危机和供求关系的变化，商品价格反应非常敏感。外国商人认为我国购货时只求完成任务，有时价格越涨越要买，常常乘机抬价。这点要注意。

（二）国际市场上的交易所是投机商活动场所，但也是一种大宗商品的成交场所。所以，资本主义市场的商品交易所有两重性。我们买卖又大都经过中间商，不管采取那种中间商形式，进出口价格许多是参照交易所价格来确定的。过去我们没有这样利用过交易所，这次也是利用私商进行的。对于商品交易所，我们应该研究它，利用它，而不能只是消极回避。

（三）我们这次利用交易所，不是为了做投机买卖，不是为了赚二百四十万英镑，今后也不做投机买卖。这次利用交易所是一种迂回的保护性措施，是为了使我们不吃亏或少吃亏。

（四）在今后两年里对交易所要认真进行研究。因为利用交易所，可能有得有失，但必须得多失少。我们决不做卖空的投机，只对进口物资有时经过交易所购买期货，就是说只买进确实需要的物资。因此，像这次购糖做法是可以的，但次数不能多，每做一笔要请示报告，经过批准，每次总结经验。

（五）必须严守党纪，不能浪费分文。像这次购糖赚了二百四十万英镑，对于中间商在商业习惯上给以应得费用和利润外，如果还需请吃一次饭，只需要一百元的话，决不要多花一元。应该严肃教育干部和党员，不能有任何浪费。

利用国内丰富劳动力生产成品出口*

（一九七三年十月十二日）

有的同志认为，进口棉花加工棉布出口是依靠外国，不是坚持自力更生。这种看法是不对的。我们是要坚持自力更生的。但是，现在国内棉花不够，去年产棉花三千九百万担，今年从国外买了一千六百万担。国内棉花要做到自给有余，完全用自己的棉花加工棉布出口，可能要用很长时间。我们要利用这段时间，进口棉花加工棉布出口，不这样做就是傻瓜。产棉花的国家中，美国是大头，但美国不会大搞棉布出口，因为它的工资高，工人每工时平均工资达到三点八美元。英国是靠纺织工业起家的，过去我们所说的“洋布”，最早是从英国来的，“码”就是英制的长度单位。但是，现在情况有了变化。今年我们有一个汽车代表团去英国参观，看到兰开夏许多纺织厂都改产卡车或其他东西了。英国工人每工时平均工资是一点六美元，搞纺织工业不合算。日本过去也出口不少棉布。五十年代，有一次我接见一个日本代表团，他们问我，你们出口棉布多不多，我说不多。他们很怕我们出口棉布挤掉他们。而现在

---

* 这是陈云同志在听取对外贸易部负责同志汇报时谈话的一部分。

他们自己也逐年增加棉布进口了。日本工人每工时的平均工资，一种说法是一点九美元，另一种说法是九十美分。我们的工资水平比他们低得多。印度、巴基斯坦、埃及都生产棉布，但纺织工业的水平不及我们，历史没有我们长。在棉布出口方面，我们还很有搞头。有人怕用外国的棉花靠不住，其实，计划中打算用的国内棉花，有时也有靠不住的。买到棉花加工棉布出口，可以赚一笔钱；买不到棉花，无非是赚不到这笔钱就是了。买外国棉花有时靠不住，事先就要预料到。如果三年或五年中有一年买不到棉花，其他年份能买到，还搞不搞？我看还是要搞。要长期搞，这样搞是合理的。我们有劳动力，可以为国家创造外汇收入。这样做，归根到底是为了加快国家的工业建设。总之，订购棉花要抓紧，现货不好买就买期货，赶紧下手就是了，有了棉花心里就踏实了。

正在订货的那套三亿多美元的轧钢设备，有关的附件要一起进口。这套设备投产后，每年可以生产钢板三百万吨，两年就是六百万吨。如果缺了零配件，国内解决不了，就要推迟投产，耽误一年就少生产三百万吨钢板，很不合算。如果有人批评这是“洋奴”，那就做一次“洋奴”。

我们要打大的算盘。中国人多，进口化肥设备，进口化肥，增产粮食，出口大米，出口肉类，就是大的加工出口，同进口棉花加工棉布出口的道理是一样的。我们是利用国内丰富的劳动力，生产成品出口，这个道理是容易讲通的。

工艺品出口问题*

（一九七三年十二月四日）

关于工艺品出口问题，我讲几点意见。

（一）今年秋季广州交易会[138]总成交额仍然是高的，这是好现象。商品的价格有升有平，只有少数商品下降，如特种工艺品。价格下降的原因有内部的，也有外部的。内部原因是提价过高而滞销。这样，价格就得重新降下来。这也是难以避免的，但是今后要尽量使价格不要提了再降。

（二）去年秋交会和今年春交会提高出口商品价格是正确的，因为国际市场货币危机，钞票贬值，物价飞涨。某些商品价格提得过高，原因是缺乏经验。这部分商品数字不大，大约一千万美元，主要是特种工艺品。

（三）工艺品是必保的出口商品。为什么？理由有三：一是绝大部分品种货源充足，只是扩大销售市场的问题。二是有关人民生活。在这些商品中，有相当多是农民副业生产和街道居民生产的产品。三是可以积少成多，如草篮价格只有几角钱，但这里一点，那里一点，积起来就多了。不要轻视小商品。

（四）组织货源问题。第一，商品生产量的扩大，一定要适

---

* 这是陈云同志在听取中国工艺品进出口总公司负责同志汇报时的谈话。

应国际市场销路的可能，当然必须努力推销。第二，要就地取材，生产本地有原材料的东西，还要注意保持传统的老基地。第三，外贸部要有计划地调剂产品的种类和数量。要照顾穷地区。初期收购价不要太高，要照顾地区收入水平，以避免发生重副轻农的倾向。我们是以农业为基础，多种经营。

（五）保持和扩大港澳、日本、新马[139]市场。千方百计打开西欧、北美、大洋洲和其他市场。

（六）产品重点要放在中低档货和低值易损日用生活品上。销售对象主要是广大工薪阶层。我们要从多销中求得绝对金额的扩大。特种高价工艺品，只有富有阶层买，销售数量有限，这些商品不同于人人都要穿的衣服和袜子。

（七）对已经提价过高的商品，要分别提出对策，或降价或等待。要在打开销路的前提下，照顾中间商。有些商品需要补贴的还要补贴。也要准备降价后，仍然可能卖不出去。

（八）要在扩大销路的前提下，采取灵活的贸易方式。可以开小的交易会，也可以办展览会，边展边卖，作为广交会的补充。再一种方式是平时成交，要给推销商、中间商好处，在价格上使他们有利可图。此外，对某国或某类商品可否独家经售，对有信用的商人可否采取分期付款的办法，也要研究。在这方面，可以冒点风险，准备万一有失。不要一有损失，就不敢做生意，束缚自己的手脚。

（九）提价幅度要力求适当，同时必须瞻前顾后。要避免因提价过高而大幅度降价。为什么这样讲？因为外贸部一般不做零售，必须经过中间商，照顾中间商有极大的重要性。即使这届交易会提价幅度稍低，也能补救，平时成交可以提，下届交易会还可以再提。

（十）必须强调保证和提高质量。但要估计到，新产区提高产品质量有个过程。要准备有些产品一时赔钱销售，打开销路，使产量增加。卜内门〔140〕开始销售化肥，先不要钱，销开后再要钱。有些产品外销不行，内销就是了。

（十一）处理工商之间的矛盾，要从扶助生产出发。这要有全局观点。即使一时外贸赔了钱，也是可以的，因为取得了外汇。我们的算盘要打得大一些，钱还在中国，给农民了，没有给尼克松〔131〕。

对港澳贸易问题*

（一九七四年八月十四日）

今天谈对港澳贸易问题。

港澳是我们目前现汇收入占第一位的地区，也就是进口成套设备和器材所需外汇的重要来源。

对港澳的出口贸易，有有利条件，也有不利条件。有利条件是，食品和其他传统出口品，我们可以占领主要市场，但也有可能被挤掉。不利条件是自由港，竞争剧烈。竞争对手会用低于成本的价格竞销，尤其在资本主义经济危机时期。对此种不利条件，许多同志还未认识。

应该保证食品出口市场的已有地位。各省应把出口任务放在重要的位置上。为此，建设和扩大生产基地是必要的。

商品价格必须有竞争性。要大力推销换汇率高的商品，但决不放弃可以推销的换汇率较低的商品，目的是为了多得外汇。

除特殊例外，对同我竞争的外商不让步。例外是哪些，要通盘研究。

对同我合营的商店及代销店必须照顾。同我合营的商店

* 这是陈云同志写的在听取对外贸易部负责同志汇报时的谈话提纲。

及代销店的店主是谋利的商人，但他们不同于一般资本家。要使他们有利可图，但不能得暴利。

对港澳贸易是政策性很强的工作。要时刻警惕港英方面的刁难。要加强对港澳贸易工作干部的政治教育，使他们有两点自觉性：一是责任重大，二是能经受特殊环境的考验。这种考验有很大的政治意义，机会难得。

粉碎“四人帮”后面临的两件大事*

（一九七七年三月十三日）

粉碎“四人帮”反革命集团，这是我们党的一个伟大胜利，对中国革命具有伟大的历史意义。

我对天安门事件[141]的看法：（一）当时绝大多数群众是为了悼念周总理。（二）尤其关心周恩来同志逝世后党的接班人是谁。（三）至于混在群众中的坏人是极少数。（四）需要查一查“四人帮”是否插手，是否有诡计。

因为天安门事件是群众关心的事，而且当时在全国也有类似事件。

邓小平同志与天安门事件是无关的。为了中国革命和中国共产党的需要，听说中央有些同志提出让邓小平同志重新参加党中央的领导工作，是完全正确、完全必要的，我完全拥护。

我国目前总的形势是好的。虽然有些困难，但这是暂时的

---

* 这是陈云同志在中央工作会议上书面发言的摘要。由于当时担任中共中央主席的华国锋同志推行“两个凡是”的错误方针，陈云同志的这篇书面发言未能在会议简报上刊登。

困难。只要全党团结在党中央周围，共同商量，同心同德，经过努力，这些困难是一定会克服的，我们的前途是光明的。

坚持有错必纠的方针*

（一九七八年十一月十二日）

中央政治局常委、中央政治局一致主张，从明年起把工作着重点转到社会主义建设上来。实现四个现代化是全党和全国人民的迫切愿望。我完全同意中央的意见。安定团结也是全党和全国人民关心的事。干部和群众对党内是否能安定团结，是有所顾虑的。

华主席〔142〕说，对于那些在揭批“四人帮”运动中遗留的问题，应由有关机关进行细致的工作，妥善解决。我认为这是很对的。但是，对有些遗留的问题，影响大或者涉及面很广的问题，是需要由中央考虑和作出决定的。对此，中央应该给以考虑和决定。例如：

一、薄一波同志等六十一人所谓叛徒集团一案〔143〕。他们出反省院〔144〕是党组织和中央决定的，不是叛徒。

二、一九三七年七月七日中央组织部关于所谓自首分子的决定〔145〕这个文件，是我在延安任中央组织部长（一九三七年十一月）以前作出的，与处理薄一波同志等问题的精神是一致的。我当时还不知道有这个文件，后来根据审查干部中遇到

---

* 这是陈云同志在中央工作会议东北组的发言。

的问题，在一九四一年也写过一个关于从反省院出来履行过出狱手续，但继续干革命的那些同志，经过审查可给以恢复党籍的决定[146]。这个决定与“七七决定”精神是一致的。这个决定也是中央批准的。我认为，中央应该承认“七七决定”和一九四一年的决定是党的决定。对于那些在“文化大革命”中被错误定为叛徒的同志应给以复查，如果并未发现有新的真凭实据的叛党行为，应该恢复他们的党籍。此外，据我所知，在抗日战争时期和解放战争时期，在敌我边际地带有一个所谓“两面政权”问题。当时党组织决定一些党员在敌伪政权中任职，掩护我党我军的工作。这些党员，在“文化大革命”中也大多被定为叛徒。这是一个涉及到数量更大的党员的政治生命问题，也应该由党组织复查，对并无背叛行为的同志应该恢复党籍。

总之，“七七决定”、一九四一年决定中所涉及的同志和在“两面政权”中做了革命工作的同志，对他们做出实事求是的经得起历史检验的结论，这对党内党外都有极大的影响。不解决这些同志的问题，是很不得人心的。这些同志都已是六七十岁的人了，现在应该解决他们的问题。

三、陶铸[147]同志、王鹤寿[148]同志等是在南京陆军监狱坚持不进反省院，直到七七抗战[124]后由我们党向国民党要出来的一批党员，他们在出狱前还坚持在狱中进行绝食斗争。这些同志，现在或者被定为叛徒，或者虽然恢复了组织生活，但仍留着一个“尾巴”，例如说有严重的政治错误。这些同志有许多是省级、部级的干部。陶铸一案的材料都在中央专案组一办。中央专案组是“文化大革命”时期成立的，他们做了许多调查工作，但处理中也有缺点错误。我认为，专案组所管的属于党内部分的问题应移交给中央组织部，由中央组织部复查，把问题放到当时的历史情况中去考察，做出实事求是的结论。像现在这样，既有中央组织部又有专案组，这种不正常的状态，应该结束。

四、彭德怀〔149〕同志是担负过党和军队重要工作的共产党员，对党贡献很大，现在已经死了。过去说他犯过错误，但我没有听说过把他开除出党。既然没有开除出党，他的骨灰应该放到八宝山革命公墓。

五、关于天安门事件〔141〕。现在北京市又有人提出来了，而且还出了话剧《于无声处》〔150〕，广播电台也广播了天安门的革命诗词。这是北京几百万人悼念周总理，反对“四人帮”，不同意批邓小平同志的一次伟大的群众运动，而且在全国许多大城市也有同样的运动。中央应该肯定这次运动。

六、“文化大革命”初期，康生〔151〕同志是中央文革的顾问。康生同志那时随便点名，对在中央各部和全国各地造成党政机关瘫痪状态是负有重大责任的。康生同志的错误是很严重的，中央应该在适当的会议上对康生同志的错误给以应有的批评。

我提出以上六点，请同志们批评指正。

关于当前经济问题的五点意见*

（一九七八年十二月十日）

实现四个现代化是我国史无前例的一次伟大进军，必须既积极又稳重。

今年七月三十一日，我曾向先念〔114〕同志提出，国务院召开的务虚会议〔152〕最好用几天时间，专门听听反面意见。我们既要听正面意见，又要听反面意见。

我们要坚持实事求是，就是要根据现状，找出解决问题的办法。首先弄清事实，这是关键问题。

一九四二年我养病的时候，仔细研究了毛主席的著作和文电，感到贯穿在里面的一个基本思想，就是实事求是。弄清"实事"并不容易。为了弄清"实事"，我把它概括为六个字，就是：交换，比较，反复。所谓交换，就是通过交换意见，使认识比较全面。交换意见，不仅要听正面意见，更要听反面意见。所谓比较，一是左右的比较，例如毛主席论持久战，比较了中国和日本的情况，既反对速胜论，又反对亡国论，正确的结论是持久战；二是前后的比较，例如毛主席讲统一战线，就比较了陈独秀〔153〕和王明〔26〕，或者是只团结不斗争，或者是只斗争

* 这是陈云同志在中央工作会议东北组的发言。

不团结，正确的结论是既团结又斗争。所谓反复，就是事情初步定了以后还要摆一摆，想一想，听一听不同意见。即使没有不同意见，还要自己设想出可能有的反对意见。我们反复进行研究，目的是弄清情况，把事情办好。

下面，我就经济问题谈五点意见：

（一）在三五年内，每年进口粮食可以达到两千万吨。

我们不能到处紧张，要先把农民这一头安稳下来。农民有了粮食，棉花、副食品、油、糖和其他经济作物就都好解决了。摆稳这一头，就是摆稳了大多数，七亿多人口稳定了，天下就大定了。

建国快三十年了，现在还有讨饭的，怎么行呢？要放松一头，不能让农民喘不过气来。如果老是不解决这个问题，恐怕农民就会造反，支部书记会带队进城要饭。

“吃进口粮是修正主义”，不能这么说。一九六一年庐山会议〔154〕时期，我就请示过毛主席，可否通过法国转口购买美国粮食。毛主席说可以。现在有了中美上海联合公报〔155〕，可以直接向美国买粮食。

粮食进口多一些不要紧。农民稳住了，事情就好办了。如果感到粮食进口多了，下一年少进一点就是了。进口粮食的时间，不只是三五年，时间还可能长些，数量则可能少些。

我认为，这是大计，这是经济措施中最大的一条。

（二）工业引进项目，要循序而进，不能窝工。

我们的起点，是三千万吨钢。但是，不能光看钢铁这个指标。我们同日、德、英、法不同，工业基础不如他们，技术力量不如他们，这两点是很重要的。我们的工业基础和技术力量比解放初期有很大进步，但同日、德、英、法比，还是落后的。

我们也不能同南朝鲜、台湾比，它们是美国有意扶植的，而且主要是搞加工工业，我们是要建设现代化的工业体系。

要循序而进，不要一拥而上。一拥而上，看起来好像快，实际上欲速则不达。项目排队，如有所失，容易补上；窝工，就难办了。

（三）要给各省市一定数量的真正的机动财力。

我说的是要真正的，不能有名无实。要信任各省市的领导同志，他们都是共产党员，都是高级领导干部，我想他们不致把钱乱花掉。

（四）对于生产和基本建设都不能有材料的缺口。

各方面都要上，样样有缺口，表面上好看，挤来挤去，胖子挤了瘦子，实际上挤了农业、轻工业和城市建设。现在采购员东奔西跑，就是由此而来的。

材料如有缺口，不论是中央项目或地方项目，都不能安排。

（五）要重视旅游事业的发展。

我看了旅游局的一个材料，他们计划一九八三年接待三百万人次，可以收入三十亿美元。这是一件很重要的事情。旅游项目必须优先安排，要同引进重要项目一样对待。但是又不要看得太容易，有大量工作要做。

现在的旅游事业，是行政管理，还不是业务管理。

旅游收入，比外贸出口收入要来得快，来得多。英伦三岛每年收入五十四亿美元，我们中国这样大，可以收入更多。旅游收入实际是“风景出口”，而且可以年年有收入，一年比一年多。反过来想一想,有无害处?有。例如:其一,外国会派特务来侦察,现在就有嘛,只是小开口、大开口的问题。其二,可能有意志薄弱的人被收买。这个问题只要我们注意就行了,没有什么了不起。其三,外国人看到了我们的落后情况。这也不要紧,我们本来并不先进,而且外国人早就知道。

在中央纪律检查委员会第一次全体会议上的讲话*

（一九七九年一月四日）

党的十一届三中全会〔156〕选举的中央纪律检查委员会第一次全体会议现在开会。这一次三中全会和在这以前的中央工作会议〔157〕开得很成功。大家在马列主义、毛泽东思想的基础上，解放思想，畅所欲言，充分恢复和发扬了党内民主和党的实事求是、群众路线、批评和自我批评的优良作风，认真讨论了党内存在的一些重大问题，增强了团结。会议真正实现了毛泽东同志所提倡的“又有集中又有民主，又有纪律又有自由，又有统一意志、又有个人心情舒畅、生动活泼，那样一种政治局面”〔158〕。全会决定，一定要把这种风气扩大到全党、全军和全国各族人民中去，而且永远这样做。这是一件大事。这件大事对于党的工作着重点从今年起转移到社会主义现代化建设上来，对于党内安定团结，有十分重要的意义。延安整风〔159〕时期，毛泽东同志首先集中了几十个高级干部开了几

* 在一九七八年十二月十八日至二十二日举行的中国共产党第十一届中央委员会第三次全体会议上，陈云同志被增选为中共中央副主席，并被选为中央纪律检查委员会第一书记。

个月的整风会议，大家面对面地指名道姓，进行批评和自我批评，认真总结建党以来的经验教训，以后就在所有干部中进行整风运动，在这个基础上写出《关于若干历史问题的决议》，在党的六届扩大的七中全会上通过了这个决议。以后就开党的七大〔160〕，全党同志团结一致，取得了抗日战争和解放战争的胜利。建国以后，毛泽东同志在《一九五七年夏季的形势》一文中，又要求全党实现这种心情舒畅、生动活泼的政治局面。但是，由于种种干扰、种种原因，我们党很多年没有实现这样一种政治局面。党的九大、十大〔161〕也把这个要求写进了党章，但那只是白纸黑字，完全没有实现。这一次党中央带了一个好头，只要大家坚持下去，就有可能在全国实现。这件事是我们全党最大的事情，只有这样做，安定团结、四个现代化才能实现。如果鸦雀无声，一点意见也没有，事情就不妙。

党的中央纪律检查委员会的基本任务，就是要维护党规党法，整顿党风。我们这次会议就是要为实现这个基本任务做必要的准备工作。实现生动活泼的政治局面的要求，已经写入十一大〔162〕通过的党章和我国的宪法〔163〕。我们做好这件事，对我们这样一个在九亿人口国家中的执政党，是一种重大的工作，对于国际共产主义运动也是一种重大的责任。

这十一二年来，我常想到国际共产主义运动问题。马克思主义从形成、发展到现在，已经一百三十七年了。从一八四二年马克思由黑格尔左派〔164〕转变成为共产主义者算起，到一九一七年十月革命以前，在这七十五年中，无产阶级革命家还没有像十月革命在苏联那样取得全国的胜利。但马克思给我们留下很多遗产，对国际共产主义运动贡献很大。恩格斯把马克思的贡献概括为两条：一是发现唯物史观，一是发现剩余价值。唯物史观揭示了从原始社会到奴隶社会，到封建社会，到资本主义社会，到社会主义和共产主义社会，生产力和生产关系的变化，人类社会发展的规律。剩余价值论揭示了资本家是怎样发财的，工人是怎样受剥削的，资本主义社会的前途怎么样。这两条是高度的概括。马克思和恩格斯是在一起战斗的，而且许多著作是合写的，如《共产党宣言》等。由恩格斯讲马克思的贡献，讲得最清楚。

苏联十月革命到现在六十二年了。从一九一七年到一九二三年，在这七年中，党内生活是非常正常的。我举两个例子。一是同德国签订布列斯特和约[165]。列宁坚持签订，但起初在中央委员会讨论表决时，列宁是少数，托洛茨基[166]是坚决反对的。列宁的意见是正确的，但还是少数服从多数。只是当局势起了变化，德国已经打进来了，并且攻占了一些地区和城市，这时列宁说，如果再不签订就要付出更大的代价。在这种情况下，中央委员会中有两票转到列宁方面，列宁才形成多数，决定签订和约。二是讨论工会在苏维埃国家起什么作用的问题，列宁在讲话中讲到"我们的国家实际上不是工人国家，而是工农国家"[167]时，布哈林[168]在后面喊："什么国家？工农国家？"可以看出，当时在列宁领导下，民主气氛是很浓的。斯大林担任了三十年领导，一九二三年到一九五三年。斯大林是一个伟大的革命家。第一，他进一步论证了列宁提出的在帝国主义时代，一个国家可以建成社会主义的理论。第二，在苏联建设了社会主义。第三，他领导苏联人民，打胜了卫国战争[169]，保卫了苏维埃国家，取得了粉碎希特勒[170]法西斯战争的胜利。斯大林是有很大功绩的，但是也有缺点，有错误，后来党内生活不正常。毛泽东同志说他是三七开[171]，所以他的像还挂在天安门广场。

我们党从一九二一年成立，到现在已经快五十八年了。中国共产党是胜利了的执政党，是毛泽东同志领导我们党取得了伟大胜利。邓小平同志对毛泽东同志的功绩概括得很清楚。他说：没有毛主席，就没有新中国；没有毛主席，我们党很可能还在黑暗中苦斗。民主革命胜利以后，恢复经济和社会主义改造，都很成功。但在社会主义革命和社会主义建设中也有缺点和错误。为什么？因为没有自己的经验，光有别人的经验不行。要求革命领袖没有缺点、错误是不可能的，是空想。这不符合辩证唯物论，也不符合毛泽东同志本人的意见。应该说，解放以后，也有帮倒忙的人。他们是什么人呢？绝大多数是好同志，但有盲目性，缺少经验。大家都没有经验，帮倒忙最重要的原因是不谨慎。我们这么大的一个国家，办事应该兢兢业业，但是过去有不少同志不谨慎哪！

十多年来，林彪、"四人帮"的破坏是很大的。那时候开会就是翻语录本，"万寿无疆"还要喊三次，什么早请示晚汇报，打电话先要念语录。这些东西都是周恩来同志制止住的。没有周恩来同志，"文化大革命"的后果不堪设想。他保了很多同志下来，我们这些人都是他保的嘛！由于林彪、"四人帮"的破坏，正像叶剑英[172]同志在一九七七年中央工作会议上讲的，我们党出现了很不正常的情况。到了一九七五年冬，来了个联络员，一个娃娃[173]，毛主席的意见由他传达，政治局开会由他向毛主席汇报。叶剑英同志对我讲过，那时像他那样的党中央副主席也见不到毛主席。去年十二月十日我曾问过华国锋[142]同志，你那时能不能见到毛主席？他说，见不到，只能在接见外宾时讲几句话。连中央副主席都见不到毛主席，这是党内极不正常的状态。粉碎"四人帮"以后，尤其是最近中央工作会议和十一届三中全会，开始恢复了党的优良传统，出现了生动活泼的政治局面，看来我们党大有希望。我们放开眼界看看全世界，各种观点的共产党都在我们面前。为什么说我们党大有希望？我们的国家是九亿人口的大国，我们的党是这样一个大国的执政党。我们党处于全世界举足轻重的地位，是中流砥柱。只要我们党起到了这样的作用，那末，国际共产主义运动的胜利就有了保证。所以，我认为，我们党对国际共产主义运动负有很大的责任。我在中央工作会议上以及其他场合的讲话中，反复讲了我们党对国际共产主义运动的责任。在党中央领导下，一定能够把我们的党建设好，很好地负起这个责任。

中央纪律检查委员会把维护党规党法、整顿党风的基本任务认真地担负起来，也就是在这个伟大事业中尽了自己应尽的一份力量。

计划与市场问题*

（一九七九年三月八日）

（一）计划工作的规则：有计划按比例。这一思想来之于马克思。

《资本论》是分析资本主义的一部政治经济学著作。

《资本论》发现了资本主义生产是无政府状态的，生产力的发展必然与生产关系发生不可调和的矛盾，最后导致资本主义的灭亡。

在社会主义革命还没有在一个国家胜利以前，马克思就设想过社会主义经济将是有计划按比例发展的，这个理论是完全正确的。

（二）一九一七年后苏联的经济计划和一九四九年后中国的经济计划，都是按照马克思所说的有计划按比例办事的。

当时苏联和中国这样做是完全对的，但是没有根据已经建立社会主义经济制度的经验和本国生产力发展的实际状况，对马克思的原理（有计划按比例）加以**发展**，这就导致现在计划经济中出现的缺点。

六十年来，无论苏联或中国的计划工作制度中出现的主

---

* 这是陈云同志写的一份提纲。

要缺点：只有“有计划按比例”这一条，没有在社会主义制度下还必须有市场调节这一条。所谓市场调节，就是按价值规律调节，在经济生活的某些方面可以用“无政府”、“盲目”生产的办法来加以调节。

现在的计划太死，包括的东西太多，结果必然出现缺少市场自动调节的部分。

计划又时常脱节，计划机构忙于日常调度。

因为市场调节受到限制，而计划又只能对大路货、主要品种作出计划数字，因此生产不能丰富多彩，人民所需日用品十分单调。

（三）整个社会主义时期必须有两种经济：

（1）计划经济部分（有计划按比例的部分）；

（2）市场调节部分（即不作计划，只根据市场供求的变化进行生产，即带有盲目性调节的部分）。

第一部分是基本的主要的；第二部分是从属的次要的，但又是必需的。

既掌握了政权，又有了第一部分经济，就能够建设社会主义。第二部分只能是有益的补充（基本上是无害的）。

解放初期，只掌握了第一部分，私人资本主义经济还存在，但我们仍然是社会主义国家。

我们把一斤皮棉价定为八斤米价，结果棉花大发展。

问题的关键是，直到现在我们还不是有意识地认识到这两种经济同时并存的必然性和必要性，还没有弄清这两种经济在不同部门应占的不同比例。

所以目前存在着以下两种现象。

该严的（必须按比例的）不严，例如：

基本建设的战线太长；

电力、运输是必须先行的，非但不先行，反而落后；

原料工业与加工工业的比例失调，一般来说现在加工工业多于原料工业；

钢铁工业内部比例失调；

各工业部门之间的比例失调；

最大的问题当然是农业与工业比例失调。

该宽的不宽，例如：

计划权力太集中；

农业的非计划部分现在还太紧、太死，无论是集体的还是个人的；

地方财力用于建设太热心，因此地方财力真正机动的太少。

（四）忽视了市场调节部分的另一后果是，同志们对价值规律的忽视，即思想上没有“利润”这个概念。这是大少爷办经济，不是企业家办经济。

南斯拉夫受到苏联打击〔174〕后，没有办法，只有大撒手，让市场经济部分大发展。看来那时计划部分太少，所以后来逐步增加了计划部分。

（五）我国社会经济的主要特点是农村人口占百分之八十，而且人口多，耕地少。

计划机关和工业、商业部门的同志对此没有深刻的认识。

如果不纠正这种认识上的盲目性，必然碰壁。

“农轻重”的排列〔119〕，就是马克思主义与中国革命实践相结合。

(六)在今后经济的调整和体制的改革中,实际上计划与市场这两种经济的比例的调整将占很大的比重。不一定计划经济部分愈增加,市场经济部分所占绝对数额就愈缩小,可能是都相应地增加。

关于财经工作给中央的信*

（一九七九年三月十四日）

我们对目前和今后的财经工作，有以下几点意见：

（一）前进的步子要稳。不要再折腾，必须避免反复和出现大的“马鞍形”。

（二）从长期来看，国民经济能做到按比例发展就是最快的速度。

（三）现在的国民经济是没有综合平衡的。比例失调的情况是相当严重的。

（四）要有两三年的调整时期，才能把各方面的比例失调情况大体上调整过来。

（五）钢的指标必须可靠。钢的发展方向，不仅要重数量，而且更要重质量。要着重调整我国所需要的各种钢材之间的比例关系。钢的发展速度，要照顾到各行各业（包括农业、轻工业、其他重工业、交通运输业、文教、卫生、城市住宅建设、环境保护等）发展的比例关系。由于钢的基建周期长，不仅要制订五至七年的计划，而且要制订直到二〇〇〇年的计划。

（六）借外债必须充分考虑还本付息的支付能力，考虑国

---

* 这是陈云同志和李先念同志联名写给中共中央的一封信。

内投资能力，做到基本上循序进行。

以上意见，请中央审议。

坚持按比例原则调整国民经济*

（一九七九年三月二十一日）

今天讲四个问题。

（一）我们搞四个现代化，建设社会主义强国，是在什么情况下进行的。讲实事求是，先要把"实事"搞清楚。这个问题不搞清楚，什么事情也搞不好。

我们国家是一个九亿多人口的大国，百分之八十的人口是农民。革命胜利三十年了，人民要求改善生活。有没有改善？有。但不少地方还有要饭的，这是一个大问题。我在去年中央工作会议[157]上说过，解放三十年了，如果老是不解决这个问题，支部书记会带队到城里要饭。不估计到这种情况，整个经济搞不好。农民是大头，不能让农民喘不过气来。现在社办工业很多，小城镇工业也很多，办这些工业是有道理、有原因的。原因就是要就业，要提高生活。当然其中也有盲目性。

一方面我们还很穷，另一方面要经过二十年，即在本世纪末实现四个现代化。这是一个矛盾。人口多，要提高生活水平不容易；搞现代化用人少，就业难。我们只能在这种矛盾中搞四化。这个现实的情况，是制定建设蓝图的出发点。别的国家

---

* 这是陈云同志在中共中央政治局会议上的讲话。

没有这么多人，没有这么多农民。农业要用电，小城镇工业要用电，大工业要用电，电总是紧张就是了。按外国的数字，生产多少吨钢，相应地要有多少度电，这种计算方法在中国不行。搞建设，必须把农业考虑进去。所谓按比例，最主要的就是按这个比例。这是一个根本问题。许多办工业、办商业的同志不大考虑这个问题。苏联现在劳动后备军不足，中国不会发生这个问题。

总之，九亿多人口，百分之八十在农村，革命胜利三十年了还有要饭的，需要改善生活。我们是在这种情况下搞四个现代化的。

（二）按比例发展是最快的速度。计委这次拿出的这个文件〔175〕比较好。钢三千二百万到三千三百万吨，等于踏步。过去说，指标上去是马克思主义，指标下来是修正主义，这个说法不对。踏步也可能是马克思主义。六十年代初搞调整〔121〕就是压低指标，钢最低时下到六百万吨。今年钢不提三千六百万吨，也不提三千四百万吨，提出三千二百万到三千三百万吨，我看今年可以按三千二百万吨钢编计划。

单纯突出钢，这一点，我们犯过错误，证明不能持久。搞钢，就要煤，要电，要有色金属，等等。突出一点，电跟不上，运输很紧张，煤和石油也很紧张。有了电厂，没有煤烧，没有油烧，电厂只好摆在那里。钢太突出，就挤了别的工业，挤了别的事业。冶金部提出的引进设想，我都看了。他们是好心，想要多搞，可以理解。共产党员谁不想多搞一点钢?过去似乎我是专门主张少搞钢的，而且似乎愈少愈好。哪有这样的事！我是共产党员，也希望多搞一点钢。问题是搞得到搞不到。现在情况是:冶金部一是把问题看简单了,二是看孤立了。借外国人那么多钱,究竟靠得住靠不住?旧社会,我在上海呆过,钱庄、银行贷款,要经过好多调查,确有偿还能力,才借给你。外国商人说借钱给你,有真有假,这件事也不要看得太简单。借外国人的钱,把钢铁的发展都包下来,把冶金机械制造也包下来,所有借款都要由人民银行担保,究竟需要多少钱,没有很好计算。那么大的引进,国内要多少投资,也没有计算。你一家把投资占了,别人怎么办?冶金部提出不拖别人的后腿,实际上不可能。搞那么大的建设规模,那么高的速度,别的工业配合不上。

去年国务院开务虚会〔152〕,重要发言我都看了。那个时候,我对先念〔114〕同志说,也对谷牧〔176〕同志说,务虚会是否多开几天,听听反对的意见,可能有些人有不同意见。出国考察的人回来吹风,上面也往下吹风,要引进多少亿,要加快速度。无非一个是借款要多,一个是提出别的国家八年、十年能上去,我们可不可以再快一点。有些同志不大好讲话,务虚会上很少有人提出反对意见。可以向外国借款,中央下这个决心很对,但是一下子借那么多,办不到。有些同志只看到外国的情况,没有看到本国的实际。我们的工业基础不如它们,技术力量不如它们。有的国家和地区发展快,有美国的特殊照顾。只看到可以借款,只看到别的国家发展快,没有看到本国的情况,这是缺点。不按比例,靠多借外债,靠不住。

(三)要有两三年调整时间,最好三年。“文化大革命”中的军管时期,将军们管经济,有些人经验少,胆子大。像程世清〔177〕,全国那时年产六七万辆汽车,他说江西也要搞六七万辆，哪有那么多钢板？全国进口粮食的任务，他要江西包下来。过去，江西长时期每年只上缴十五亿斤粮食。那时，全国每年进口粮食一百零七亿斤，江西全年只产一百九十七亿斤稻谷，折合一百三十三亿斤大米。他把全国进口粮食都包下来，江西老百姓只剩下九十亿斤稻谷，那还不造反！这些人胆子大，他们说搞什么就搞什么。

现在比例失调的情况相当严重。基本建设项目大的一千七百多个，小的几万个。赶快下决心，搞不了的，丢掉一批就是了。搞起来，没有燃料、动力，没有原料、材料，还不是白搞。同意秋里〔178〕同志他们的意见，要让先进企业“吃饱”，这个话对。地方工业、社办工业，如果同大工业争原料、争电力，也要下来。搞“三个人饭五个人吃”，不能持久。小化肥厂，有些地方不愿意减下来。我看能保存的就保存，不能保存的就下来。当然在我们国家，先进的企业、落后的企业并存的局面，要在一个相当长时期内存在。否则，容纳不了那么多就业人员，有人就要闹事。要完成调整任务，很不容易，因为过去十年欠了帐。“骨头”和“肉”〔31〕，“骨头”搞起来了，“肉”欠了帐。

调整的目的，就是要达到按比例，能比较按比例地前进。重点企业、城镇工业、社办工业，各方面都大体安置下来。

（四）二〇〇〇年钢的产量定多少合适？还有二十一年，我说达到八千万吨就不错了。我这个话大有“机会主义”的味道。问题是，一九八五年搞六千万吨钢根本做不到。我说二〇〇〇年搞到八千万吨钢，是冒叫一声，但也有点根据。因为平均每年增加二百万吨，或者多一点，就不算少。如果将来超过八千万吨，或者超过很多，阿弥陀佛！如果达不到，稍微少一点我也满意。我不光看你那个数目字，钢要好钢，品种要全。那时钢达到八千万吨的国家并不多，还不是那么几个。要看到，我们的建设丧失了几乎二十年的时间。到二〇〇〇年能达到八千万吨钢，就不错了。数量是这个数量，要按这个数量作计划。远景规划的指标定到这里，超过了，欢迎；少一点，也满意。

冶金部要把重点放在钢铁的质量、品种上，真正把质量、品种搞上去，就是很大的成绩。这样做，二十年时间，其他的工业、交通运输都可以跟上来，科学技术力量也可以跟得上，城市建设也可以跟得上。防止污染，必须先搞，后搞要多花钱。生活水平多数达到中等，少数可以先富起来。大体上差别不大，但是还有差别。要甘肃赶上江南，不容易。

外资还要不要，外国技术还要不要？一定要，而且还要充分利用，只不过把期限延长一点就是了。

要找增加外汇收入的来源，把它看作很重要的题目。外国人说我们支付能力差，的确差。光靠农产品出口，数量不大，要多找门路。中央工作会议时，看到旅游局一个材料，说他们计划一九八三年可以搞到三十亿美元。是不是很容易搞？恐怕也不容易。其他资源，像石油，美国的勘探技术高，就用美国的技术搞。把石油搞出来，可以很快见效。补偿贸易[179]、合作生产、加工订货都可以搞。总之，搞外汇要成为一个大题目。

要我当国务院财政经济委员会[180]主任，是有问题的。

一是体力上完全不行。

二是经验还很有限。解放初期的经济规模比现在小多了。现在这么大的规模，这么复杂的情况，应付不了。

不要把我说得这么好，也有很多反面教训。一百五十六项[181]中，三门峡工程是我经过手的，就不能说是成功的，是一次失败的教训。

我要有自知之明。

要我做工作，我只能做我认为最必要的工作，只能量力而行。

在国务院财政经济委员会第一次会议上的讲话

（一九七九年三月二十五日）

今天开会，成立国务院财政经济委员会〔180〕，一共有十二个人，除王震〔182〕同志以外都到了。今天是第一次会议，我先讲几点意见。

第一点，协力同心，合作就是了。解放以来，在综合机关做财经工作的，除富春〔76〕同志过世以外，差不多今天都到了。最年轻的六十二岁，大一点的七十以上，我今年七十五岁。三十年来，变来变去，还是这些老人。为什么说要协力同心呢？都是共产党员，协力还不同心吗？因为财经工作问题很多，工业、农业、交通、运输，老百姓的吃饭、穿衣等等，多种多样的问题，会产生各种各样的看法。怎么处理法，意见会有不同，但不过是意见不同罢了。我看意见不同也是好事情，那怕争得面红耳赤也是可以的。我记得还是在财贸办〔127〕的时期，有一回争论要不要提高工农产品比价，有一位同志叫王学明〔183〕，他是主张提价的，辩论了三天，结果他承认失败了。我看采取这种辩论的办法好。辩论总可以搞清楚一些问题，经过比较，就可以看出哪一种意见好，取得一致看法。没有比较，不好。

第二点，调整，搞四个现代化。调整，就是步伐调整调整，该踏步的踏步，该下的下，该快马加鞭的快马加鞭。目的是为了前进，为了搞四个现代化。

第三点，要参加四月五日召开的中央工作会议〔184〕。这次工作会议，我估计问题很多，一个星期开得完吗？各部有各部的意见，地方有地方的意见，要发扬经济民主，让大家讲，听就是了。我看有很多实际问题，这次会议至少要理出几个重要的问题来。比如，两千万人的就业问题。这回调整和六十年代初期的调整〔121〕不一样，那时可以下放人员，这次不能下放。在农场劳动的知识青年，有的地方一个月三十二元、四十四元，比农民高得多了。他们都要回城市，回父母身边，大体上办不到，要说服教育。请愿，冲办公室，不行。要有民主，还要守法。民主是必须的，守法也是必须的，没有这两条，我们一事无成。这次中央工作会议主要讨论经济问题，要不要讨论民主和法制问题？恐怕要讨论一下。一个外国人说，中国的"民主墙"〔185〕问题是次要的，真正的问题是农民问题。现在有些农民还吃不饱饭，再过一二十年，若还是这个样子，那时支部书记会带领农民进城要饭吃。延安时期就出现过这样的问题。你说不准要饭，他说共产党没讲过不准要饭，毛主席说过不准要饭吗？中央工作会议可能要争论一些问题。安排两千万人就业，增加城市人口居住面积，解决夫妻两地分居问题，等等，这些属于还欠帐。城市建设经费过去是百分之一点五，后来不到百分之一。

第四点，找一个，两个，三个，四个，或者五个年轻一些的，四十岁到五十岁的干部，到财经委员会工作。要有一点工作经验的，人数也不要多。这些人不是当秘书，而是在我们这里当

“后排议员”。我们这些人都快要“告老还乡”了，解放时，我四十五岁。那时，可以三班倒、四班倒，上午、下午开会，晚上同周总理谈，午夜去找毛主席，安排得满满的。现在我一个星期只能工作两个半天，多了不行。如果还要那样干，无非是向“八宝山”〔186〕开快车就是了。我看是要有一些“后排议员”，这些人参与讨论问题，参与决定大政方针的事。培养这样的人，我看很有必要。

第五点，要注意粮食。过去，我说过，粮食周转库存降到三百六十亿斤，就要发警报。粮食一定要有人管，这是周总理早已定了的。我看这个问题要注意。钢铁是硬的，我看粮食更硬。要进口一些粮食。一方面地方不要靠中央，一方面中央手里还要抓一点粮食。

有些材料，特别是财经方面的材料、报表，要送给财经委员会的同志们看。

同心协力建设好宝钢*

（一九七九年六月十六日）

这次财经委员会全体会议，专门讨论批准宝钢建设的问题。宝钢是一个特大项目，对全国、对上海来讲，都关系很大，事关全局。它投资大，在二百亿元以上。应该说宝钢是仓促上马的。这样大的工程，按道理应该有更多的时间来调查研究，经过反复考虑后再决定。从开工以后的情况看，工程进度是好的，施工力量已有五万人，成绩是很大的。现在工程建设正在进行。我们应该从各个方面再多加考虑，以弥补过去的不足。

在近一个半月中间，我对宝钢如何建设的问题，有过三次反复的考虑。第一次是在看了谷牧同志五月十一日批的那个文件〔187〕之后，认为应该基本立足于国内，买技术，买专利。关键设备还是要进口。这时，我请一波〔32〕同志在北京召开座谈会，听听过去搞过钢铁的一些同志的意见。第二次是五月三十一日到上海以后，有个想法：全部进口吧。上海市负责宝钢工程的同志有这样的意见，我也有。我加了一条，买设备的同时，也买制造技术，买专利。第三次是六月六日离开上海时，我最后考虑的意见，还是按照三委、三部和银行报告的意见办。这

* 这是陈云同志在国务院财政经济委员会全体会议上的讲话。

三次反复，对我来说是很有益处的。

还有一个问题，我曾想过，按照现在的安排，宝钢建设从一九七八年开始，到一九八四年建成，七年出钢，九年达到设计能力，是否能做到？鞍钢搞了几十年，才搞了六七百万吨钢。宝钢规模这样大，进度这样快，是不是可以考虑推迟二三年。在有上钢一、三、五厂和冶金局同志参加的座谈会上，我提出这样的问题，请他们考虑。我可能是用五十年代老眼光看问题，现在是七十年代，中间相隔二十几年。唐克〔188〕同志五月三十一日送给我一个冶金工业部的意见，说一九八四年可以完成宝钢的本体工程。这个意见是有理由的。我同意这个意见。原来我还设想过，本体工程完成后，停一两年，进行整顿总结，再搞二期建设。现在看，中间没有办法停顿下来。

下面我讲八点意见：

（一）干到底。这是先念〔114〕同志的话，我赞成这个意见。建设规模按照五月十一日三委、三部和银行报告的那个方案办。先这样定下来，举棋不定不好。

（二）应该列的项目不要漏列。店铺开门，不怕买卖大。事先预料到比事后追加要好。当然也不可能完全预料到，但大的方面是可以预料到的。还有，外部的协作条件，如煤、电、运输、码头、河道治沙以及一机部的协作配套等各方面的问题，都要考虑到。

（三）买设备，同时也要买技术，买专利。据说，买技术、买专利只要二亿美元，不晓得对不对。

（四）要提前练兵。宝钢这样的厂子，技术先进，各方面要求都很高，一定要抓好提前练兵。例如，焦炭的灰分含量不能超过百分之八点五，铁矿粉的含硫量不能超过百分之零点六，否则就会影响钢的质量。这个问题，要及早研究解决。掌握了这个技术，还可以在国内其他钢厂，如马钢、武钢、鞍钢等推广应用。

（五）宝钢的负责人是谁？报告中说建委抓总，我同意。负责人第一是谷牧同志，第二是韩光〔189〕同志，还有冶金部叶志强〔190〕同志，上海陈锦华〔191〕同志。上海有的同志提出，由上海负责抓总，我看上海抓总有困难之处，因为牵涉到许多部和省。

（六）对宝钢要有严格的要求，甚至要有点苛求。只能搞好，不能搞坏。这是为了取得经验。宝钢是实现四个现代化中的第一个大项目，应该做出榜样来。

（七）冶金部有带动其他有关部门的责任。冶金部是重工业当中的一个重要的部。特别是壮大一机部的机械制造能力，是冶金部应尽的责任。对外讲我们都是中国人，对内讲都是共产党人，冶金部应该有这样的全局观点。各有关部门，像煤炭、电力、铁路运输、水路运输、一机、四机等部门，都必须同心协力，把宝钢的事情办好。

（八）冶金部要组织全体干部对宝钢问题展开一次讨论，采纳有益的意见。对不同的意见，也要认真听取，目的是为了把工作做得更好。我主张全国主要的冶金专家都要参加讨论；而且不只一次，都要参与、过问、接触、关心这件事，没有什么保密的。我在上海找上钢一、三、五厂和冶金局同志座谈，他们表示对宝钢的建设不了解。这种状况应该改变。为什么要请专家来讨论？因为宝钢的技术是七十年代、八十年代的水平，但是我们要依靠五十年代、六十年代的专家、熟练的技术工人来建设。建成以后，要依靠他们来工作，必须提高他们的技术水平。外国专家是要走的，长期聘请的只是极少数。请外国专家来考察，提意见，这一点要做。但是，究竟如何建设，建成以后怎样管理，还得依靠我们自己的专家和技术工人。

对宝钢问题，就谈这八点意见。讨论定案以后，要拟一个财委的报告给中央政治局，请求专案批准。但从现在开始，对外的合同可以签了，工作可以做了，不要等待。总之，大家要同心协力，把宝钢建设好。

另外，还有几件事，要请大家考虑。

（一）小平〔192〕同志提出成立技术管理委员会。他建议，由方毅〔193〕同志为头，倪志福、沈鸿〔194〕同志参加，搜罗一大批机械专家。

（二）成立进出口管理委员会，请谷牧同志负责。

（三）去年提出的一百二十个项目中，哪些必须搞，哪些应该下，还有哪些要加上，请秋里〔178〕同志负责准备，要再做一些综合平衡工作。

（四）四个现代化怎么化法？当然，主要靠自力更生。就引进工作来讲，我认为既要买工厂，又要更多地买技术，买专利。四个现代化是一定能够实现的，要提高信心。但是现在往往把“人民生活现代化”也一起提出，这样恐怕不行。当四个现代化实现的时候，人民生活水平必有提高，而且提高的程度不会小，但还不能同美、英、法、德、日等国相比，因为我国人口众多，其中大部分是农民，那样比是办不到的。现代化应以最先进的工业为标志，这毫无疑问是可以完成的。

经济建设必须尽早注意的两个问题*

（一九七九年六月十七日）

有两个问题，我们必须尽早注意。

（一）全国各地的水资源情况。农业要用水，工业要用水，人民生活要用水。有些地区水资源已很紧张，如天津、北京等地。今后工厂的设立必须注意到用水量。有些工厂因为矿藏关系只能在当地开办，有些工厂可以而且应该在有水的地方办。即使有水资源的工厂，也应该有节约用水的办法。

（二）工业污染问题。现已办了的工厂，哪些还未处理污染问题的，我们应该心中有数，逐步加以改变。今后办厂必须把处理污染问题放在设计的首要位置，真正做到防害于先，这是重大问题。

以上两个问题，可否请依林[83]同志商请有关经济研究机构或有关单位收集材料，在两三个月内各准备一份意见书，以便讨论。

---

* 这是陈云同志写给李先念、姚依林同志的一封信。

经济建设要脚踏实地*

（一九七九年九月十八日）

一、经济的调整，即实行调整、改革、整顿、提高的方针，是必要的，并不是多此一举。计委这次提出明年的基建投资是二百五十亿元，财政部提出的是一百七十亿元。不管哪个数字，都比一九七八年的四百五十一亿元和一九七九年的三百六十亿元减少了。这就在实际上证实了一九七八年和一九七九年的投资超过了国家财力物力的可能。这种基建投资超过国家财力物力可能的状况，自一九七〇年以来或多或少就存在了。基本建设战线太长，这是一个老问题。

二、我们的基建投资，必须是没有赤字的[195]。就是在财政平衡的基础上，看能够拨出多少钱用于基本建设投资，以这个数字来制定基本建设计划。所以，根据三十年来的经验，找出基本建设投资在财政支出中所占比重这一条杠杠，是必要的，这样才是实事求是。

三、不要用自由外汇[196]兑换成为人民币来弥补基建投资的赤字。我们现在借到的四十四亿美元自由外汇，用于其他方面的已经有三十一亿美元，明年不可能再借到五十亿美元

---

* 这是陈云同志在国务院财政经济委员会召开的汇报会上的讲话。

自由外汇换成人民币用作基建投资。可否发票子来弥补基建投资赤字？不可能，而且决不能这样做。因为这将无以为继。基建投资年年有赤字是不行的，因为年年用发票子来搞基建，到了一定的时候，就会“爆炸”。所以，如果明年不削减基建投资中的赤字，后两年必然要大削减，那时局面将会更坏。因此，我主张明年就必须去掉基建投资中的赤字，使我们的基建投资计划脚踏实地。

四、对于外债的分析。现在谁也不反对借外债，但对所借外债要加以分别。基本上说，只有两种外债：第一种是买方贷款，就是外国卖机器设备给我们，可以几年或允许更长时间偿还。这种贷款实际上只卖给我们机器设备，不是借给我们自由外汇。第二种是自由外汇贷款，这一种贷款数量很少，现在只借到四十四亿美元。这一种自由外汇可以由人民银行兑换成人民币在国内使用。

就是第一种买方贷款，即设备贷款，我们每年能够使用多少，不决定于我们的主观愿望，而决定于我们使用它时，国内为它配套所需的投资数量。国内配套投资部分力量如果不大，那末，买方贷款就不可能用得多。如果国内没有投资力量，硬要进口设备，只能把机器存起来。现在有些同志说，外汇可以脱钩〔197〕。在目前自由外汇不够的条件下，这样的事不可能办到。

利用外资来进行建设，我们的经验还很少，需要认真加以研究。

五、既然基建投资决定于当年的财政拨款有多少，明年基建规模就应该按照财政拨款多少来安排，超过这个限度就会有赤字，就要多发票子。这条路我们不应该走，也不可能年年走。如果大家认为这样看是对的，那末，基建的项目，应该由计委这样的权威机关来确定。哪个项目该上就必须上，哪个项目没有财力上就必须下。要核定该上该下的项目，不能推平头，不能来一个大家打七折，因为其结果将不能改变基建战线太长的现状。不下决心这样做，我们说要缩短基建战线就是一句空话。推平头，大家打七折，这种办法将使我们一事无成，害国害民。

六、现在借到的自由外汇，是一种数目不大的周转外汇的性质。在调整时期和今后建设中只能用于小项目，或迅速见效的项目，就是速借速还的项目。有些还要用来支付购买武器的开支。只有必要时临时挪用一部分作为大项目的还本付息外汇，但这是临时的，必须迅速归还给银行。

七、我们用于偿还大项目借款本息的可靠外汇来源，只能来自下列各项：甲、增加石油、煤炭出口的收汇；乙、旅游业的纯上缴外汇；丙、广东、福建特殊区〔198〕增加上缴的外汇；丁、纺织品、轻工业品、重工业品和工艺美术品等出口收汇能增加上缴的部分。上述四种收汇中的前三种，估计要有十年时间才能每年有几十亿外汇上缴中央，这不是一二年轻易地就能做到的事。即使平果铝矿〔199〕建成以后，除还债外，并能减少铝的进口，也不会少于十年。就是纺织品的出口，也要看到欧美日本等国有一个不让我多出口的所谓配额〔200〕问题。因为那些国家要保护它们本国的纺织工业，不让本国人失业。这个问题在欧美日本已经碰到。

八、我们建设像宝钢、平果铝矿、三峡水电站（是否能建成还需收集各方面意见)等那样大的工程,在第六个和第七个五年计划时期,每个五年计划中能建成几个(我这里说的是建成几个,不是说上马几个)?每个大项目的建设周期,都需要十年左右。依我看来,每个五年计划期间,平均计算大体上只能建成一个。为什么?这些大建设项目,每个投资都在二百亿元人民币上下,五年平均,每年四十亿元上下,我们的财力物力是能够胜任的,是能够建设好的。但是,如果五年不是建成一个,而是要建成好几个,甚至于要求一年建成一个,这显然是办不到的。我们今年的全部财政基建拨款,照财政部计算,只有一百七十亿元。如果要一年建成一个宝钢这样的大项目,那就占了我们一年多的全部基建投资的金额;如果同时要建成两个三个,非但所要建的大项目建不成,而且把其他的必需资金全部都挤光了也还不够。即使我们能借到一些外国的买方信贷,但自己配套的那一部分投资也要占到接近一半。不错,每年的财政收入都会增加,基建拨款也会按比例增加,但是,非大项目的其他基建所需要的支出也会增加。例如:轻工、国防、交通、学校、城市建设等等也会要求按比例增加的。这一点,我觉得我们要有必要的思想准备。大家应该斟酌这件大事。

九、根据以上各点,我认为我们在实现四个现代化建设中,除了要上若干个大项目以外,着重点应该放在国内现有企业的挖潜、革新、改造上。我们国内现有企业的基础是不小的。要在这个基础上引进新技术(软件),或则填平补齐,或则成龙配套,用这些办法来扩大我们的生产能力。这是我们除了上若干大项目以外所必须注意的大事,也是重点所在。

十、用上述办法来进行基本建设,充分利用现有企业并对它们进行技术改造，这是脚踏实地的前进。表面上看来像慢，但实际上是快。照顾到各方面协调地前进，这个前进是可靠的，若干年后在工业交通内部和其他各方面都可以按比例地发展。要先生产，后基建；先挖潜、革新、改造，后新建。计委、经委提出的增产节约措施，有不少可以促进生产的上升，生产指标可以打得更积极一点。

目前人民向往四个现代化，要求经济有较快的发展。但他们又要求不要再折腾，在不再折腾的条件下有较快的发展速度。我们应该探索在这种条件下的发展速度。

十一、对于农业方面的投资，也要用得适当。农林牧副渔的投资，都要用在刀刃上。今年的农业增产，看来主要来之于农民的生产积极性。过去做了一些农业基本建设工作，加上气候条件比较好，也是重要的原因。农业投资的重点必须放得适当。像西北这样干旱低产地区，必须努力改变现在的状况，但是，这只能经过持久的努力才能达到，不可能一下赶上江南。

以上各点，是我对于这次讨论一九八〇年和一九八一年计划的意见，希望同志们充分发表不同的意见，使我们的计划更合乎实际，使我们求得一种共同的语言。

成立中央书记处是党的一项重要措施*

（一九八〇年二月二十四日）

我现在要讲两个问题：一个是关于成立中央书记处的问题，一个是关于汪东兴、纪登奎、吴德、陈锡联〔201〕四位同志提出辞职的问题。

成立中央书记处，这是党的一项重要的措施。这个事情非常紧迫，非常必要。现在从中央到县委，大部分人头发都已经白了。所以，有它的紧迫性，有它的必要性。现在我们主动地来选择人才，还有时间，再等下去，将来就没有时间了。党的交班和接班的问题，在国际共产主义运动中间，在我们中国党内，有过痛苦的教训，这一点，我不说大家也知道。

中央书记处的工作范围，叶剑英〔172〕同志讲应该扩大，我觉得这个意见对，但这个问题可以考虑留到下次中央全会讨论。书记处要管党、政、军、民各方面的工作，是一个工作班子。现在提出书记处十三个人的候选名单〔202〕，有的同志认为还要扩大一点。我认为，这个名单增加一点可以，不增加也好。这

---

* 这是陈云同志在中国共产党第十一届中央委员会第五次全体会议上的发言。

次提出的这十三个人的名单，在现在的情况之下，是比较合适的。平均年龄是六十五岁，也不算年轻，再过五年就七十岁了。但是，要求更年轻一些，我看现在办不到。所以，书记处和全党的一个重要任务，是要在各级选择合格的年轻干部。这些被选进的人，党性要强，要有干劲，要有一定的工作经验。还要培养一批技术干部到各级领导机关里来，这样才能搞四化。

书记处的工作方法，我认为应该采取办公会议的方式，就是叶剑英同志所讲的集体领导的方式。集体办公，大家都在一起，要办的事，或者开会决定，或者几个人商量，立即办，不要拖延。那就要身体相当好，年纪轻一点的。像基辛格〔203〕那样，在中东搞穿梭外交，我是一次也穿不了。集体办公，碰到问题就解决。像现在这样传阅画圈圈的办法，要误事的，误四化的大事。当然，今后还是要画圈圈的，有些文件可以画圈圈。要认真实行集体领导制度。民主集中制，是既要有民主，又要有集中。党的任何一级组织，允许不同意见存在，我看这不是坏事。有不同意见，大家可以谨慎一些，把事情办得更合理一些。允许有不同意见的辩论，这样可以少犯错误。一个人讲了算，一言堂，一边倒，我认为不好。这是讲民主方面。但是，又必须要有集中，少数服从多数，全党服从中央，否则什么事情也做不了，一事无成。没有民主不好，没有集中也办不了事。

全党应该允许书记处或者书记处的某个同志犯错误，准备他们犯错误。不犯错误的人是没有的。老同志和其他同志要帮助他们。

还提一条意见：开会不要开死人。今后的会议，一定是会有老年的，比较年轻的，还有四十岁左右的同志参加。有的能上午、下午、晚上三班连续干。我连续不了，我也不赞成比较年轻的干部或者青年干部都是三班连续干，上午、下午、晚上都办事。必要的事情，必要的时候，要这样做。但是，三班都排得满满的，总不是个办法。胡耀邦同志当组织部长的时候，我给他讲过几次。我说，中央派你当组织部长，不是派你到“八宝山”〔186〕。他到我这里来谈话的时候，没有一次电话不找他，都跟在屁股后面，这不得了。所以，我不赞成上午、下午、晚上都办事。林李明〔204〕同志的死最大的原因是开会，当然不是唯一的原因，总之开会多就是了，如果开会没有那么紧张的话，不一定就死。六十年代初期，允许朱总司令〔205〕晚上开会到十二点钟早退。我认为这是个好办法。那个时候我问过朱老总，我说，老总，你吃得消吧？他说，现在有了这一条，十二点钟以后早退就可以了。将来找一些年轻力壮的人，能够搞穿梭外交的人，也有些老同志，一起开会。

关于四个同志辞职的问题。我同意他们提出辞职。他们检讨的内容，是表示一个同志对自己的错误现在的认识程度。他只能认识到这样的程度，不够，就把这个问题记录在案嘛，不要急。我们应该全面地考察一个干部。所谓全面是什么呢？我们看到这个同志犯了什么错误，也应该看到他在党内做过什么好事，这是一个方面。第二个方面，必须看到当时党内的整个情况，这些同志是在当时的情况之下犯的错误。就犯错误的同志来说，不要自己觉得委屈了。我说，应该想一想。想什么问题呢？想这样一个问题：我是否可以不犯这样的错误。有的同志看了犯错误的同志的检讨，不满意，可以提批评，被批评的同志应该听批评的意见。但我不赞成对犯错误的同志扭住不放。过去有过这样一个时期，检讨没有完没有了，批判没有完没有了，从来都不说可以过关，直到最后会开不下去，大家散会了，完不了也只好暂时算完了。我不赞成这样对犯错误的同志扭住不放。这种检讨没有完没有了的情况，我认为不是党的好作风。党接受了他们的辞职以后，在政治上要分配他们做工作，在生活上要照顾他们的需要。

执政党的党风问题是有关党的生死存亡的问题[*]

（一九八〇年十一月——一九八四年十月）

一

第一，执政党的党风问题是有关党的生死存亡的问题。因此，党风问题必须抓紧搞，永远搞。第二，纪律检查委员会的工作会有困难，但是经过统一认识，是可以解决的。第三，必须实事求是，查清事实，核实材料，再处理问题，并和本人见面。

（一九八〇年十一月在中共中央纪律检查委员会召开的第三次贯彻《关于党内政治生活的若干准则》座谈会期间发表的意见）

二

对严重的经济犯罪分子，我主张要严办几个，判刑几个，以至杀几个罪大恶极的，雷厉风行，抓住不放，并且登报，否则

---

* 这是陈云同志三次谈话的节录和他写的两份批语。

党风无法整顿。

（一九八二年一月五日在中共中央纪律检查委员会编印的一份反映广东一些地区走私活动猖獗的信访简报上的批语）

三

目前在我们的党风中，以至在整个社会风气中，有一个很大的问题，就是是非不分。有些同志在是非面前不敢坚持原则，和稀泥，做老好人，而坚持原则的人受孤立。这种情况，在“文化大革命”以前也有，但现在比那时要严重得多。过去受“左”的指导思想影响，过分强调斗争哲学，不该斗的也斗，动不动就上纲到路线是非。现在又出现了另一种倾向，即怕矛盾，怕斗争，怕得罪人。对于这个问题，如果只从维护党纪提出来，我认为还不够，应该把它提到全党思想建设和组织建设的高度。要提倡坚持原则，提倡是就是是、非就是非的精神。只有我们党内首先形成是非分明的风气，党的团结才有基础，党才有战斗力，整个社会风气才会跟着好转，才会使正气上升，邪气下降。

关于民主制度、民主生活很不够是“文化大革命”得以发生的重要原因之一，这个问题实际上应该说，党内民主集中制没有了，集体领导没有了，这是“文化大革命”发生的一个根本原因。

（一九八二年六月二十四日对胡乔木同志起草的一份文件的意见的节录）

四

十一届三中全会[156]以后，党内有了民主集中制的气氛，才会有同志敢于提出不同的意见。在这个事情上，我们原来是吃过苦的，搞一言堂。我过去说过，不怕人家讲错话，就怕人家不说话。讲错话不要紧，要是开起会来，大家都不说话，那就天下不妙。有同志提不同意见，党组织应该允许，这是党的事业兴旺发达的好现象。当然，有了不同意见，要在党内说，在你的那个党支部，或者在你的机关，按照组织程序和组织原则严肃地提出来。提第一次，我们欢迎；提第二次，我们也欢迎；提第三次，我们还是欢迎。这样，我们这个党就会立于不败之地，就会兴旺发达，大有希望。

（一九八二年十二月三十一日在中共中央政治局扩大会议上发言的节录）

五

纪检工作应该研究新情况，适应新情况。党性原则和党的纪律不存在“松绑”的问题。没有好的党风，改革是搞不好的。共产党不论在地下工作时期或执政时期，任何时候都必须坚持党的纪律。

（一九八四年十月十七日在中共中央纪律检查委员会常委会提出的《加强纪律检查工作，保证经济体制改革顺利进行》的报告上的批语）

经济形势与经验教训*

（一九八〇年十二月十六日）

一、“资金不够，可以借外债”。这是打破闭关自守以后的新形势。

愿意借外债给我们的国家纷纷到来。打破闭关自守的政策是正确的。今后在自力更生为主的条件下，还可以借些不吃亏的外债。引进有利的技术，也是必要的。

但是，对外债要分析：卖机器设备占绝大多数，能借给我们自由外汇〔196〕的很少，而且利息高达百分之十五左右。这是相当高的利息，过去当铺〔206〕年息是百分之十八。这种自由外汇，我们借多了也还不起。现在应该明白了，所谓借外债，绝大多数不是借给我们现金。

很明显，这种买机器设备的外债的使用，不决定于我们的主观愿望，而决定于国内有多少财政拨款用于配套。

现在国际市场是买方市场。除非国际关系有大的变化，这种国际市场的有利条件不会失掉。

现在有些带援助性质的外债，例如国际货币基金组织〔207〕和世界银行〔208〕的低利自由外汇贷款，将来使用起来

---

* 这是陈云同志在中央工作会议上的讲话。

可能对我们有利。但使用时也是有条件的，数量也不会很大，并且现在还没有借到手。将来借到了，也要十分谨慎地使用，只能用在最关键性的项目上。

我们必须清醒地看到，外国资本家也是资本家。他们做买卖所得的利润，绝对不会低于国际市场的平均利润率。有些机器看来似乎利润低，但是同另外一些机器或费用合起来的利润，绝不会低于平均利润率。世界上没有一个愿做低于平均利润率买卖的资本家。如果低于平均利润率，他为什么不把钱存在银行稳拿利息？为什么要搞冒险的投资呢？

现在离列宁所说的将来“在世界几个最大城市的街道上用金子修一些公共厕所”〔209〕的时间还很远很远。

我所以一再说对外国资本家在欢迎之中要警惕，这是因为我们有些干部对这件事还很天真。

我之所以要提出这样的问题，丝毫没有不要利用外资的意思，只是敲敲警钟，提醒那些不很清醒的干部。

再重复一遍：利用外资和引进新技术，这是我们当前的一项重要政策措施，不过要头脑清醒。

二、经济形势很好。

现在既没有出现国民党时期发金圆券〔210〕的形势，也没有出现解放初期财经统一、物价稳定以前那种形势〔211〕。应该说，现在的经济形势是开国以来少有的很好的形势。

但要看到不利的一面。除了若干种国家规定不准涨价的商品以外，许多商品都在涨价，涨价商品的面相当大，影响人民的生活。

这种涨价的形势如果不加制止，人民是很不满意的。

经济形势的不稳定,可以引起政治形势的不稳定。

三、经济体制改革产生了前所未有的好作用,大大有利于经济形势的改善。

农村人民生活改善了,市场搞活了,这是二十多年来少有的好现象。

但是也出现了一些缺点:各地区盲目的重复建设,以小挤大,以落后挤先进,以新厂挤老厂。

对于这些缺点,中央正在采取措施予以纠正。

四、按经济规律办事,这是一种好现象。我们国家是以计划经济为主体的。对许多方面,在一定时期内,国家干预是必要的。

粮食的收购价高,销售价低,国家要补贴。

房租很低,只能作修理费,甚至抵不了修理费。

国家补贴一年共计有二百多亿元。

从微观经济看,这是不合理的,似乎是不按经济规律办事。但我国是低工资制,如国家不补贴,就必须大大提高工资。

究竟哪种办法好?我看现在还是国家补贴、低工资的办法好。不补贴,大涨价,大加工资,经济上会乱套。

从最后的经济结果看来,现在的办法,小的方面不合理,但是大的方面还是按经济规律办事的。

五、目前对国营企业产品、集体企业产品的价格至少要冻结半年。在这个半年内研究各种经济问题,并且做出初步的结论。这件事也是国家干预。表面看似乎不合经济规律,实际上合乎经济规律。

六、中央财政与地方财政。

今后若干年，中央和地方财政在开支方面都要大大紧缩。地方财政结余，要由中央财政借用，财权仍归地方。

地方财政结余要冻结，否则煞不住地方随便投资搞基本建设或随便开支这股风，中央财政也平衡不了。冻结几年，要看情况。中央财政有赤字，就要向银行透支，向银行透支就是多发钞票。

一切机关、团体、部队、企业、事业单位的上年结余，都不许动用，非动用不可的，都要经过批准。这种做法就是集中。像我们这样的国家没有这样一个集中是不行的，否则就会乱套，也不利于改革。

事实也证明必须这样做。因为现在中央和地方的财力的比例变了。解放初期一九五三年，中央财力占百分之七八十，地方财力所占比例很小。现在中央财力的比例大大缩小，地方财力的比例大大增加。今年提出的冻结和集中，反映了这个客观现实。

我们要改革，但是步子要稳。因为我们的改革，问题复杂，不能要求过急。改革固然要靠一定的理论研究、经济统计和经济预测，更重要的还是要从试点着手，随时总结经验，也就是要"摸着石头过河"。开始时步子要小，缓缓而行。

这绝对不是不要改革，而是要使改革有利于调整，也有利于改革本身的成功。

现在要为财贸金融系统恢复一点名誉。

消息灵通、反映灵敏的是：财政、金融、商业部门。

在这些部门中可以看出大局。

七、好事要做，又要量力而行。

搞经济建设的最后目的，是为了改善人民的生活。

搞国防建设，也是为了保障人民生活的改善。

因为只能量力而行，所以有些好事不能一时就办到。有些好事，只能做，不登报。

八、一切引进项目，都必须有专家参加，必须是领导干部和专家共同商量。

不同方面的专家，往往有不同的意见，要注意和考虑各方面专家的意见。

必须作出几个比较方案，择优选用。

定案时宁慢勿急。

任何一个项目，必须集体商量，不能由一个人说了算。这必须是一项规定。从公社起直到中央常委，一律照此办理。

九、节省外汇。

现在出国考察团太多，有不少是游山玩水团。必须少、小、精。

现在国际市场上出现了某些中国货降价现象。这不是正常的必须的降价，而是各省市、各部门为了取得外汇自己降价。

我们必须研究出一个既能出口又不贱卖的方案。总之一句话："肥水不落外人田。"

十、我们要发展经济作物，同时必须保证粮食的逐步增产。

进口一定数量的粮食是必要的，这有利于各个方面，有利于改革。

不能因为发展经济作物而挤了粮食产量。粮食还是第一位。人不吃饭，牲口不喂料，是不行的。

十一、我们是十亿人口、八亿农民的国家，我们是在这样一个国家中进行建设。

香港、新加坡、南朝鲜等地区没有八亿农民这个大问题。

欧美日本各国也没有八亿农民这个大问题。

我们必须认识这一点，看到这种困难。现在真正清醒认识到这一点的人还不很多。

十二、四个现代化如何实现？

决不要再作不切实际的预言，超英赶美等等。

我们实现现代化的基地：

现有工业是基础，在这个基础上加以改造和引进新技术。

现有技术人员是我们知识力量的基础。我们有大专学校毕业生和自学的技术人员共几百万人，他们经过了一二十年的实际工作的锻炼。

必须肯定，七十年代、八十年代的技术水平，应该来之于这些五十年代、六十年代水平的技术骨干。

出国留学取得先进技术是必要的，但留学生毕竟数量有限。

实现四个现代化，必须靠我们党的领导。有人说我们现在的干部大多是“万金油”，我看，搞四化建设没有这些“万金油”干部是不行的。不要小看了这些“万金油”干部的作用。

但是干部队伍的革命化、年轻化、知识化、专业化、制度化，仍然是我们在干部政策上的大方针。我们老干部必须担负起挑选德才兼备的青年干部的责任。

十三、必须指出，开国以来经济建设方面的主要错误是

“左”的错误。一九五七年以前一般情况比较好些，一九五八年以后“左”的错误就严重起来了。这是主体方面的错误。

代价是重大的。错误的主要来源是“左”的指导思想。在“左”的错误领导下，也不可能总结经验。

十四、我同意赵紫阳〔212〕同志领导的财经小组〔213〕提出的调整计划。

调整意味着某些方面的后退，而且要退够。

不要害怕这个清醒的健康的调整。

可能有些议论：“这会耽误三几年。”不怕。从鸦片战争以来，中国的经济建设已经耽误了一百多年。而且这次调整不是耽误，如不调整才会造成大的耽误。

因为我们这次调整是清醒的健康的调整，我们会站稳脚跟，继续稳步前进。

以上列举了十四点，希望同志们提出不同的意见。因为不同意见的讨论，只会使我们的步骤更加稳妥，更加合理。

对起草《关于建国以来党的若干历史问题的决议》的几点意见*

（一九八一年三月）

一

关于建国以来三十二年中党的工作的错误，一定要写得很准确，论断要合乎实际，要把它“敲定”下来。“敲定”是上海话，敲是推敲的意思，定是确定的意思，就是说，反复推敲，反复斟酌，使它能够站得住，经得起历史的检验。

小平[192]同志提出《决议》宜粗不宜细，我是同意的。要在这个原则下面，是成绩就写成绩，是错误就写错误；是大错误就写大错误，是小错误就写小错误。要分别不同情况，把它“敲定”下来。

二

《决议》要按照小平同志的意见，确立毛泽东同志的历史

---

* 这是陈云同志同邓力群同志四次谈话的要点。

地位，坚持和发展毛泽东思想。要达到这个目的，使大家通过阅读《决议》很清楚地认识这个问题，就需要写上党成立以来六十年中间毛泽东同志的贡献，毛泽东思想的贡献。因此，建议增加回顾建国以前二十八年历史的段落。有了党的整个历史，解放前解放后的历史，把毛泽东同志在六十年中间重要关头的作用写清楚，那末，毛泽东同志的功绩、贡献就会概括得更全面，确立毛泽东同志的历史地位，坚持和发展毛泽东思想，也就有了全面的根据；说毛泽东同志功绩是第一位的，错误是第二位的，说毛泽东思想指引我们取得了胜利，就更能说服人了。

三

从遵义会议〔214〕到抗日战争胜利，毛泽东同志的一个无可比拟的功绩，是培养了一代人，包括我们在内的以及“三八式”〔215〕的一大批干部。现在这些人在全国各个岗位上都担负着重大的责任。这是一件极大的事情。这是第一点。

第二，毛泽东同志正确处理西安事变〔216〕，并制定了抗日战争期间我们党的一系列方针政策，包括同国民党又联合、又斗争，坚持独立自主立场的抗日民族统一战线。这一时期毛泽东同志写了许多重要的著作，例如《中国革命战争的战略问题》、《实践论》、《矛盾论》、《抗日游击战争的战略问题》、《论持久战》、《中国共产党在民族战争中的地位》、《战争和战略问题》、《新民主主义论》等等。我们党里头没有第二个人写出这样好的著作。这是了不起的功绩。

第三，延安整风[159]时期，毛泽东同志提倡学马列著作，特别是学哲学，对于全党的思想提高、认识统一，起了很大的作用。毛泽东同志亲自给我讲过三次要学哲学。在延安的时候，有一段我身体不大好，把毛泽东同志的主要著作和他起草的重要电报认真读了一遍，受益很大。我由此深刻地领会到，工作要做好，一定要实事求是。建国以后，我们一些工作发生失误，原因还是离开了实事求是的原则。在党内，在干部中，在青年中，提倡学哲学，有根本的意义。现在我们的干部中很多人不懂哲学，很需要从思想方法、工作方法上提高一步。只有掌握马克思主义哲学，思想上、工作上才能真正提高。要把《实践论》、《矛盾论》、《论持久战》、《战争和战略问题》等著作选编一下。还要选一些马恩列斯的著作。也要学点历史。青年人不知道我们的历史，特别是中国革命、中国共产党的历史。这件事情现在要抓，以后也要抓，要一直抓下去。

第四，毛泽东同志的一整套理论和政策，是总结了陈独秀[153]、李立三[217]、王明[26]的错误教训得出来的，对中国革命的胜利起了决定性的作用。

第五，毛泽东同志在党内的威望，是通过长期的革命斗争实践建立起来的。即使毛泽东同志犯错误的时候，许多老干部被整得那么厉害，可是大家仍然相信他，忘不了他的功绩，原因就在这里。老一代人拥护毛泽东同志是真心诚意的。

四

要写国际上对我们的帮助。我们党是在共产国际[218]的帮助下成立的，建党初期共产国际也起了好作用。抗日战争期间，苏联还是援助了中国，最后出兵打垮关东军〔219〕。如果不把关东军打垮，抗日战争的胜利起码要推迟好几年，我们也要晚一些进到东北，东北很难首先全部解放。还有第一个五年计划〔28〕中的一百五十六项〔181〕，那确实是援助，表现了苏联工人阶级和苏联人民对我们的情谊。这样一些问题，《决议》应该如实地按照事情本来面貌写上去。要通过对这些历史问题的论断，再一次说明中国共产党人是公正的。

出人、出书、走正路*

（一九八一年四月五日）

对于你们来说，出人、出书、走正路，保存和发展评弹艺术，这是第一位的，钱的问题是第二位的。

走正路，才能保存和发展评弹艺术。要以正派的评弹艺术，打掉艺术上的那些歪风邪气。

要出人，出书。出人，不一定要求一下子出十几个，能先出三五个人就很好，逐步提高，逐步增加。过去，艺人大都是千方百计钻研艺术的。艺术必须靠自己集中心力去钻，勤奋出人才，同时还要有竞争。

可以根据小说、电影、话剧等改编成新弹词。我很同意邱肖鹏〔220〕的意见，改编不能只讲书情〔221〕，还要组织“关子”〔222〕。对原著要进行改组，把“关子”安排好。为了组织“关子”，必要时可以把原著前后的情节移动、变换。组织好了“关子”，才能吸引人。

编新书要靠有演出经验的艺人。

不要让青年就评弹，而要让评弹就青年。就青年，不能停顿于迁就，要逐步提高他们。在就青年中去受锻炼，出人才，出

---

* 这是陈云同志同上海市评弹团负责同志的谈话。

艺术。

在编说新书时，艺术上要有所改进，老的一套也要有所改变。但不要歪门邪道，要走正路。当然，歪门邪道中如有某些可以利用的东西，经过改造，也可以吸收过来。

我们要用走正路的艺术，打掉歪门邪道，引导和提高听众。要保持主力，保存书艺，提高书艺。出人、出书、走正路，评弹是可以振兴的。

整理古籍是继承祖国文化遗产的一项重要工作*

（一九八一年四月）

第一，整理古籍，把祖国宝贵的文化遗产继承下来，是一项关系到子孙后代的重要工作。我们的学校教育，注意理工科比较多，这是发展国民经济的需要。但是，学理工的人也要有一定的中国文化传统的知识才行。今后，在继续办好理工科的同时，应该加强大学的文科教育。从小学开始，就要让学生读点古文。

我国的古籍，中华书局说有八万多种，北京大学图书馆反映约有十二万种。现已整理和出版的约两千多种，还差得很远。

第二，整理古籍，为了让更多的人看得懂，仅作标点、注释、校勘、训诂〔223〕还不够，要有今译，争取做到能读报纸的人多数都能看懂。有了今译，年轻人看得懂，觉得有意思，才会有兴趣去阅读。今译要经过选择，要列出一个精选的古籍今译的目录，不要贪多。

---

* 这是陈云同志关于整理我国古籍问题谈话的要点。一九八一年九月十日经中共中央书记处会议讨论同意，以中共中央文件下发。

第三，整理古籍，需要有一个几十年连续不断的领导班子，保持稳定的核心力量。目前真正能够独立整理古籍的，一般来说得六十岁左右的人才行。现在这个班子中，六十岁的人，再干十年是七十岁，不能坚持工作了；五十岁的人到那时可以接上去；四十岁的人，再干二十年，也可以成为骨干力量和领导力量了。

从事整理古籍的人，不但要知识基础好，而且要有兴趣。李一氓[224]同志表示愿意做这件工作，可以考虑请他来主持这件事，并组成古籍整理出版规划小组[225]，直属国务院。

第四，要由规划小组提出一个为期三十年的古籍整理出版规划。第一个十年，先把基础打好，把愿意搞古籍整理的人组织起来，以后再逐步壮大队伍。古籍整理出版规划，可以像国民经济计划那样，搞滚动计划，前十年分为两个五年规划，在第一个五年规划的基础上，经过充实，搞出第二个五年规划。

第五，现在有些古籍的孤本、善本[226]，要采取保护和抢救的措施。图书馆的安全措施要解决。散失在国外的古籍资料，也要通过各种办法争取弄回来，或复制回来。同时要有系统地翻印一批孤本、善本。

第六，古籍整理工作，可以依托于高等院校。有基础、有条件的某些大学，可以成立古籍研究所。有的大学文科中的古籍专业，如北京大学中文系的古典文献专业，要适当扩大规模。

目前，整理古籍的专业人才，有许多分配不对口，要尽可能收回来，安排到整理古籍的各专门机构。一些分散在各地的整理古籍的人才，有的可以调到中华书局或其他专业出版社，有的可以分配他们担任整理古籍的某些任务。

第七，为办好整理古籍这件事，尽管国家现在有困难，也要花点钱，并编制一个经费概算，以支持这项事业。这笔钱，用于整理古籍所需要的各种费用，主要是整理费用和印刷费用，也包括解决办公室、宿舍等费用。要为整理古籍的专门人才创造较好的工作条件和生活条件。

整理古籍是一件大事，得搞上百年。希望现在就认真抓一下，先把领导班子组织起来，把规划搞出来，把措施落实下来。

提拔培养中青年干部是当务之急*

（一九八一年五月八日）

一、现在省委、地委的主要负责同志多数是六十岁以上的干部，其中不少还是七十岁以上的干部，政府各部委的领导同志大体也一样。他们中的大多数是大革命时期、土地革命战争时期或抗日战争时期的干部。县委的主要负责同志多数是五十岁左右的干部。

这些干部身负重任，都在党政军第一线工作，日夜操劳。这种状况显然已经不能适应我国近十亿人口大国的繁重的领导工作。他们已经不能持久地工作，并且常常带病工作，时常因病住进医院。因积劳成疾而死亡的人越来越多，开追悼会的消息几乎每天都有。

二、五中全会〔227〕成立书记处以后，减轻了中央政治局和常委的工作。但是中央书记处的同志们也都是六十岁以上的人了，他们的日常工作非常繁忙，日夜操劳。这样下去，书记处的现状断然难以为继。

---

* 这是陈云同志写的一篇文稿，曾印发一九八一年六月举行的中共中央政治局扩大会议和十一届六中全会。

三、自从中央提出提拔中青年干部到各级领导岗位上来工作的问题以后，从三中全会[156]到现在，对这件事虽然做了若干工作，但总的说来，因为认识不一致，收效不大。这是目前的实际情况。

四、目前在我们面前放着两种办法由我们选择：

一种选择，继续不警惕党内干部青黄不接的情况，不采取果断措施，任其继续拖下去。那末，事情发展下去，在没有准备好中青年干部的情况下，必然是让六十岁以上的老干部因工作劳累很快地在短时期内陆续病倒、病死，而被迫地不得不仓促提拔一些不很适当的中青年干部来担任领导工作。这是我们不应选择的办法，这样对党的事业很不利。

另一种选择，从现在起，就成千上万地提拔培养中青年干部，让德才兼备的中青年干部在各级领导岗位上锻炼。老干部对他们实行传帮带，使大量的中青年干部成为我们各级党政工作强大的后备力量，随时可以从中挑选领导干部。这是对我们最有利的办法，应该努力去做。

五、应该说，要提拔中青年干部，使我们党的事业后继有人，这是老干部的心愿。但是，同时又应该说，在许多老干部中，对干部的青黄不接的状态，没有清醒的紧迫感，总觉得中青年干部有这样那样的缺点，没有经验，感到不放心。这种不放心的部分原因，是由于"文化大革命"中提拔过一些"头上长角、身上长刺"的青年人。当时提拔这样的青年人到高级领导岗位的实践已经证明，这是党的一个痛苦的教训。

必须说清楚，现在我们所要提拔的中青年干部，绝对不是要提拔那种"头上长角、身上长刺"的青年干部，我们要提拔的是德才兼备的中青年干部。

六、党内是不是有大量我们可提拔的中青年干部?必须看到,我们党内有大量德才兼备的中青年干部,问题是我们没有去提拔,去培养。

七、有人认为“中青年干部缺乏经验”。过去常说:“嘴上无毛,办事不牢。”当然,中青年干部没有老干部那样丰富的工作经验,这正是一般中青年干部的必然现象。但是我们应该问一问,经验是从哪里来的? 还不是从实际工作中锻炼出来的。把优秀的中青年干部放到实际工作的负责岗位上去,让他们挑担子,只要有三年五载,至多十年的锻炼,他们是一定能够锻炼成才的。

我们应该回顾一下,我们这些老干部还不是二三十岁就已经担负了重要工作?老干部都是经过青年时期的锻炼,才逐渐成为成熟的中年干部、老年干部。才干是锻炼出来的,并不是天生的。

八、应该看到中青年干部的另一方面,他们有朝气,他们比我们当年被提升为干部时有更多的长处,他们多数有专业知识,不少人有第一流的专门知识。当然,中青年干部有某些缺点,并且不成熟,这些缺点和不成熟正是中青年人常有的现象。

九、我们所要提拔培养的干部,不仅是年龄在五十岁左右的人,而且在数量上占多数的应该是四十岁左右的人、四十岁以内的人。让他们在各级领导岗位上经过几年以至十来年的锻炼,就可以成为大量提拔高级领导干部的后备力量。

中央组织部要成立青年干部局。这个局的工作人员应该是优秀青年，并且是熟悉青年干部情况的。

十、这样大量地提拔培养中青年干部，固然要靠党的组织部门去做，但主要的要靠各级领导干部大家动手去做。从基层单位直到中央，都要一齐动手。

为了避免提错人，为了在工作中考察中青年干部，各级党政军民组织都应该自上而下地设立辅助工作机构和辅助人员，如办公室、秘书处、研究室等等，如书记助理、副秘书长、部长助理、帮办等等（军队可以根据自己的情况参照办理），上下对口，让中青年干部在这些机构中工作，给他们接触全面工作的机会，让他们随时了解工作中的问题。凡属向党委提出的问题或方案，先由上下各级的这些辅助机构中的中青年干部经过研究，提出可供选择的几种方案、办法，提供党委参考。

为了能够做到这一点，这些办公室、秘书处、研究室都应该按地区、按部门成立小组一类机构，这些小组由六十岁上下的干部带头，小组成员由五十岁左右、四十岁左右、四十岁以内的一大批年富力强的干部组成。

只有这样用大批真正年富力强的干部组成一支庞大的队伍，在工作岗位上调查情况，研究问题，提出方案，才可以减轻各级党委的工作，而且可以培养出大批中青年干部。

这种上下对口，使用和培养大批中青年干部的办法，要成为制度。这不仅是为了弥补十年内乱后的需要，而且应该作为长期训练和选择干部的一种制度。

这种办法在中央和省市两级更为重要。

十一、提拔培养中青年干部，必然涉及对知识分子的态度。十年内乱时期把知识分子说成是“臭老九”[228]，这种观点虽然已经受到批判，但是，党在知识分子中发展党员、提拔干部的政策远远没有实现。我们应该看到，没有老干部不能实现四化，没有大批知识分子参加到我们党的干部队伍中来，也决不能建成现代化的新中国。现在的情况是，知识分子要求入党，时常被拒之于门外。有些长期要求入党的知识分子，在生前往往不能实现，直到他们做出贡献而死后，才被追认为党员。这种情况必须坚决加以改变。

党应该重新作出大量吸收德才兼备的知识分子入党的决定。

中央组织部要成立技术干部局。

十二、老干部是我们党的宝贵财富，应该很珍惜地使用他们，使他们尽到传帮带的职责。这是党的需要，也是老干部的心愿。

大革命时期、土地革命战争时期、抗日战争时期的干部，他们经历了千辛万苦。这些老干部退居工作第二、第三线后，在政治待遇上，如看文件、听报告、参加某些重要问题的讨论，必须予以保证；在物质待遇上，如住房、医疗、交通工具等必须予以照顾和优待。这应该是党的一项政策。至于老干部本人，也应该自觉地体谅在执行这项政策中某些方面会遇到的困难。

我们所有退居二线、三线的老干部应该继续胸怀大志，以党和国家的事业为重，热心地主动地让出工作岗位，让大批中青年干部在实际工作岗位上挑起重担，并且随时向这些中青年干部提出建议，给以帮助。

这是老干部对革命事业应尽的责任。

我们的老干部一定能够完成这个任务。这是几十年来终身为革命事业而奋斗的老干部的心愿，也是革命事业的需要。

成千上万地提拔中青年干部*

（一九八一年七月二日）

我们现在的干部，青黄不接的情况很严重。差不多每天都有老干部死亡的报告。北京的，外地的，开追悼会，要送花圈，往往一天几起。这是一种情况。另外一种情况，现在各部也好，下面机关也好，开会的时候，部长、副部长，正手、副手，坐了一大桌，但真正能做工作的，只有三几个人。这种状况再不能继续。

要提拔年轻干部，这个问题提出来很久了。我念的这个文件〔229〕是这样形成的：五月八日，我在杭州休息的时候，想到这个问题实在是大，就写了培养中青年干部的意见，回来送了一份给胡耀邦〔230〕同志，一份给小平〔192〕同志。小平同志说，老干部方面的问题还没有处理得好。所以，接下来，六月八日，我和中央组织部、总政治部一共六七个同志，开了一次座谈会，写了那么个纪要〔231〕。

现在，我讲一讲关于提拔中青年干部和做好老干部离休退休工作的问题。在这个文件里头意思都有了，再着重地讲以下几个问题：

---

* 这是陈云同志在省、自治区、直辖市党委书记座谈会上的讲话。

第一,干部青黄不接的状况是客观存在。老干部带病工作的,或者病倒、病死的,一天一天增加。在我们面前有两种选择:一种选择是继续不清醒,拖下去,我看许多老干部都要拖死,这对党不利。老干部现在这个年龄,得了重病,说死就死,快得很。有许多同志讲,我身体很好,可以坚持八小时工作。说得好厉害,但是真正坚持八小时工作,坚持一个礼拜、两个礼拜、三个礼拜还可以,要再坚持下去就不行了。许多老同志面孔看起来蛮红,胖胖的,但身体里头的机构、零件老化了。我看,现在老干部对于提拔中青年干部还不是很清醒,不是感到很紧迫。如果到倒下来的时候,被迫地提拔一些不理想的人到领导工作岗位上来,这对我们党是很不利的。我们不应该做这种选择。我们要做另外一种选择,就是立即主动地提拔培养大批中青年干部。党必须这样做。有些老干部,他不讲完全不要中青年干部,但是脑子不那么清醒。这是一个问题。

第二,提拔中青年干部的问题,会有争论,会有怀疑。为什么说了那么久,提不上来?总有原因嘛。我看,提五十岁左右的人,现在可能争论少一些。我只说“可能争论少一些”,并不是说没有争论。我看了国务院部长的名单,电力工业部的部长叫李鹏[232],在延安是个小孩子,李硕勋[233]的儿子,后来到苏联学习,是学电的,回来以后在小丰满[234]工作,我参观小丰满的时候还看见过一次。中央组织部第一次提出来的名单里头不是李鹏,到第二次,名单变了,是李鹏。这件事情刘澜波[235]同志是力争的,说一定要提李鹏。为什么呢?他年纪轻,而且搞电是内行。刘澜波同志还跟我打了招呼,要我注意一下。就像这样的人,五十二岁,专门学电的,解放以后在电力部门工作了二十几年，还有争论！所以，我说，提五十岁左右的人可能争论少些，但不是没有争论，会有争论。

提四十岁左右的人，争论、怀疑会很多，说“太嫩”了。所谓“太嫩”，就是资格不老。现在我们提了四十岁左右当部长的，还只有郝建秀〔236〕一个。她是五十年代的劳动模范，今年四十五岁，专门进学校学了一下。但是，可惜，这样的干部还只提了一个。所以，你们看，提四十岁左右的人争论是会很多的。

要提四十岁以下的人，那怀疑、争论会更多。为什么文件里头特别写提四十岁以下的人这么一句？因为他们年富力强。五中全会〔227〕产生书记处，美国的一个新闻记者叫罗德里克的说，这个领导班子力强，年还不富。因为离七十岁，离八十岁，时间很少了。我在《参考要闻》上看到，美国卡特〔237〕政府一个什么办公室的主任，只有三十二岁；里根〔238〕政府也是一个什么办公室主任，四十岁。外国人一定比我们聪明，我们中国人一定笨一点吗？并不是这样。所以，我这里写还要提四十岁以下的干部。而且从总数上来说，比如提一万人，其中大多数，百分之七十以上，应该是四十岁左右、四十岁以下的人。提四十岁以下中青年干部的理由：第一条，是年富力强。第二条，是有意识地培养。他们现在没有经验，我们可以慢慢地培养，经过三年、五年、十年，有意识地培养，选出好的人。第三条，四十岁以下的人中间有人才。我看到好几个材料，在跟外国人谈判中，驳外国人，说你的东西不行，哪个地方不对，大体上都是四十岁左右的干部。可见，我们有人才。第四条，只有四十岁以下的人，才了解“文化大革命”初期青年人当时的表现。现在问我们这些人，“文化大革命”初期江青讲的绝大多数“红卫兵小将”,张三、李四、王五、赵六,我们都不晓得,只知道聂元梓[239],只知道蒯大富[240],但是他们下面的第二把手、第三把手、第四把手,我们不知道。只有什么人知道呢?只有那个时候也是“红卫兵”的人知道。“保守派”、“逍遥派”也知道那些给我们老干部搞“喷气式”的人。现在提干部,摆到我们面前的一个问题,就是“文化大革命”中间的一些年轻人,我们不了解。现在不要说三十岁以下、四十岁以下的人,就是四五十岁、五十多岁的人,我也不很清楚。我还当过组织部长,但是我知道的那些干部都是六十出头了。现在的第一把手,绝大部分的部长和省委第一书记,都是六十出头了。

第三,台阶论还是对的。这是小平同志讲的,台阶,一级一级上来,这是必要的。一定要按级提拔。我写的一些办法也是按级提拔。但是,也可以越级提拔。越级提拔的,只能是少数。我看按台阶的办法上台的人,他的基础巩固扎实,本领全面。我听说,宋任穷[241]同志开了一个省市委书记的电话会议,有的地方采取这样的办法,把大学毕业生放到公社里头去做一个时期工作,慢慢地再抽回来,以后到县委,以后再到地委,以后再到省委,一级一级来。我看,这是一个很好的办法。

第四,闹派性的骨干分子,打砸抢的分子,一个也不能提到领导岗位上来。我说一个也不能。但是,可以给他一般的工作做。同志们,对于这些人,不要只看他们现在一时表现好。现在这些人大概表现是“蛮好”,他要爬上来,现在只能表现好,因为老家伙还在。但是,到了气候适宜的时候,党内有什么风浪的时候,这些人就会变成为能量很大的兴风作浪的分子。有一个,有两个,就可以串连,兴风作浪。他们说,没有把这些老家伙整倒、整死，现在还在台上，当时整死就好了。当时闹派性的、“造反”的人很多，许多是随大流的，但里头的骨干分子不能提到领导岗位上来，一个也不能提拔，手不能软了。因为时局变化的时候，他们就可以变成能量很大的兴风作浪的分子。什么时候气候适宜呢?我们这些人都见马克思去了，胡耀邦同志他们也见马克思去了，那个时候，在座的人大概追悼会开得差不多了。王洪文〔242〕讲什么?（邓小平同志插话：一九七五年他到上海、杭州，第一句话就说，十年后再看。这句话可触动了我们，引起了我们的注意。）所以，对这种人，一个也不能提拔到领导岗位上来。但是可以给他们一般的工作，给饭吃嘛。

第五，培养执笔的、写文章的中青年，选择的时候要特别注意，要特别谨慎。一是必须培养能写文章的人，党内没有能写文章的人不行；二是必须培养既能写，又有德，德才兼备的人。至于说专业写作的人，他专门搞这一行的，那只占培养中青年干部中间很少的一个数量。我们党第一个若干历史问题的决议〔243〕是胡乔木〔244〕同志协助毛泽东等中央领导同志起草的，第二个决议也是由他执笔的。找胡乔木这样的人不容易。拿笔杆子的人，能写文章的人，选择的时候要特别注意。

第六，必须成千上万地提拔中青年干部。要成千上万，几千，一万，两万。这次在杭州我跟胡耀邦同志讲过，至少一万个。为什么要成千上万？一条理由，二十几个省区市，加上中央各部委，提一两百个人够用吗？不够用。成千上万，这是工作的需要。再一条理由，只有成千上万地提拔经过选择的好的中青年干部，才能使我们的干部交接班稳定地进行。还有一条理由，只有成千上万，才能使兴风作浪的分子搞不起大乱子。

成千上万的好干部坐镇在那里，只有几个人在那里捣乱，搞不了大乱子。

第七，组织部要专门设一个管理中青年干部的机构。这个机构十分重要。各级组织部门里，中央也好，省区市也好，地县也好，都要有管理中青年干部的机构。什么人带头呢？还要六十岁上下的人带头，工作人员必须是党性好的中青年干部，他们要熟悉四十岁以下的青年干部的经历和底细。现在把整死彭老总〔245〕的人查出来了，但是到他工作的那个机关一查，问这个人历史怎么样，那个机关答复不知道。所以，设立管理中青年干部的机构十分重要。

第八，组织部门里头应该有专门管理科技干部的机构。这个机构怎么组织，怎么工作，必须专门研究以后再成立。要有科技干部的档案。

第九，老干部离休、退休的工作必须做好。要使人心安定。准备在这方面花一点钱。有的地方可以搞干部休养所；有的地方，干部离休、退休以后，要有个文化娱乐的地方；有些老干部离休以后医药费困难，国家可以花一点钱。不管怎么样，这些钱我们花得起，一年几个亿就够了。中央组织部讲，老干部工资还是照拿，一个人一年还要多花二三百块钱，主要是医药费、交通费、书报费、娱乐费。再多花一点也可以，就是要把这件事情办好。当然，不只是钱的问题，还要有思想工作。有许多是可以不花钱的，看戏坐头排，开会上主席台，并不要花钱。

我这里主要讲的是提拔中青年干部问题，老干部离休、退休的问题只讲了一条。

关于“两案”审理工作的意见*

（一九八一年十一月十九日）

一九六六年开始的“文化大革命”是一场内乱。但这是一场政治斗争。这是在特定的历史条件下的政治斗争。这场政治斗争被若干个阴谋野心家所利用了。在这场斗争中，有许多干部、党员、非党人士受到了伤害。但“文化大革命”从全局来说，终究是一场政治斗争。因此，除了对于若干阴谋野心家必须另行处理以外，对于其他有牵连的人，必须以政治斗争的办法来处理。对于这场政治斗争，不能从局部角度、暂时的观点来处理，必须从全局观点、以党的最高利益、长远利益为出发点来处理。这种处理办法，既必须看到这场斗争的特定历史条件，更必须看到处理这场政治斗争应该使我们党今后若干代的所有共产党人，在党内斗争中取得教训，从而对于党内斗争采取正确的办法。这是处理这场政治斗争的前提。

* 这是陈云同志对林彪、江青两个反革命集团案件处理问题的一次谈话。

经济建设的几个重要方针*

（一九八一年十二月二十二日）

（一）农业经济是国民经济重要的一部分。农业经济也必须以计划经济为主，市场调节为辅。

所以要提出这个问题，是因为实行各种生产责任制以后，似乎农业可以不要计划了。事实并不是这样。这个问题本来是清楚的，搞了生产责任制以后，包产到户以后，计划并不是不要了。

我看到简报里头大家提出来一些问题：

一、郊区必须种菜，不种不行。这样就有点国家计划的样子。

二、养猪要规定任务。规定一年交多少头猪，派购，这也是计划。

三、种烟叶不能超过八百万亩。这是万里[246]同志提出来的。这是一个老问题，一九五一年就发生过。什么问题呢？那时粮棉比价是有波动的，粮棉比价对棉花有利的时候，农业部就开农业会议，提出来扩种棉花，扩种到一亿四千万亩。我说，那就不得了，粮食会不够吃。扩种棉花限于八千万亩，是那个

* 这是陈云同志在省、自治区、直辖市党委第一书记座谈会上的讲话。

时候定下来的。现在大体上还是这个口径。

四、粮食种植面积不能再缩小了。这是赵紫阳[212]同志提出来的。我看也不能再缩小了，再缩小不得了，没饭吃就是了。

五、也是赵紫阳同志提出来的，增产经济作物，只能靠提高单产和利用不种粮食的土地。

不能让农民自由选择只对他自己一时有利的办法。

总之，市场调节只能在这个范围内灵活灵活。

不这样做，八亿农民的所谓自由，就会冲垮国家计划。说到底，农民只能在国家计划范围内活动。只有这样，才有利于农民的长远利益，国家才能进行建设。

这是农民与国家两利的大政方针。

（二）我们经济工作的另一个大方针：

一、要使十亿人民有饭吃；

二、要进行社会主义建设。

只顾吃饭，吃光用光，国家没有希望。

必须在保证有饭吃后，国家还有余力进行建设。因此，饭不能吃得太差，但也不能吃得太好。吃得太好，就没有力量进行建设了。

这里就包含着一个提高人民生活水平的原则界限：只有这么多钱，不能提高太多，必须做到一能吃饭、二能建设。

（三）广东、福建两省的深圳、珠海、汕头、厦门四个市在部分地区试办经济特区（广东不是全省特区，福建也不是全省特区）[247]，现在只能有这几个，不能增多。

当然，来料加工，合资经营，现在许多地方也在做，但不能再增加特区。搞来料加工不能把我们自己的产品挤掉了。

广东、福建两省的特区及各省的对外业务，要总结经验。现在还没有好好总结。

像江苏这样的省不能搞特区。

既要看到特区的有利方面，也要充分估计到特区带来的副作用。例如：

人民币与外币同时流通，对人民币不利，会打击人民币，因人民币“腿短”，外币“腿长”〔248〕。

江浙一带历史上是投机活动有名的地区，坏分子的活动都熟门熟路。

现在第一位的任务是认真总结经验。

（四）国家建设必须全国一盘棋，按计划办事。

该调出的物资，必须按国家计划调出。

全国建设的进度，必须有先有后，有重有轻，按全国计划办事。

我讲的意见就是这些。再稍微加几句。报纸上登全国有四十亿美元的顺差，所有权是属于中国银行的，使用权是属于地方的和各部门的，地方的三十亿，各部的十亿。各地各部自己的都可以使用，但是必须经过中央批准。实际上，这些外汇属于周转外汇，而且中央已经在使用了。我希望一九八五年能达到一百二十亿美元的周转外汇，增加两倍。我们这个国家，有一百二十亿的外汇作为周转资金，很有必要。我讲的这些话，都是“北京话”。地方的同志说北京人讲“北京话”，我是上海人，但话属于“北京话”。有的同志讲，赵紫阳同志到了北京以后，讲“北京话”了。我看这是确实的，因为赵紫阳同志是管全国的。我是老北京，一开国就在中央工作，我这个“北京话”合乎全国的利益。

加强和改进经济计划工作*

（一九八二年一月二十五日）

一年之计在于春。我今天要讲的是怎样坚持以计划经济为主、市场调节为辅的问题。我在省、自治区、直辖市党委第一书记座谈会上已经讲了一次〔249〕。农业搞了生产责任制以后，仍然要坚持上述原则，不能例外，如郊区要计划种菜，养猪要派任务，种烟叶的亩数不能增加了，粮食播种面积不能减少了。人民的生活要提高，但国家只有那么多钱，这里摆多少，那里摆多少，都要有一个计划。人民的生活需要改善，可以改善，但改善的幅度要很好研究。还是那句话：从全局看，第一是吃饭，第二要建设。吃光用光，国家没有希望。吃了之后，还有余力搞生产建设，国家才有希望。只要把握住这一条就好。

首钢的经验，我看说明这样一个问题：在我们的企业里头，应该是有计划的。产品有没有销路，原料从哪里来，都计算好了，才经营得好。我们过去不讲究这一套，有没有销路不管，原料从哪里来心中没有数，一进一出都不是按计划的。就这点讲，资本主义企业里头相当有计划，没有计划的话，那就不行。经委这个机关，要把生产组织好。从工作来说，企业是一层，经

---

* 这是陈云同志同国家计划委员会负责同志座谈时的讲话。

委是一层,计委也是一层。计委管全国大的计划,经委管各个部门的协调。有些事情可以包给企业,哪些包,哪些不包,规定要具体、恰当。上层机构要有人专心考虑大问题。我过去讲,“瓜皮帽,水烟袋”[250],旧商人中有一种人专门考虑“战略性问题”。我们现在的经济机关,不大考虑这方面的问题。我们要有这样的战略家。计委就是要管这样的事情,有先有后,有重有轻。哪是重点,哪是轻点;哪些先办,哪些后办,这些问题计委要考虑。

我那个关于经济问题的第一本书[251]的时间,是从一九五六年到一九六二年。书记处研究室最近又编了一本[252],是从一九四九年到一九五六年的,在那一阶段里,我可以放开手脚干,所以许多观点讲得更充分一点。因为碰到了问题,才出了新的观点,不碰到问题出不了新观点。我从东北进关的时候,有些同志问我,进关以后怎么干?我说,安下地盘试一试。从一九四九年到一九五六年,我们党在经济战线上进行了三大“战役”:统一经济,稳定物价;统购统销;社会主义改造,从低级形式到最后完成。

计划订得不够完备,有些部门、地方、企业不坚决执行国家计划,这两方面都要注意。至于说分散,现在大部分还是分散在地方、企业里,还在公家手里头,可以年年搞一点国库券。中央财政要想办法向地方收点税。

现在计划不受欢迎啊!所以今天大年初一,我就找计委几位主要负责同志来谈一谈这件事。计委放空炮行不行?还是要脚踏实地呀!过去的经验不要忘掉了。过去要计委定多高的速度就能定多高,要百分之十就定百分之十,要百分之二十就定百分之二十。这怎么行呢！搞建设，真正脚踏实地、按部就班地搞下去就快，急于求成反而慢，这是多年来的经验教训。计委的工作难做呀！去年十二月我讲了那四点〔249〕，主要强调计划经济，不强调不行。还有，现在搞特区〔247〕，各省都想搞，都想开口子。如果那样，外国资本家和国内投机家统统出笼，大搞投机倒把就是了，所以不能那么搞。特区第一位的问题是总结经验。

改善中年知识分子的工作条件和生活条件*

（一九八二年七月一日）

这两份材料[253]都反映中年知识分子生活、工作负担重，但工资收入低，很多人健康水平下降。我认为，这是国家的一个大问题，确实要下大的决心，在今明两年内着手解决，不能再按部就班地搞。

据中组部了解，三十五岁至五十岁的中专以上毕业生有四百八十万人，如果分两年提高他们的工资，今年大约需要拿出七八亿元，今后一段时间每年也就是十二三亿元。我们基本建设每年要用五百多亿元，为什么不可以用十几亿元来解决他们的问题？他们是解放后我们自己培养起来的，是今天以及今后一个时期各条战线的中坚力量，工作主要要靠他们做。改善他们的工作条件和生活条件，应该看成是基本建设的一个“项目”，而且是基本的基本建设。生产、科研、教育、管理部门的知识分子，是任何一个工业化国家最宝贵的财富。日本、西德在战后所以恢复得那么快，重要原因之一，就是保存了一批骨干，并充分发挥了他们的作用。因此，我们把钱用在中年知

* 这是陈云同志写给中共中央政治局常委各同志的一封信。

识分子身上，是划得来的，是好钢用在刀刃上。应该向人民讲清楚，脑力劳动和体力劳动不一样，脑力劳动者比体力劳动者、受教育程度高的人比受教育程度低的人在工资收入上高一些，这是合乎社会主义经济规律的，也是合乎人民长远利益的。不这样做，我们的科学技术不可能上去，生产力也不可能上去。

此事建议责成中央书记处来抓。

在党的第十二次全国代表大会上的发言*

（一九八二年九月六日）

我完全同意胡耀邦同志代表中央委员会向这次大会[254]作的报告，完全同意党章修改草案，完全同意邓小平同志的开幕词，完全同意叶剑英[172]同志的讲话。

粉碎“四人帮”以后，我们党经过十一届三中全会[156]，拨正了航向，又经过十一届四中[255]、五中[227]、六中全会[256]，使国家的政治生活和社会主义建设逐步走上了正确的、健康发展的轨道。

但是，应该清醒地看到，由于种种原因，我们党的干部队伍相当长时间以来就存在程度不同的老化问题，存在青黄不接的问题。这个问题现在不解决，或者解决得不好，共产主义事业在中国就有可能出现曲折。每一个同志，尤其是每一个老同志，都应该认识到这个问题的严重性和迫切性。

因此，解决好干部队伍的交接班问题，是摆在全党面前的一个重要任务。

要解决这个问题，首先是老干部要陆续从领导班子中

---

* 本文原载一九八二年九月七日《人民日报》。

退出。

在不久以前进行的党中央和国务院的机构改革中，一些老同志退出了第一线领导岗位。在最近召开的十一届七中全会〔257〕上，又有许多老同志表示要退出中央委员会和其他一些领导岗位。这说明，我们的老干部是有高度革命责任感的。

老干部退出了第一线，革命是不是就到头了呢？并没有。无论是退到第二线做自己力所能及的工作，还是离休、退休，都要支持中青年干部的工作，担负起对中青年干部传帮带的任务。老干部只有完成了这项任务，才算对党和革命事业尽了最后一把力。

另外，既然是干部队伍青黄不接，老同志就不可能一下子都从领导班子中退出。根据实际情况的需要，有些老同志暂时还要留在第一线。但是，对于这些同志来说，主要的精力也不应该再用来处理日常的繁重工作，而应该用来搞好传帮带，在重大问题上出出主意，把把关。

要解决干部队伍交接班的问题，就要提拔中青年干部进入各级领导班子。

对于这个问题，我要讲两句话。

一句话是：必须成千上万地提拔，而不能只提拔几十个、几百个。

为什么必须成千上万地提拔呢？这是因为，只有这样，才能使各级领导班子中退出的大批老干部的工作都能有人接替；只有这样，才能使我们有较大的选择余地，以便把班交给确实可靠的人；只有这样，才能使“文化大革命”中提拔起来的那些兴风作浪的分子在今后闹不起大乱子。

为了做到成千上万地提拔中青年干部，我们必须用发展的观点看待他们，不要只看到他们现在还缺乏经验。当然，中青年干部没有老干部那样丰富的工作经验，但是，我们应该问一问，经验是从哪里来的？还不是从实际工作中锻炼出来的。把中青年干部放到负责岗位上去，让他们挑担子，锻炼三年五载，十年八年，他们就一定可以取得经验，逐步成熟。另外，多设一些类似“助理”那样的职务，这样就可以减少提拔中青年干部到正式领导岗位上可能遇到的阻力，同时也便于党组织在正式任命他们之前，对他们的领导能力和组织才干有一个实际的考察。

关于提拔中青年干部问题，我要说的另一句话是：在“文化大革命”期间跟随林彪、江青一伙造反起家的人，帮派思想严重的人，打砸抢分子，这“三种人”一个也不能提拔，已经提拔的，必须坚决从领导班子中清除出去。

为什么一个也不能提拔呢？因为这“三种人”如果进到领导班子中，若干年后，到了气候适宜的时候，他们就会跳出来兴风作浪，再次为害国家，为害人民。

当然，我们要看到，“文化大革命”期间犯有错误的中青年中，属于“三种人”的只是少数，多数是跟着跑的。对于跟着跑的人，只要他们真正认识了自己的错误，与“三种人”坚决划清了界限，而且在粉碎“四人帮”以后表现一直好，党就应该信任和使用他们，并在工作中对他们继续加以考察和帮助。

我们还要看到，在“文化大革命”期间，表现好的和基本好的中青年有的是，我们在提拔中青年干部时，应该主要从他们中间挑选。

除了这“三种人”以外，还有两种人也不能提拔，这就是反对三中全会以后党中央路线的人，以及在经济领域内和其他方面严重违法乱纪的人。

总之，一方面要大胆提拔，加快提拔中青年干部，一方面又要严格把好政治标准这一关。德才相比，我们要更注重于德，就是说，要确实提拔那些党性强，作风正派，敢于坚持原则的人。

我相信，只要把干部队伍的交接班问题解决好，我们党的事业就一定会后继有人。

实现党的十二大制定的战略目标的若干问题*

（一九八二年十二月二日）

党的十二大[254]提出，今后二十年要在不断提高经济效益的前提下，力争使全国工农业的年总产值翻两番。同时又指出，为了实现这个奋斗目标，要分两步走，前十年主要是打好基础，为后十年经济振兴创造条件。“六五”[258]是前十年的第一个五年，发展速度不能搞得太快。正如赵紫阳同志报告[259]所说，“六五”计划的主要特点是着重于提高经济效益。只要我们经过“六五”和“七五”两个五年计划的努力，把各方面的关系理顺，并且做好一些大骨干项目的前期工作，后十年的发展速度就可以搞得快一些，翻两番的奋斗目标就可以实现。如果急于求成，把本来应该放在后十年办的事也勉强拿到前十年来办，在“六五”和“七五”期间乱上基本建设项目，那末，经济又可能出现混乱，翻两番的任务反而有可能完不成。

为了给后十年比较快的发展创造条件，由中央适当集中一笔资金，加强能源、交通运输和科学、教育等薄弱环节，保证

* 这是陈云同志同出席第五届全国人民代表大会第五次会议的上海代表团部分代表座谈时讲话的要点。

重点项目的建设，是完全必要的。这是大革命、大建设，是从全局利益出发的。当然，地方上的小革命、小建设也要搞，但必须以大革命、大建设为主，这也就是局部服从全局。否则，不分大小，齐头并进，国家吃不消。赵紫阳同志报告中讲，大中型基建项目一律要由计委审批，计划外追加的大中型项目必须经过计委综合平衡后，报国务院审批。又讲，不论哪个地区和部门，如果突破固定资产投资的计划，都必须事前按照隶属关系报请上级批准，否则以违反财经纪律论处。这几条都很重要，只有这样，才能保证我们的大革命、大建设取得胜利。只有把国家的大革命、大建设搞好了，各地的小革命、小建设才有切实的保障。

“六五”时期的一个重要任务是进行现有企业的技术改造，我看这也应该是我们今后发展工业的一条新路子。过去一说要增加多少产量，就要新建多少厂，这个办法不一定好。现有企业要提高折旧率，加快设备更新，引进先进技术，进行技术改造，这在多数情况下，比建新厂效益高。上海老企业多，应该特别注意这个问题。现在一些轻纺企业在上海开花，在外地结果，反过来进入上海市场，挤上海的产品。这是好事，不要用行政措施去阻挡，上海要接受这个挑战，迎上去和它们竞争。办法就是加强技术改造，提高质量，降低成本。另外，要有若干个大企业，能灵活地搞小批量生产，增加花色品种，使产品迅速适应市场变化的需要。

我们有些地方是大少爷办企业，没有时间概念，没有利润概念。不过，这一套我们总是会学会的。这几年就比过去搞得好，比“文化大革命”以前也搞得好。搞经济工作，没有时间概念，没有利润概念，是不行的。从一定意义上说，时间就是速度。最快的速度就是有计划按比例发展。

党的十一届三中全会〔156〕以来，实行搞活经济的政策，效果显著。现在百货商店里的东西多得很，“卖方市场”正在变成“买方市场”。群众把票子拿在手里，好的就买，不好的就不买。这么好的形势，很久以来没有见过。今后要继续实行搞活经济的政策，继续发挥市场调节的作用。但是，我们也要防止在搞活经济中，出现摆脱国家计划的倾向。搞活经济是在计划指导下搞活，不是离开计划的指导搞活。这就像鸟和笼子的关系一样，鸟不能捏在手里，捏在手里会死，要让它飞，但只能让它在笼子里飞。没有笼子，它就飞跑了。如果说鸟是搞活经济的话，那末，笼子就是国家计划。当然，“笼子”大小要适当，该多大就多大。经济活动不一定限于一个省、一个地区，在国家计划指导下，也可以跨省跨地区，甚至不一定限于国内，也可以跨国跨洲。另外，“笼子”本身也要经常调整，比如对五年计划进行修改。但无论如何，总得有个“笼子”。就是说，搞活经济、市场调节，这些只能在计划许可的范围以内发挥作用，不能脱离开计划的指导。

同革命烈士子女的谈话

（一九八三年二月十三日）

今天是春节。中国有句老话："每逢佳节倍思亲。"你们的父亲[260]就是我们党的亲人，是我们民族的亲人。所以，今天把你们请来，共度春节。

你们的父亲都是建党初期的党员，参加革命比我早，是我的老前辈，其中有的还直接领导过我。他们有的是被敌人逮捕杀害的，有的是在作战时牺牲的，死的时候都很年轻。我们的新中国，是他们和千千万万个革命先烈用生命换来的。我们的每一个胜利，都有他们的一份功劳。我们这些活着的人，没有忘记他们，也不会忘记他们。我相信，我们的后人，以及后人的后人，也是不会忘记他们的。

你们是革命的后代，是党的儿女。你们应该像自己的父辈那样，处处从党的利益出发，为了维护党的利益，不惜牺牲自己的一切。你们中间有的是科学技术人员，有的是新闻工作者，有的是教师，有的是干部，都在不同的岗位为党和人民工作着。我看到你们的健康成长，非常高兴。现在，我们党和国家的形势都很好，你们要和周围的同志一道，爱护这个好的形势，发展这个好的形势，为把我们国家建设得更加富强，继续贡献自己的力量。

培训革命化、年轻化、知识化、专业化的党政领导干部*

（一九八三年二月二十五日）

看了你们在第二次全国党校工作会议〔261〕上的讲话，同意讲话中的基本精神。

很好地培训适应四化建设需要的革命化、年轻化、知识化、专业化的党政领导骨干，是党校的迫切任务。希望这次会议着重讨论解决这个问题。党校学员既要学习马列主义、毛泽东思想的基本理论和党的方针、政策，以此作为主课，又要学习一些现代科学文化知识和必要的专业知识，以提高领导水平和实际工作能力。

---

* 这是陈云同志写给王震、蒋南翔同志的一封信。当时王震、蒋南翔同志分别担任中共中央党校校长和副校长。

现代化建设和接班人培养问题*

（一九八三年六月三十日）

我讲几点意见。

第一，这几年人民群众的生活比过去有了较大的改善，今后也还需要进一步改善。但是，人民生活改善的幅度不能大于生产增长的幅度。工资也好，奖金也好，对农民的补贴也好，都要有一定的限度。

还是那句话：一要吃饭，二要建设。吃光用光，国家没有希望；吃了之后，还有余力搞建设，国家才有希望。

第二，建设要有重点。财力物力只有那么多，不分轻重缓急，大家一齐上，你挤我，我挤你，势必因小失大，处处被动。

什么是重点？现在看，农业、能源、交通是重点，一批骨干企业的建设和改造是重点，科技教育事业的发展、环境污染的防治以及知识分子生活待遇的提高等等也是重点。这些是从整个国家的全局利益和长远利益出发考虑的。重点只能由中央根据全局的长远的利益，经过综合平衡来确定。

重点确定之后，就要动员全党全民集中财力物力保重点。这几年，有些地方和部门打乱仗，乱上基本建设项目，乱涨价，

---

* 这是陈云同志在中央工作会议上的讲话。

乱摊派，乱发奖金，把资金分散了。中央手里的钱，除去行政、科研、文教、国防的经常费用，剩下的可以说办不了什么大事。什么几个核电站，什么三峡工程，什么增加港口、铁路，通通办不成就是了。所以，这次有劳在座的“各路诸侯”跑一趟，把口袋里的钱再拿一些出来，并说服企业、部门的干部和工人、农民从全局和长远观点看问题，大家一齐来支援重点建设，支援骨干项目。否则，像现在这样下去，四化没有希望。

第三，从“六五”〔258〕计划开始到二〇〇〇年的二十年时间里，我国工农业的年总产值要翻两番〔262〕，这是党的十二大确定的目标，全党必须为之奋斗。但是，翻两番只能翻好，不能翻乱。这二十年时间必须分两步走，前十年只能是打基础，速度不能搞得太快。而且，要边走边看，走一步看一步。否则，就会翻乱。

第四，我们搞革命、搞建设，搞得热热闹闹，切莫忘了要后继有人。现在，我们党的第二梯队已经基本建立起来了，第三梯队也已经有了一定的数量。今后全党要努力把第三梯队建设好。

党的十一届五中全会〔227〕决定重新设立中央书记处以后，为中央政治局和常委担负了大量工作，成绩是显著的。开国初期，我们进行了土改〔20〕、农业合作化〔5〕和对私营工商业的社会主义改造〔2〕，建设了我国自己的工业基础。但是，那时在经济体制和企业经营管理方面，没有能够经过试验，摸索出一套更为合理、更为完善的办法。粉碎“四人帮”以后，农业生产上逐步实行多种形式的责任制，收到了明显效果。现在，工商业正在进行体制改革和各种责任制的试验。我相信，这些试验也是一定可以逐步取得成功的。

但是，应该看到，现在主持中央日常工作的同志也是六十岁以上的人了，他们和我们这些七十岁以上的人相比，年龄间隔不大。就是说，第一梯队和第二梯队的年龄距离太近了。因此，要抓紧选拔五十岁上下、特别是四十岁上下的优秀干部，趁我们还在的时候，把第三梯队也建立起来。一些同志和好心的国际人士不是担心我们这些人不在以后，跟随“四人帮”的那些“三种人”〔263〕会翻天吗？只要有了第二梯队，并且有了第三梯队，他们就翻不了天。这是党和国家的大计。老同志要自觉地、认真地、正确地选拔接班人，真心诚意地帮助他们，培养他们，主动地给他们让位，“把他们扶上马，再送上一程”。像我们党这样做的，在国际共产主义运动中还没有过。我们每个同志都应该在去见马克思之前，从党和国家的事业出发，继续努力办好这件事。这件事办不好，我们就要负历史的责任。

对编写《辽沈决战》一书的意见*

（一九八三年八月九日）

辽沈战役[264]是解放战争三大战役的第一个战役，它的胜利，加上当时人民解放军在其他各个战场上的胜利，从根本上改变了敌我双方力量的对比，为整个解放战争的顺利发展奠定了基础。因此，编一本回忆这个战役的书是必要的，这对于纪念那些牺牲了的同志，对于教育下一代，都很有意义。

但是，编这样一本书，不仅应该使大家知道辽沈战役胜利的经过，而且应该使大家知道这个胜利是怎么来的。在抗日战争结束前，我们党在东北的力量与全国其他各个根据地相比最弱。然而不到三年，却在那里打响并且打胜了解放战争的第一个大战役。所以能够出现这么大的变化，绝不只是和战役的参加者，和战役的组织、指挥以及具体战斗有关，而是有着多方面原因的。

首先，是由于苏联红军出兵东北，打败了日本关东军[219]。这为我们的大部队能抢在国民党前面迅速进入这个地区，为改善我们的装备，创造了十分有利的条件。那时，苏联党对我们的力量估计不足，并有雅尔塔协定[265]的约束，但他

---

* 这是陈云同志的一次谈话。

们还是尽力帮助我们的。东北背靠苏联，东邻朝鲜，这对于我们在和国民党作战中的后勤补给和伤病员的运送、安置也是十分有利的条件。

其次，是由于全国各个根据地的支援。为了支援东北，先后调进去了山东军区的主力，新四军〔266〕的第三师，陕甘宁三五九旅、抗大〔267〕、炮校等部队的一部分，以及冀东、冀中、晋绥、冀鲁豫军区的大部分或一部分部队，共十多万人。另外，还派进去了一百个团架子的部队干部和二万左右的党政干部，其中包括二十个中央委员和候补中央委员。这些力量再加上抗联〔268〕原有的力量，为我党我军在东北的发展奠定了十分雄厚的基础。为了迅速歼灭东北的敌人，东北局〔269〕曾向中央提出，希望关内能牵制更多的敌人兵力，不使他们再增援东北。那时，全国各个战场都打得很好，确实牵制了大部分敌人兵力，以致敌人大部队不仅没有再进来，有的还出去了。这也是全国对东北的巨大支援。可以说，如果没有全国各个根据地的支援，没有一野、二野、三野〔270〕和华北野战军的支援，就不可能有四野〔271〕，不可能有东北战场的胜利。

第三，是由于我们动用正规部队进行了剿匪。东北的土匪实际上就是伪满〔272〕军警和地主武装，如果不把它们剿干净，农民就发动不起来，后方也不可能安稳。

第四，是由于进行了土地改革〔273〕。贫苦农民翻了身，我们党才能在东北站住脚，扎下根，我们的部队才可能有那么充足的兵源、充足的粮草，来和美式装备的国民党军队较量。

第五，是由于建立了巩固的东北革命根据地。东北解放区原有的经济基础就比关内各解放区雄厚，它拥有不少比较好的产粮区，所谓“呼海巴拜，绥化在外”，“金复海盖，辽阳在外”[274]；还拥有沟通各地的铁路和一批大中小城市；再加上我们在解放区迅速建立了政权，抓紧恢复生产建设，发动翻身农民踊跃参军，充分动员各方面的人力、物力支援解放战争，这就使我军有了一个强大的后方，物资特别是粮食供应有保障，部队可以不断扩充，而且调动起来快，机动性强。

第六，也是最重要的一点，是由于党中央、毛主席为东北局制定了完全正确的工作方针，为辽沈战役制定了完全正确的作战方针。如果按照林彪的打法，主力围困长春不南下，以后占领了义县又不打锦州，而要回师长春，那就不会有辽沈战役，东北的胜利就不可能来得这么大，这么快。

总之，战役参加者的作用，战役的组织、指挥，这些对于战役的胜利无疑都是十分重要的。林彪作为四野的司令员，在当时正确的地方，我们也不必否定。但是不能只看到这一方面的作用，还必须看到其他方面的作用。只有这样看待辽沈决战，才是全面的，符合历史唯物论的。

因此，这本书在编法上要改变一下。可以考虑加进一些重要的历史文件、电报，比如中央一九四五年十二月二十八日给东北局的指示[275]，东北局一九四六年的“七七决议”[276]。还可以加进一些在各方面有代表性的同志写的回忆文章，比如黄克诚、谭政、韩先楚、程世才、彭嘉庆、贺晋年、吕正操等部队干部，张秀山、王鹤寿、范式人、郭峰、赵德尊、张启龙、江华、王首道、李运昌、陈雷、王一知、钟子云等地方干部的文章。还可以请林月琴[277]同志写一篇回忆罗帅[278]的文章。这样，人们就不仅能够从这本书中看到辽沈决战胜利的经过，而且能够看到胜利的各种基本原因。

为了把这本书改编好，可以请几位当时在东北工作的老同志，比如张秀山、王首道、马洪和韩先楚、刘震他们来主持编辑工作。还可以把这本书的编辑作为党史资料征集委员会的一个项目，由辽沈战役纪念馆和它合编。书编好后，要送中央军委、尚昆〔279〕同志把关。

改编的工作也许要花一两年的时间，不过，只要能把这段历史立全面、立准确，多花些时间是值得的。

在党的十二届二中全会[280]上的发言

（一九八三年十月十二日）

我同意中央关于整党的决定，同意小平[192]同志的讲话。我讲几点意见。

（一）“文化大革命”对党造成的损害是严重的。有一批老干部（包括军队干部）在“文化大革命”中犯了错误，这些人虽然也有一定数量，但大家都知道，容易认识。最危险的是党内混进了一批“三种人”[263]。

粉碎“四人帮”以后，对浮在面上的“三种人”，在揭批查中清理了一次。但因为各种原因隐藏埋伏下来的“三种人”和他们的“军师”还不少。

“文化大革命”中各地都有两派，发生了派性。现在有的领导干部用派性对待清理“三种人”的工作，只清理对立派中的“三种人”，而对自己支持的那一派中的“三种人”不积极清理，这是错误的。

“三种人”和他们的“军师”现在表现很“听话”，我们有些领导干部对这类人很赏识。

这次整党必须把“三种人”清除出党。为什么必须这样做？因为这些人是党内最不安定的因素，他们彼此间还有联系，若干年后，气候适宜了，他们还会兴风作浪。

清理“三种人”，这只是我们要做工作的一半。另一半工作，而且是更重要的一半工作，是必须成千上万地培养、提拔三四十岁的真正是马克思主义者的青年干部，把他们提到党和国家各个方面的各级领导岗位上来。只要把党的第三梯队建立起来了，经过十年八载的锻炼，他们就可以成为党的事业的接班人，我们党的领导权就可以保证为马克思主义者所掌握，而不会落到“三种人”手里，今后即使有埋伏下来的“三种人”和他们的“军师”，也就兴不起什么大的风浪。

（二）党在全国执政前和执政后的情况有很大不同。党在全国执政以前，在敌人统治下的地下党，那时作一个党员就有杀头的危险，根本谈不上什么物质享受；在苏区〔281〕的党和解放区的党，大家忙于打仗和支援战争，另外，也没有什么物质可以享受。党在全国执政以后，从中央到基层政权，从企业事业单位到生产队的领导权，都掌握在党员手里了，党员可以利用手中掌握的各种权力为自己谋取私利。

许多贪污犯本人就是党员，即使贪污犯不是党员，他们能够贪污，也是靠某些共产党员的保护。

我们绝大多数党员是不谋私利的，但因谋私利而犯法、犯错误的党员也不是一个很小的数量。就从打击经济领域犯罪以来，中纪委统计的经济犯罪案件中看，开除党籍的有九千多人，受党纪处分的有一万八千多人，两者合计二万七千多人，比一九二七年“四一二”〔282〕以后全国党员总数还要多一倍多。

对于利用职权谋私利的人，如果不给以严厉的打击，对这股歪风如果不加制止，或制止不力，就会败坏党的风气，使党丧失民心。所以，我说过："执政党的党风问题是有关党的生死存亡的问题"。

现在有些农村党员集训，除了伙食补贴以外，集训期间要给党员每天一二元误工费，这是确实的，不是误传。身为共产党员，集训时间只有几天，而且是受教育的时间，每天却要拿一二元的误工费，这在党执政以前是不可想象的。解放前，同样在农村，支援战争，运送弹药、伤兵，非但没有误工补贴，而且常常因此而受伤或死亡。相比之下，现在这些误工补贴能算合理吗?拿误工补贴的共产党员应该想一想，这样做是不是合乎一个共产党员的标准?共产党员的标准是不惜牺牲自己的生命为共产主义而奋斗终身。我看一切集训、开会要钱的人，不能成为共产党员。今后，全国不要再给集训时的误工补贴，凡属要求误工补贴的党员应开除党籍。

（三）必须充分看到对外开放后带来的问题。对外开放，充分利用外国有用的东西加快国内建设，这是完全正确的。对外开放时，我们也讲了要充分注意对外开放中带来的消极东西。但现在看来，防止消极后果的工作还做得不够。

有些人看见外国的摩天大厦、高速公路等等，以为中国就不如外国，社会主义就不如资本主义，马克思主义就不灵了。对于这些人，我们要进行批评教育；对其中做意识形态工作的同志，经过教育不改的，要调动他们的工作。

中国现在还很穷，但我们是社会主义国家，我们的根本制度比资本主义优越得多。在资本主义国家里有百万富翁，但他们的财富是剥削劳动人民得来的。资本主义必然要被共产主义所代替，这是无可改变的法则。现在世界上共产党领导的社会主义国家的存在，这就是社会主义、共产主义必然要代替资本主义的铁证。我们可以充满信心，高呼：社会主义万岁！共产主义万岁！

从国家民族的大局出发实现祖国统一*

（一九八三年十二月二十五日）

关于祖国统一、两党谈判，我们方面的意见，过去叶剑英同志提出的九条〔283〕，最近邓小平同志同杨力宇教授的谈话〔284〕，都已经说清楚了。这些意见，既是从国家、民族的大局出发的，也是为蒋经国〔285〕先生所代表的国民党利益着想的。现在我们两边虽然吵架，但都坚持只有一个中国、反对台湾独立的立场。在这一点上，我们两边是一致的。将来我们这边的老一辈人不在了，接我们班的人仍然会坚持这个立场，而且能够坚持下去。但他们那边的老人不在时，接他们班的人是否会坚持这个立场；如果坚持，客观上是否能坚持得住，这些就很难说。因此，要趁我们这些老人还在的时候，早做打算，早下决心，先把国家统一起来。这样，即使他们身后有人要搞台湾独立，也就不那么容易了。

说到统一，有一个用什么"统"的问题。照我们的意见，就是用一个国名、一个首都来"统"，其余都可以维持现状不变。就是说，既不要用大陆的社会主义制度去"统"，也不要用台湾

* 这是陈云同志一次谈话的节录。

的现行制度来“统”。我们认为这是最现实的，是从实际出发的办法。用三民主义统一中国，我看不现实。国民党在大陆推行三民主义几十年，结果并不理想。我们搞社会主义，只搞了三十多年，不仅解决了十亿人口的吃饭、穿衣问题，而且使人民的生活水平有了明显的提高。当然，这些年台湾的人均国民收入比大陆高，但那里没有十亿人口，也没有八亿农民。所以，国家统一以后，大陆还是要搞社会主义，台湾的现行制度也可以继续搞下去，我们不反对。

同时，也要注意，世界上并不是所有国家的人都愿意看到中国的统一，有人死抓住台湾不放，把台湾看成是自己“不沉的航空母舰”，他们是一定要千方百计从中阻挠和破坏的，到时候是什么手段都使得出来的。因此，要提高警惕，尽可能采取一些防范措施。

在党的十二届三中全会[286]上的书面发言

（一九八四年十月二十日）

我讲三点。

第一，收回香港是历史赋予我们的责任。

香港是在鸦片战争后，被英帝国用不平等条约强迫清政府从中国领土上割让出去的。现在，中英两国政府通过外交谈判，确认我国将在一九九七年收回香港[287]。这是具有历史意义的一件大事。当然，十三年后，我们还只是恢复行使对香港的主权，至于香港的社会制度，我们说了，至少五十年不变。这样做，有利于继续发挥香港对我们四化建设的作用。事实说明，中央关于解决香港问题的方针、步骤是完全正确的。中华人民共和国完成了历史赋予的这个任务。我们对得起我们的子孙后代。

第二，系统进行经济体制的改革，是当前我国经济工作面临的首要问题。

自党的十一届三中全会[156]以来，我国农业方面的改革已经取得了极大的成功。工商业及财政、计划等方面的改革，也经过了几年的酝酿、试点和实践，取得了不少成效和经验。一九八一年我曾说过，这个改革的意义，不下于五十年代对资本主义工商业的改造。为什么这样说?因为,对工商业的改造是要消灭剥削,正在进行的体制改革则是要打破“大锅饭”。平均主义“大锅饭”实质上也是不干活的人占有干活的人的劳动成果,打破这个“大锅饭”,将会大大调动广大工人、农民、知识分子和干部进行四化建设的积极性,使我国的生产力获得一次新的大解放。

这次全会审议的关于经济体制改革的决定中,对计划体制改革的基本点所作的四点概括〔288〕,完全符合我国目前的实际情况。现在,我国的经济规模比五十年代大得多,也复杂得多。五十年代适用的一些做法,很多现在已不再适用。比如对粮食,五十年代如果完全按价值规律办事,那末,四川的大米运到上海,就应该比上海产的大米售价高。但是,在当时的情况下面,我们不能那样做。现在情况不同了,粮食比过去多了,有的地方还暂时出现了“卖粮难”的问题。在这种情况下,就必须允许农民在完成国家征购任务的前提下,把粮食拿到集市上交易,允许集市上有不同价格。如果现在再照搬五十年代的做法,是不行的。即使那时,我们的经济工作也是按照中国的实际情况办事的,没有完全套用苏联的做法。

这几年,我们的经济发展比较顺利,人民生活水平提高也比较快,现在进行价格体系的改革,确实是有利时机。但是,改革的步骤一定要稳妥,务必不要让人民群众的实际收入因价格调整而降低。

政企职责分开很必要。这样做,一方面可以给企业比过去大得多的自主权,另一方面可以使各级政府部门从许多日常工作中摆脱出来,议大事,看全局,把宏观方面管住管好。

这次体制改革涉及范围相当广，广大干部还不很熟悉，在进行中还会出现一些现在难以预见的问题。因此，必须边实践，边探索，边总结经验。如果用五年时间能够做好改革这件事，那就很好了。总之，我们要按照这个决定的精神去做，解放思想，实事求是，既要积极，又要稳妥。只要这样做了，这次改革就一定能够成功。

第三，物质文明和精神文明要一起抓。

关于改革的决定中说："竞争中可能出现某些消极现象和违法行为"，这句话在文件里提一下很必要。什么是消极现象？例如，大吃大喝，送很贵重的礼品，以及其他种种为谋取小公和个人利益而损害国家利益的不正当手段，这些就是消极现象。有的地方总结"经验"，叫做"二菜一汤，生意跑光；四菜一汤，生意平常；六菜一汤，生意兴旺；八菜一汤，独霸一方"。据说，现在八菜一汤也不大灵光了。还有的厂子，选两个二十多岁的漂亮姑娘当外勤人员，跑材料，推销产品，男外勤人员办不到的事，她们能办到。对这些现象，不必大惊小怪。因为，一方面许多企业的产品要自销出去；另一方面绝大多数的社队企业的原材料没有列入国家计划，没有指标，需要自己去找。这两方面合在一起，必然会出现这些现象，这是不奇怪的。但也要看到，如果我们不注意这个问题，不进行必要的管理和教育，这些现象就有可能泛滥成灾，败坏我们的党风和社会风气。因此，我们在抓物质文明建设的同时，必须抓精神文明建设，两个文明一起抓。只要我们的头脑是清醒的，看到这些现象，并加强精神文明的建设，这些消极方面是可以受到一定限制的。我们是社会主义国家，我们既要有高度的物质文明，也要有高度的社会主义精神文明，这是我们永远要坚持的奋斗方向。

中苏两国完全应该友好相处*

（一九八四年十二月二十四日）

欢迎你，阿尔希波夫同志。听说你这次来中国很想见到我，我也很想见见你。你是我们的老朋友了。今天在座的薄一波[32]同志、姚依林[83]同志都和你很熟悉。在五十年代制订和实施我国第一个五年计划[28]过程中，我们彼此合作得很好。无论在革命战争时期还是在和平建设时期，苏联政府和人民给予我们的援助，中国政府和人民都没有忘记，也是不会忘记的。

中苏两国完全应该也完全可以友好相处。中苏关系正常化有利于两国人民的根本利益，也有利于世界人民的根本利益。现在为什么不能正常化？我们认为主要存在三个障碍：越南侵占柬埔寨，你们在中苏边境、蒙古驻军，以及出兵阿富汗。这三件事都发生在中国周围，确实构成了对中国安全的威胁。

越南连续打了三四十年仗，如果不是由于苏联的支持，他们怎么能反华，怎么会有力量打柬埔寨？在越南抗法、抗美战争期间，我们提供了包括人力、物力、财力在内的大量援助，仅抗美援越的武器弹药和各种物资就达一百多亿美元，我们没

* 这是陈云同志会见苏联部长会议第一副主席阿尔希波夫时谈话的摘要。

有对不起他们的地方。可是，他们刚刚取得全国胜利，就反对中国，驱赶华侨，向我们开枪开炮。我们反击了他们一下。当然，我们的反击仅仅限于自卫，我们没有在越南留驻一兵一卒。

中苏两国要做到关系正常化，必须排除上面所说的三个障碍。如果三个障碍不能一下子都排除，也可以先排除一两个。这是原则问题，我们不能不坚持。我相信，你们也想实现关系正常化，但如果不在排除三个障碍上有所前进，事情就不大好办。当然，这不等于说，中苏两大邻国在其他一些问题上就不能改善和发展关系。这几年我们双方贸易有了很大发展，今年又将比去年增长百分之三十六，科技、文化方面也有了一些交流。今后在这些领域的关系还可以继续发展，还有很多文章可作，这对双方都有利。这里，我想指出的一点是，中苏两国贸易和经济合作规模的扩大，在今天这个世界上并不是人人都感到高兴的。有人手里拿着先进的东西，自己不肯卖给我们，又不让别人卖给我们。因此，在转让尖端技术这类问题上，希望苏联方面要看得远一些。

我曾三次去过苏联，一九三五年、一九五二年和一九五九年，认识不少人，但在目前你们中央领导人中，我认识的已经不多了。你们的前任总书记安德罗波夫我认识，可惜他已病逝。我们现在实行三个梯队的办法。叶剑英〔172〕同志、邓小平同志、李先念〔114〕同志和我，以及其他七十岁以上的老同志是第一梯队，摆脱日常工作，一边休息，一边考虑些大事。六十岁上下的同志是第二梯队，他们主持中央日常工作。今天我特别邀请姚依林同志和我一起见你，就是因为现在是他们当家，工作主要靠他们去做。另外，从五十岁左右、四十岁左右的人中选拔优秀的人才组成第三梯队，放在各级领导岗位上锻炼，准备将来接班。

请你带个口信，向我认识的所有的苏联朋友，转达我的问候。

钞票发行权和外汇储备问题*

（一九八五年二月十八日）

这次省长会议开得是好的，使地方的同志了解了全局。现在我讲几点意见。

一、我赞成货币发行量必须适度这个提法。赵紫阳〔212〕同志在省长会议上讲到这个问题时说："与其失之过宽，不如先紧一点，这样可以掌握主动，立于不败之地。"这句话下面又说："不宜笼统紧缩银根，该紧缩的，一定要紧缩；该支持的，一定要尽力支持。"我看下面这句话可以不要，上面那句话的意思已经够了。因为现在哪一种是应该支持的，哪一种是不应该支持的，我们还没有搞清楚。紧缩银根的手段，我看必要的时候可以运用。

从十二届三中全会〔286〕到现在整整四个月。这四个月的变化是相当大的。在那次会上我敲了一下警钟，讲了"八菜一汤，独霸一方"的问题。这是个消极现象啊！现在消极现象相当多，比那个时候多得多。总之，现在有点乱。我主张有些东西要搞得死一点，叫先死后活，置之死地而后生。这是中国的一句老话，合乎辩证法，死是为了活。

* 这是陈云同志在中共中央政治局扩大会议上的讲话。

赵紫阳同志讲国库券“允许到银行贴现”。贴现是金融商业方面的名词。我看国库券贴现现在不能搞。如果今年的允许贴现,去年的、前年的允许不允许贴现,如果都能贴现,等于把收回来的票子又放出去,增加货币流通量。

另外,旧社会银行有这一种业务:你今天到银行存入一百元,银行给你十张支票,你当天就可以开一张支票取出九十五元,银行里实际只有你五元,但你可以凭着这五元存款,随便开剩下的九张支票,开一千元、一万元都行,只要你能在到期之前把这笔钱交给银行。比如,你开的支票是二月二十日到期,人家提前拿着支票去银行兑现,银行不讲你没有钱,只说支票还没有到期,银行对你很守信用。等你二月十九日把钱存入银行,第二天人家去取,银行就全部兑现,说明你信用很好。这种玩艺,我们不能搞。

现在钞票发行失控。一年发多少钞票,要有人把关,而且必须由总理或者主持经济工作的副总理把关。五十年代我把关,发行计划由我向中央常委报告,如第四季度估计要用多少钞票,请中央批准发行权。执行结果,如果多了就不用;如果少了,需要追加发行,还要再请中央批准。总之,银行发多少钞票要有人把关,不能由银行行长决定。

二、外汇储备问题。我们应该储备多少外汇、多少黄金?这一点,过去我们许多同志并不是很清醒的。前一个时期,我们有一百二十亿美元外汇,还有几百吨黄金,有些同志就觉得手烫得不得了啦。我认为,我们有一百亿、一百五十亿、二百亿美元外汇,不算多。我们是个大国,储备一二百亿美元外汇,有风吹草动的时候可以应付。从长远来看,现在我们的外汇不是多了，而是紧了。去年七八月的时候，有人讲外汇多啦，没有地方用。先念[114]同志和我谈过一次话，我说：有比没有好，多比少好。沙特阿拉伯在美国存款有三千五百亿美元，按现在的利率计算，利息一年就是三百五十亿美元。我们如果有一百五十亿美元外汇，利息一年就有十五亿美元。现在还没有哪一个资本主义国家，肯痛痛快快一年借给我们十五亿美元。

各单位赚了外汇，应该说对国家是一种贡献，必须存在中国银行。有一些经过特许存到外国银行是可以的，但有许多是不可以的。蒋、宋、孔、陈[289]四大家族，他们把外汇存到美国。现在台湾有钱的人，把钱也存在外国，不愿意存在台湾，怕靠不住。我们各单位赚了外汇要存到中国银行，这是应有的责任，也是光荣的责任，不要私自把钱存到外国银行。

现在要组织好出口货源，一定要抓紧。原则是国内销售让出口。国内销售要压缩一部分，保证出口换汇。

总之，一方面要有点外汇控制，另一方面要组织好计划规定的二百七十亿美元的出口货源。要紧紧抓住这两个方面，否则搞不好的话，计划就要翻船。

三、党的宣传工作，我看现在也有点乱。主要是报纸、电台、电视台宣传有点乱。奖金不封顶这个问题要重新考虑。经济体制改革决定[290]中提出的全面地系统地改革，这是就整个经济体制改革的任务讲的，不是说马上就要全面地系统地改革。但报纸上经常出现这种宣传，这样讲不合乎实际。今年物价改革，只动猪肉价格和短途运输价格，工资改革方案也还没有最后确定，怎么能说是全面地系统地改革?这些话不合时宜就是了。报纸、电台、电视台的事,中央宣传部要主动地管一下,要一个一个地管才好,不管不行。

两个文明要一起抓*

（一九八五年六月二十九日）

一、中纪委召开端正党风工作经验交流会，总结抓党风工作好的经验，这对促进党风的进一步好转，保证经济体制改革的顺利进行，是很必要的。

二、要使全党同志明白，我们干的是社会主义事业，最终目的是实现共产主义。这一点，非常重要。在党中央领导下，我们国家现在进行的经济建设，是社会主义的经济建设，经济体制改革也是社会主义的经济体制改革。任何一个共产党员，每时每刻都必须牢记，我们是搞社会主义的四个现代化，不是搞别的现代化；我们进行的事业，是社会主义事业。

在进行社会主义物质文明建设的时候，如果不同时进行社会主义精神文明建设，物质文明建设就可能偏离正确的方向。任何单位，任何领导干部，如果忘记或放松抓社会主义精神文明建设，物质文明建设也不可能搞好。严重的，甚至会脱离社会主义和共产主义的理想，这是很危险的。

三、去年第四季度，那些歪风刮来时，不少的共产党员，有

* 这是陈云同志在全国端正党风工作经验交流会上的书面讲话，原载一九八五年七月一日《人民日报》。

些是老党员、老干部也被卷进去了，对这件事我们必须引起警惕。

要充分认识到，社会主义精神文明的建设，关键是执政党要有好的党风。要加强共产党员的党性教育，提高共产党员的素质。

四、建设社会主义精神文明，是全党的任务，党的纪律检查部门负有重大的责任。同志们要坚决地刹歪风、正党风，增强全体党员的党性，从精神文明建设上，保证和促进社会主义物质文明建设。使社会主义的经济建设，社会主义的经济体制改革，沿着正确的轨道，不断前进。

概括地说是两句话：一是希望纪检部门的同志和全党同志，时时刻刻注意，在建设物质文明的同时，认真抓精神文明建设，两个文明一起抓。二是抓社会主义精神文明建设，关键是搞好执政党的党风，提高共产党员的党性觉悟，坚定地保持共产主义的纯洁性。要同一切违反共产主义理想的错误言行，进行坚决斗争。

在中国共产党全国代表会议〔291〕上的讲话*

（一九八五年九月二十三日）

我赞成中央提出的进一步实现中央领导机构成员新老交替的建议，赞成制定第七个五年计划的建议，赞成中央常委各位同志的讲话。下面，我讲几点意见。

（一）干部队伍要保持梯队结构。

成千上万地提拔中青年干部，充实各级领导班子，这是近几年来，我们党反复强调的一项重要工作。

经过反复考察，一批优秀的中青年同志，被选进了中央和地方的各级领导班子。

干部队伍保持梯队的结构，可以使党的事业后继有人，代代相传。这件事，我们做得是有成绩的。今后要继续做好。

（二）对于粮食生产，我们还是要抓紧抓好。

农村实行联产承包责任制，农业生产发展了，农民收入增加了，生活得到了改善。

农民中从事农副业致富的，有“万元户”，但只是极少数。前一时期，报纸上宣传“万元户”，说得太多，实际上没有那么

* 本文原载一九八五年九月二十四日《人民日报》。

多。宣传脱离了实际。

现在有些农民对种粮食不感兴趣，这个问题要注意。

最近，国务院批转的吕东[292]同志《关于当前经济工作中几个问题的报告》中讲，农民做工、经商收入多，种粮收入少，就是养猪、种菜，也看不上眼。因为“无工不富”。

发展乡镇企业是必要的。问题是“无工不富”的声音大大超过了“无农不稳”。

十亿人口吃饭穿衣，是我国一大经济问题，也是一大政治问题。“无粮则乱”，这件事不能小看就是了。

（三）社会主义经济，还是要有计划按比例。

我们是共产党，共产党是搞社会主义的。

现在进行的社会主义经济体制改革，是社会主义制度的自我完善和发展。

经济体制改革，是为了发展生产力，逐步改善人民的生活。农村的改革已经取得了明显的效果。城市的经济体制改革，总方向是正确的，具体的步骤措施，正在探索中。要走一步看一步，随时总结经验，坚持把改革搞好。

从全国工作来看，计划经济为主，市场调节为辅，这话现在没有过时。

当然，计划包括指令性计划和指导性计划。两种计划方法不同，但都要有计划地运用各种经济调节手段。指导性计划并不等于市场调节。市场调节，即不作计划，只根据市场供求的变化进行生产，即带有盲目性的调节。

计划是宏观控制的主要依据。搞好宏观控制，才有利于搞活微观，做到活而不乱。

这次会议通过的关于制定“七五”计划的建议中提出，“七五”期间工业和农业发展的速度，分别为百分之七和六。这个速度比较适宜，执行中可能超过，但主观上不必再提更高指标。

小平〔192〕同志八月二日接见外宾，谈到我国工业发展速度太快时说，“听起来可喜，但有不健康的因素”。我赞成他的意见。

一九八四年工业总产值比上年增长百分之十四，今年一至七月又比去年同期增长百分之二十二点八。这样高的速度，是不可能搞下去的，因为我们目前的能源、交通、原材料等都很难适应这样高速度的需要。

说到底，还是要有计划按比例地稳步前进，这样做，才是最快的速度。否则，造成种种紧张和失控，难免出现反复，结果反而会慢，“欲速则不达”。

（四）抓党风的好转，仍是全党的一件大事。

这些年来，中央抓了党风问题。但是，要实现党风的根本好转，任务还非常重。

现在确有少数党员、党员干部，特别是个别老党员、老干部，不能坚持党性原则，遇到歪风，跟着干。

有些严重违反党纪、国法的事，如造假药、假酒等，发生在整党中。

党内外的广大干部、群众，对这些事是极端不满意的，应引起全党认真注意。

整顿党风这件事，不可掉以轻心。

一是各级党组织要重视。二是各级领导干部，特别是高级领导干部要重视。要真正身体力行，作出榜样。三是老党员、老干部要重视，包括退居二线或者离休、退休的在内。在以身作则、关心党风党纪、发挥监督作用上，没有退居二线和离休、退休的问题。只要是党员，活着就永远处在第一线。

希望所有党的高级领导人员，在教育好子女的问题上，给全党带好头。决不允许他们依仗亲属关系，谋权谋利，成为特殊人物。

（五）加强思想政治工作，维护党的思想政治工作部门的权威。

最近，书记处讨论了加强思想政治工作的问题，我看很必要。我们党是执政党，目前又处在新的发展时期，如何有效地进行思想建设和组织建设，事关重大。

现在有些人，包括一些共产党员，忘记了社会主义和共产主义的理想，丢掉了为人民服务的宗旨。他们为了私利，“一切向钱看”，不顾国家和群众的利益，甚至违法乱纪。如报上多次公布的，那些投机诈骗，贪污受贿，非法致富，以及在同外国人交往中，不顾国格人格的现象等等。

这些问题的发生，同我们放松思想政治工作、削弱思想政治工作部门的作用和权威有关，应引为教训。

各级党组织都应把思想政治工作认真抓好，都要积极维护思想政治工作部门的权威。

应当把共产主义思想的教育、四项基本原则[293]的宣传，作为思想政治工作的中心内容。这种宣传教育不能有丝毫减弱，还要大大加强。

民主革命时期，我们用共产主义思想教育党员和群众中的先进分子，才使党始终有战斗力，使革命取得了胜利。

社会主义经济建设和经济体制改革，更加要有为共产主义事业献身的精神。

在加强共产主义思想教育的同时，还要加强爱国主义教育和革命传统教育。

（六）坚持民主集中制，是党章规定的原则。

历史经验证明，实行民主集中制，做起来很不容易。

希望新进各级领导班子的中青年干部，要注意学会按照民主集中制的原则办事。

在各级领导班子中，要充分发扬民主，倾听各种意见，特别要注意倾听不同意见。要照党章办事，不要一个人说了算。

重大问题的决定，必须经过集体的充分讨论，以便减少失误，少走弯路，把事情办得更好。

我要讲的，就是这些。

必须纠正忽视精神文明建设的现象*

（一九八五年九月二十四日）

党的十二大[254]以后，中央纪律检查委员会和地方各级纪委，在协助各级党委争取党风根本好转和提高党员政治素质方面，在纠正不正之风、惩治违法乱纪、反对党员中错误思想倾向等方面，做了大量工作，起了积极作用。

但是，目前在党风、社会风气方面，还存在许多严重问题，实现党风、社会风气的根本好转，任务还很重。

现在我对争取党风根本好转，讲以下几点意见。

一、必须在思想上纠正忽视精神文明建设的现象。

社会主义建设，包含物质文明建设和精神文明建设，两者是不能分离的。社会主义事业不可能是单纯的物质文明建设，又不可能是单纯的精神文明建设。社会主义事业也不可能先进行物质文明建设，然后再来进行精神文明建设。现在大家致力于物质文明建设，是完全必要的。但是应当看到，现在确有忽视精神文明建设的现象，而且相当普遍。

---

* 这是陈云同志在中国共产党中央纪律检查委员会第六次全体会议上的书面讲话，原载一九八五年九月二十七日《人民日报》。

在党内，忽视精神文明建设，忽视思想政治工作，就不可能有好的党风；在社会上，忽视精神文明建设，忽视共产主义思想教育，就不可能有好的社会风气。总之，忽视社会主义精神文明建设，我们的整个事业就可能偏离马克思主义，偏离社会主义道路。那种“人不为己、天诛地灭”的资本主义哲学，那种不顾国格人格的奴才思想，就是危害社会主义事业的因素。

当前比较普遍存在的忽视精神文明建设的现象，绝不是一个小问题，全党同志务必高度重视。

二、严重注意资本主义腐朽思想和作风的渗入。

对外开放，引进国外先进技术和经营管理经验，为我国社会主义建设所用，是完全正确的，要坚持。

但同时要看到，对外开放，不可避免地会有资本主义腐朽思想和作风的侵入。这对我们社会主义事业，是直接的危害。

如果我们各级党委，我们的党员特别是老干部，对此有清醒的认识，高度的警惕，有针对性地进行以共产主义思想为核心的教育，那么资本主义思想的侵入并不可怕。我们相信，马克思主义、共产主义的真理，一定会战胜资本主义腐朽思想和作风的侵蚀。

值得严重注意的是，目前许多党委和党员干部，对此没有警惕。例如，一说对外开放，对内搞活，有些党政军机关、党政军干部和干部子女，就蜂拥经商。仅据十几个省市的调查，从去年第四季度以来一下子就办起了两万多个这样那样的公司。其中相当一部分，同一些违法分子、不法外商互相勾结，互相利用。钻改革的空子，买空卖空，倒买倒卖，行贿受贿，走私贩私，弄虚作假，敲诈勒索，逃避关税，制造和销售假药、假酒，谋财害命，以至贩卖、放映淫秽下流录相，引诱妇女卖淫等等丑事坏事，都出现了。“一切向钱看”的资本主义腐朽思想，正在严重地腐蚀我们的党风和社会风气。

我们搞社会主义，一定要抵制和清除这些丑恶的思想和行为，要动员和组织全党和社会的力量，以除恶务尽的精神，同这种现象进行坚决的斗争。中央纪委和地方各级纪委的工作是：无论是谁违反党纪、政纪，都要坚决按党纪、政纪处理；违反法律的，要建议依法处理。各级纪委必须按此原则办事，否则就是失职。

不加强思想政治工作，不严格执行党纪、政纪，党风、社会风气无法根本好转。

三、各级党委和纪委负有重大责任。

有些违反党的方针政策的事，违法乱纪的事，如果仅是某一个人的错误行为，那是个人的问题，但是如果哪个单位、哪个地区的歪风邪气大量存在，而又长期未得到纠正，那就显然不只是个人的问题，而是同那个单位、那个地区的党委领导有关。

对于危害社会主义建设，败坏党风、社会风气的歪风邪气，熟视无睹，听之任之，除了追究那些为非作歹的个人外，还要追究那个单位、那个地区的党委的责任，包括纪委的责任。例如，海南岛汽车案〔294〕以及汽车案中非法炒买炒卖外汇、诈骗、贪污受贿等等，不仅应追究那些违法乱纪的个人，而且应该追究那里党委的责任。晋江地区制造、销售假药，那个地区的党委熟视无睹，甚至包庇、袒护，如果不追究那里党委的责任，就丧失了党的立场。

各级党委只有在抓物质文明建设的同时，抓精神文明建设；在抓思想政治工作的同时，严肃党纪、政纪，党风才能根本好转。各级纪委应在同级党委统一领导之下，始终围绕搞好党风这一中心任务，作艰苦的努力。

调查研究和党内民主生活制度问题*

（一九八七年一月十六日）

一九八〇年二月成立中央书记处的时候，党内的许多老同志，包括小平[192]同志在内，都是很拥护的。我们做了一件好事。

关于书记处的工作方法，我在一九八〇年和一九八一年都讲过一些意见。后来我还建议书记处讨论决定重大问题时，事先要调查研究，要准备好方案，而且要准备两个方案，不要只准备一个方案。

调查研究很需要。我也做过调查研究。一九六一年我在小蒸——我的家乡做调查研究工作，蹲了半个月。调查中发现，公家养猪的地方脏得一塌糊涂，小猪、大猪、病猪、好猪都吃一样的东西。我看到农民家里养的猪，干干净净，还捉泥鳅喂猪吃。所以，当时我主张把猪分给农民私养，包括大部分母猪。回到北京以后，我向书记处写了一个报告。那次我花了半个月，调查一个小蒸，一个乡就是了。公私合营那个时候，敲锣打鼓到天安门游行，我就叫姚依林[83]、吴波[295]同志研究公

---

* 这是陈云同志在中共中央政治局扩大会议上讲话的一部分。

私合营中的问题。研究的结果是，商业里头的每一行业都有大的、中的、小的商店，我们把它们分成公私合营商店、合作商店、合作小组三类就是了。并且提出，小商小贩在合作小组内的各自经营的办法，应该长期保存。我那个时候身体还好，除上午、下午有事外，经常是晚上八点钟到周总理那里，十二点钟到毛主席那里，也忙啊。调查研究的方法，我看不是一百多个部一个一个地都拿本子在书记处会上念一道，大家东插一句、西插一句，最后主持会议的讲一讲就通过了。调查研究的方法，也不是一个星期跑二十二个县，那样无非是坐汽车走一圈就是了。这种工作方法太简单。

我们党内要强调一下，要有民主生活制度。常委多少时间开一次会，政治局多少时间开一次会，要立个规矩。常委会议，政治局会议，政治局扩大会议，应该分开来开。这是党内民主生活。民主集中制要坚持。经常开会讨论，经常交换意见，就不至于出大的问题。

提拔干部要注意五湖四海。我新到一个地方工作，经常是不带什么干部的。解放初，从东北进关以后，我是就地取材。姚依林、吴波同志都是华北的。我们用干部，要五湖四海，平常不熟悉的干部也要用。就地取材是很重要的一条原则。五湖四海，再加一个德才兼备，这是我们提拔干部的大方针。现在有同志常说，要开拓型干部。开拓型也要，但首先要强调有德，有党性。德才兼备，才干固然要有，但德还是第一。我希望政治局、书记处要注意这样一个问题。

身负重任和学习哲学*

（一九八七年七月十七日）

我今天主要谈谈你们现在身负重任和要学习哲学这两个问题。

我们国家，在目前第一位的领导人是小平同志。但他今年的岁数，照中国老的算法，已经八十四岁了。过不了多少年，党和国家的全部领导重担都要落在你们一代身上。

为什么我把你们的担子看得这么重？因为，我们国家有现在这样的局面，来之不易。它是千千万万革命先烈、全党同志和全国各族人民流血牺牲、艰苦奋斗换来的。这是一条。还有一条，就是我们国家是十亿人口的社会主义大国，无论是今天还是将来，在世界上都处于举足轻重的地位。

要把我们的党和国家领导好，最要紧的，是要使领导干部的思想方法搞对头，这就要学习马克思主义哲学。

在延安，我当中央组织部长的时候，毛主席先后三次当面同我谈过，要学哲学，还派教员来帮助我们学习。那时，中央组织部成立了一个学习小组，一共六个人，有我、李富春、陶铸（当时任王稼祥的政治秘书）、王鹤寿、陈正人、王德〔296〕，还有

---

* 这是陈云同志同中央负责同志谈话的要点。

几位旁听的“后排议员”。学习小组不要很多人，大体上都要处在同一理论水平。学习方法是，规定每周看几十页书，然后讨论一次，研究学习中遇到的问题，各种意见都可以争论。

我们从一九三八年开始学习，坚持了五年。先学哲学，再学《共产党宣言》，然后再学哲学和政治经济学等。那时我们读的书，除马克思、恩格斯、列宁、斯大林的有关著作外，还有毛主席的《中国革命战争的战略问题》、《实践论》、《矛盾论》、《论持久战》等，也读点别人的著作。毛主席《论持久战》这篇文章，给我的印象特别深。台儿庄一战〔297〕，一部分人被胜利冲昏了头脑。毛主席冷静地分析了当时的各种情况，就亡国论、速胜论还是持久战这个问题，先在小范围讲了一次。讲后我对他说，是不是可以在大一点范围给干部讲讲，他同意了。后来毛主席自己动手把讲稿整理出来，印发给大家。《论持久战》一文的公开发表，震动了解放区，也震动了国民党统治区。

在延安，毛主席起草的文件、电报，我都看过，最后得出一个结论，就是要实事求是。这里的关键是要把“实事”看全面。我过去说过，难者在弄清情况，不在决定政策。因此，要善于听取不同意见。对于一件事，我有了一个意见之后，可以先放一放，再考虑考虑，听听有没有不同意见。如果有不同意见，就要认真听取，展开讨论，吸收正确的，驳倒错误的，使自己的意见更加完整。驳倒错误意见的过程，也是使自己的意见更加完整的过程。如果没有不同意见，自己也要假设一个对立面，让大家来批驳。有钱难买反对自己意见的人。有了反对意见，可以引起自己思考问题。常常是，有不同意见的人，他不讲出来。能够听到不同声音，决不是坏事。这和同中央保持一致并不矛盾。国务院财贸办的时候，有一回财政部副部长王学明主张通过提高工农产品比价，从农民那里多拿点钱，用于扩大基本建设。为这件事，大家辩论了三天，最后王学明放弃了自己的意见。相互辩论，也是一种比较，可以看出哪种意见是对的，哪种意见是不对的，然后取得一致看法。

总之，我个人的体会是：学习哲学，可以使人开窍。学好哲学，终身受用。希望能够组织政治局、书记处、国务院的同志都来学习哲学，并把这个学习看成是工作的一部分，也是自己的一项重要责任。

毛主席在一九三八年党的六届六中全会上说过："在担负主要领导责任的观点上说，如果我们党有一百个至二百个系统地而不是零碎地、实际地而不是空洞地学会了马克思列宁主义的同志，就会大大地提高我们党的战斗力量，并加速我们战胜日本帝国主义的工作。"〔298〕

现在我们在新的形势下，全党仍然面临着学会运用马列主义、毛泽东思想的立场、观点、方法分析和解决问题这项最迫切的任务。

在中央纪律检查委员会第九次全体会议上的书面讲话

（一九八七年十月十九日）

一、中央纪委和下级纪检机关成立以来，成绩是主要的，也存在不足，需要改进。端正党风的关键是提高党员素质，尤其是提高高中级党员领导干部素质。

二、去年十月，小平〔192〕同志、先念〔114〕同志和我共同商定，十三大时一起退下来。这是党的事业的需要。

治理污染、保护环境是我国的一大国策*

（一九八八年八月二十七日）

这两份材料[299]你们那里也有，现送去请再看看。

治理污染、保护环境，是我国的一项大的国策，要当作一件非常重要的事情来抓。这件事，一是要经常宣传，大声疾呼，引起人们重视；二是要花点钱，增加投资比例；三是要反复督促检查，并层层落实责任。

请告诉有关部门，这方面的材料，以后注意送我看看。

* 这是陈云同志写给李鹏、姚依林等同志的一封信。

当前经济工作的几个问题*

（一九八八年十月八日）

在我们这样一个社会主义国家里，学习西方市场经济的办法，看来困难不少。你们正在摸索，摸索过程中碰到一些问题是难免的，还可以继续摸索，并随时总结经验。

下面，我谈八点意见。

（一）粮食问题始终是一个大问题。

十亿人民要吃饭，农民种地卖粮给国家，天经地义。

现在相当大一批农民搞乡镇企业，买粮食吃，不能小看。

对乡镇企业要做些调查研究，哪些是有用的，哪些是不行的，以便积极引导，使其健康发展。

（二）种田必须养地；承包工交企业的，必须确保设备完好率。

化肥用得越多（超过一定数量），土地就越瘦，今后必须大力提倡施用农家肥。要研究现在农民不重视农家肥的原因，提出有效的解决办法。

企业实行承包责任制，有积极的一面，也要看到消极的一面，比如不少企业为了完成承包数，硬拼设备，带病运转。近年

---

* 这是陈云同志同中央负责同志谈话的要点。

来安全事故增多，恐怕与此有关。企业一定要维护好设备，特别是关键设备，四个九不行，必须做到万无一失。

总之，要看到，现在无论是农业生产，还是工业生产，都相当普遍地存在着一种掠夺式的使用资源的倾向，应当引起重视。

（三）中央的政治权威，要有中央的经济权威作基础。没有中央的经济权威，中央的政治权威是不巩固的。

在经济活动中，中央应该集中必须集中的权力。

搞活经济是对的，但权力太分散就乱了，搞活也难。

现在非生产性建设、特别是楼堂馆所建设搞得太多了，连黑龙江也跑到北戴河去盖楼堂馆所，真是怪事。

（四）永远不打赤字财政。

从全局看，在几大平衡中，最基本的，是财政平衡。

要扭转当前混乱的经济局面，首先要靠财政平衡、特别是中央财政平衡。

现在票子发得太多。票子发行的权力要高度集中，我看还是要“一枝笔”。

（五）在历史上起过作用的办法，现在不应该全部照搬，但也不能一概否定。

三年恢复〔66〕，赶上蒋介石二十二年。

从“一五”〔28〕到现在近三十六年，中间虽有曲折，但发展也不算太慢。在过去这些年里，我们搞的一百五十六项〔181〕、尖端科学技术、石油自给、武钢一米七轧机、十三套大化肥、宝钢以及铁路、电力、农田水利等建设，它们的作用不能低估。

苏联能同美国抗衡，到现在才用了七十一年。而美国，从华盛顿[300]时代算起,到现在近二百年。

当然,目前国内外情况同过去比,发生了很大变化。过去我们在经济工作中,也不是说没有缺点错误。

我在一九七九年三月说过,六十年来,无论苏联或中国的计划工作制度中出现的主要缺点:只有“有计划按比例”这一条,没有在社会主义制度下还必须有“市场调节”这一条。所以,我们需要改革。但在改革中,不能丢掉有计划按比例发展经济这一条,否则整个国民经济就会乱套。

(六)提高人民生活水平,要掌握一定的幅度,不能过高、过快。

还是那两句老话:一要吃饭,二要建设。好事要做,又要量力而行。

(七)对储蓄搞保值是必要的。同时,国库券也要保值。

如果不从根本上采取稳定市场物价措施,提款抢购风潮还会再起。

外债可以借,但要尽量少借。借外债,要用得好,还得起。

(八)目前财政经济遇到一些困难,在克服这些困难的过程中,必须加强和依靠党的领导,特别是党中央的核心领导作用。

要反对动乱*[301]

（一九八九年五月二十六日、一九九〇年五月二十五日）

一

关于反对动乱问题，我讲两点意见。

第一，现在是关键时刻，不能后退。如果后退，两千万革命先烈用人头换来的社会主义的中华人民共和国，就会变成资本主义的共和国。

第二，我们作为老同志，现在就是要坚决拥护以邓小平同志为核心的中国共产党，坚决拥护李鹏[232]同志代表中共中央政治局常委会在首都党政军干部大会上的讲话。同时，要主动地多做干部和群众的工作。

二

在党员登记工作中，暂缓登记可以有，但是要把政治问题同经济问题、作风问题分开。在政治问题上，处理要格外慎重，

---

* 本文第一部分是陈云同志在中共中央顾问委员会常务委员会会议上的讲话要点；第二部分是陈云同志写给中顾委常委各同志一封信的节录。

只要检讨了(无论是口头的还是书面的,都表示本人现在对错误的认识程度),这就是记录在案了,不要扭住不放。扭住不放,不是我们党的好作风。在这方面,我们党是有很深刻的历史教训的。

一九八九年的这场风波,是建国以来没有发生过的非常复杂的政治事件,也是我们党内在特定历史条件下的一场特殊的政治斗争。当时中央常委有两种不同的声音,加上中央有些报纸进行了错误的宣传,使得中央和地方的不少领导同志都不了解真实情况。所以我主张,对于这场政治斗争,应该采取正确的党内斗争方针来处理。就是说,应该从全局的观点,即从党的最高利益、长远利益为出发点来处理。对犯有错误的同志的审查,应该是实事求是的。当然,对于那些触犯法律的,应当依法惩办。

在我们党的历史上,开七大的时候,一些犯过错误的同志还是被选进中央委员会,李立三〔217〕同志就是其中的一个。去年我们撤销了赵紫阳〔212〕同志的党内一切职务,但并没有开除他的党籍。对于胡启立〔302〕同志,仍然保留中央委员。我认为这样做是很好的,是有利于安定团结的,有利于教育团结绝大多数人的。中国现在是十一亿人口的社会主义大国,动乱不得。

帝国主义本性没有改变*

（一九八九年九月八日）

讲一个理论问题，也是一个现实问题。

列宁论帝国主义的五大特点[303]和侵略别国、互相争霸的本质，是不是过时了？我看，没有过时。

列宁写这篇著作的时候，帝国主义国家为瓜分殖民地而进行的第一次世界大战还没有结束。战争并没有解决帝国主义国家之间的基本矛盾，却引起了无产阶级的革命。

从历史事实看，帝国主义的侵略、渗透，过去主要是“武”的，后来“文”、“武”并用，现在“文”的（包括政治的、经济的和文化的）突出起来，特别是对社会主义国家搞所谓的“和平演变”。

那种认为列宁的帝国主义论已经过时的观点，是完全错误的，非常有害的。

这个问题，到了大呼特呼的时候了。

---

* 这是陈云同志同中央负责同志谈话的一部分。

不唯上、不唯书、只唯实，交换、比较、反复*

（一九九〇年一月二十四日）

在延安的时候，我曾经仔细研究过毛主席起草的文件、电报。当我全部读了毛主席起草的文件、电报之后，感到里面贯穿着一个基本指导思想，就是实事求是。那末，怎样才能做到实事求是？当时我的体会就是十五个字：不唯上、不唯书、只唯实，交换、比较、反复。

不唯上，并不是上面的话不要听。不唯书，也不是说文件、书都不要读。只唯实，就是只有从实际出发，实事求是地研究处理问题，这是最靠得住的。交换，就是互相交换意见。比方说看这个茶杯，你看这边有把没有花，他看那边有花没有把，两人各看到一面，都是片面的，如果互相交换一下意见，那末，对茶杯这个事物我们就会得到一个全面的符合实际的了解。过去我们犯过不少错误，究其原因，最重要的一点，就是看问题有片面性，把片面的实际当成了全面的实际。作为一个领导干部，经常注意同别人交换意见，尤其是多倾听反面的意见，只有好处，没有坏处。比较，就是上下、左右进行比较。抗日战

* 这是陈云同志同浙江省党政军负责同志谈话的要点。

争时期，毛主席《论持久战》就是采用这种方法。他把敌我之间互相矛盾着的强弱、大小、进步退步、多助寡助等几个基本特点，作了比较研究，批驳了“抗战必亡”的亡国论和台儿庄一战[297]胜利后滋长起来的速胜论。毛主席说，亡国论和速胜论看问题的方法都是主观的和片面的，抗日战争只能是持久战。历史的发展证明了这个结论是完全正确的。由此可见，所有正确的结论，都是经过比较的。反复，就是决定问题不要太匆忙，要留一个反复考虑的时间。这也是毛主席的办法。他决定问题时，往往先放一放，比如放一个礼拜、两个礼拜，再反复考虑一下，听一听不同的意见。如果没有不同的意见，也要假设一个对立面。吸收正确的，驳倒错误的，使自己的意见更加完整。并且在实践过程中，还要继续修正。因为人们对事物的认识，往往不是一次就能完成的。这里所说的反复，不是反复无常、朝令夕改的意思。

这十五个字，前九个字是唯物论，后六个字是辩证法，总起来就是唯物辩证法。

还有，搞调查研究有两种方法：一种是亲自率工作组或派工作组下乡、下厂，这当然是十分必要的；另一种是每个高中级领导干部都有敢讲真话的知心朋友和身边工作人员，通过他们可以经常听到基层干部、群众的呼声。后一种调查研究，有“真、快、广”的特点。所谓真，就是他们敢于反映真实情况，敢讲心里话。因为他们信得过你，知道你不会整他们。我就有这样一些朋友。所谓快，就是当问题处于萌芽状态时，就能够及时发现。所谓广，就是全国各省市各行各业，都有许多高中级干部（包括离休、退休的）。在某种意义上讲，后一种调查研究比前一种调查研究更重要一些。两种调查研究都有必要，缺一不可。

一九六一年六七月间，我在青浦县小蒸公社搞调查，住了半个月。这里是我一九二七年搞过农民运动的地方，解放后也常有联系，当地的干部、群众能够同我讲真话。当时在养猪问题上已经确定实行“公私并举、私养为主”的方针，但对母猪是公养还是私养，并没有明确规定，而这是关系到养猪事业能否迅速恢复和发展的一个重要问题。小蒸公社当时有十五个养猪场，我去看了十个，还看了农民私养的猪，并召开了几次座谈会之后，感到私养母猪比公养母猪养得好。私养母猪喂食喂得好，有的甚至喂泥鳅，猪圈也干净，产苗猪多，苗猪成活率高。公养母猪喂食不分大小、强弱，像开“大锅饭”，猪圈脏得很，母猪流产多，苗猪成活率低。通过这次调查，得出一个结论，就是大部分母猪也应该下放给农民私养。

总之，后一种调查研究，你们浙江可以试一试。你们要在各行各业广交知心朋友。军队也可以这样做。

军队非常、非常、非常重要。对于党的指示，军队一定要坚决执行。去年解决北京天安门的事〔301〕，没有军队不行。一定要把军队建设好。

要高度重视利用宗教进行渗透的问题[*]

（一九九〇年四月四日）

最近看到几份有关利用宗教进行渗透日益严重、特别是在新形势下披着宗教外衣从事反革命活动日益猖獗的材料，深感不安。利用宗教，同我们争夺群众尤其是青年，是国内外阶级敌人的一个惯用伎俩，也是某些共产党领导的国家丢失政权的一个惨痛教训。现在是中央应该切切实实地抓一抓这件大事的时候了。在这方面务必使它不能成为新的不安定的因素。

---

* 这是陈云同志写给江泽民同志的一封信。

从战略高度认识水的问题的严重性*

（一九九〇年六月六日）

张光斗、陈志恺[304]同志就我国水资源问题进行了认真研究之后，提出了很重要的意见。水的问题始终是一个大问题。要从战略高度来认识水的问题的严重性。各级领导部门，尤其是经济、科技领导部门，应该把计划用水、节约用水、治理污水和开发新水源放在不次于粮食、能源的重要位置上，并列入长远规划、五年计划和年度计划加以实施，以逐步扭转目前水资源危机的严重状况。

* 这是陈云同志在张光斗、陈志恺同志合写的《我国水资源问题及其解决途径》一篇文章上的批语。

工 作 要 抓 实*

（一九九〇年六月六日）

有几个问题，想同你谈谈。

一、国家财政补贴取消不了。

暗补、明补，都是补贴。

在我国，还是低工资、高就业、加补贴的办法好。这是保持社会安定的一项基本国策。

即使是发达的资本主义国家，对某些产品也是实行补贴的。

当然，通过改善经营管理，提高经济效益，可以逐步减少一些不合理的补贴，例如某些企业的亏损补贴，但要从根本上取消补贴是不可能的。

二、工作要抓实。

自从江泽民同志主持中央工作以来，制定了不少好的方针、政策。现在的关键是要抓落实。

为了说明这个问题，举几个过去的例子：

三年困难时期，我们主要抓了两件事：一件是动员城市两千万人下乡；另一件是通过炒肉片、高价糖果等，回笼货币六

* 这是陈云同志同中央负责同志谈话的要点。

十亿元。那时粮食很紧张，解决的办法有四条：（一）调整农村政策；（二）工业支援农业；（三）进口粮食；（四）动员城市人口下乡。经过反复比较，认为这四条中，第一条是根本的，第二、第三条有时间和数量的限制，第四条是非采取不可的。一九六二年货币流通量达到一百三十亿元，而社会必需流通量只要七十亿元，另外六十亿元怎么办？就是搞了几种高价商品，一下子收回六十亿元，市场物价就稳定了。

宝钢推迟部分建设项目，赔了几千万美元。宝钢是一个特大项目，有关全局。但由于仓促上马，存在一些问题，意见也不一致。是继续上马，还是下马？当时国务院财经委员会经过反复考虑，决定干到底。

我在一九八〇年十二月讲的《经济形势与经验教训》，一共十四条，这是针对当时情况讲的，而且是起了作用的。现在总的看来，也还有用。

三、要拿出一定时间"踱方步"，考虑战略性的问题。

过去旧商人中，有一种头戴瓜皮帽、手拿水烟袋的人，他们是专门考虑战略问题的。

我国已经同一百三十五个国家建立了外交关系，同二百六十三个政党有交往。一年只有三百六十五天，如果对来访者都要安排你们去会见，恐怕谁也受不了。

现在的会议很多，如果每会必到，恐怕也办不成大事。

你们现在的工作，比我们那个时候要难做。而且，有许多紧急事情要处理。

你们都是六十开外的人了，还是一句老话，开会不要开死人。

悼念李先念[114]同志*

（一九九二年七月二十一日）

先念同志的逝世，是党和国家的巨大损失。

我和先念同志相识，是在一九三七年四月。那时他率领西路军[305]余部四百多人，浴血奋战，历尽艰辛，到达甘肃、新疆交界的星星峡，我以中央代表名义从苏联回到迪化（今乌鲁木齐），然后去星星峡接应他们。这在当时极为困难的条件下，为党和红军保存了一部分力量，尤其是保存了一批干部。

先念同志从红军时代起就是一位久经沙场、英勇善战的将军，在长期的武装斗争中，他为中国人民的解放事业建立了不可磨灭的功勋。

一九五四年先念同志从湖北调到中央，参与领导全国财经工作。他是将军管理经济，但他能很快精通当时的经济工作，这是十分难得的。

这里要特别提到，“文化大革命”期间，先念同志在十分艰难的情况下，协助周总理主持全国财经工作，使一大批在建和新建项目得以建成或加快了建设进度，其中包括攀枝花钢铁厂、武钢一米七轧机、十三套大化肥、四套大化纤、焦枝铁路、

---

* 本文原载一九九二年七月二十三日《人民日报》。

襄渝铁路和胜利油田等，继续为我国社会主义现代化建设打基础。

在粉碎"四人帮"这场关系我们党和国家命运的斗争中，先念同志同叶帅〔172〕一样起了重要作用。由于叶帅和先念同志在老干部中间很有威望，小平〔192〕同志暗示他们找老干部谈话。我到叶帅那里，见到邓大姐〔306〕谈完话出来。叶帅首先给我看了毛主席的一次谈话记录，其中有讲到党内有帮派的字样，然后问我怎么办？我说这场斗争不可避免。在叶帅和先念同志推动下，当时的中央下了决心，一举粉碎了"四人帮"，使我们的国家进入了新的历史发展时期。

先念同志和我虽然都没有到过特区，但我们一直很注意特区建设，认为特区要办，必须不断总结经验，力求使特区办好。这几年，深圳特区经济已经初步从进口型转变成出口型，高层建筑拔地而起，发展确实很快。现在我们国家的经济建设规模比过去要大得多、复杂得多，过去行之有效的一些做法，在当前改革开放的新形势下很多已经不再适用。这就需要我们努力学习新的东西，不断探索和解决新的问题。

先念同志为在中国实现社会主义和共产主义奋斗了一生。他的革命精神是永存的。我们要怀念他，学习他。

要维护和加强党中央的权威*

（一九九四年二月九日）

上海工作是做得好的，不是一般的好，而是很好。

从一九七八年党的十一届三中全会〔156〕以来，全国经济发展很快，人民生活水平有了很大提高，这是有目共睹的事实。当然，目前还存在不少困难和问题。要解决这些困难和问题，首先要维护和加强以江泽民同志为核心的党中央的权威。如果没有中央的权威，就办不成大事，社会也无法稳定。

中央决定从今年起实行分税制〔307〕，使中央逐步集中必要的财力。上海和全国其他各地都表示赞成，说明大家是顾全大局的，我很高兴。

从全国来看，当前经济工作要特别注意的一个问题，就是建设规模一定要与国力相适应，而且要留有余地。同时，要把注意力集中到提高经济效益上来。

现在的中央领导班子是坚强的、有能力的，工作是做得不错的。全国上下都要同心同德，团结一致，不折不扣地贯彻落实党中央、国务院采取的一系列方针、政策和措施，把中国经济搞上去是大有希望的，社会主义中国是大有前途的！

---

* 这是陈云同志同上海市负责同志谈话的要点。

注　释

1 一九五六年九月十五日至二十七日，中国共产党第八次全国代表大会在北京举行。这次大会分析了生产资料私有制的社会主义改造基本完成以后的形势，提出了全面开展社会主义建设的任务。会上，毛泽东致开幕词，刘少奇作了政治报告，周恩来作了关于发展国民经济的第二个五年计划建议的报告，邓小平作了关于修改党的章程的报告；朱德、陈云、董必武等作了重要发言。大会通过了《关于政治报告的决议》、《中国共产党章程》和《关于发展国民经济的第二个五年计划（一九五八——一九六二）的建议》，并选举了新的中央委员会。八大制定了正确的路线，为新时期社会主义事业的发展和党的建设指明了方向。——第1、31、37、52页。

2 早在国民经济恢复时期，国家通过加工订货、经销代销、统购包销等形式，开始了对资本主义工商业的初步的社会主义改造。一九五三年中共中央在过渡时期总路线中明确提出逐步实现对资本主义工商业的社会主义改造的任务，开始转入重点发展公私合营这种高级形式的国家资本主义，即国家在企业中占有相当股权，公私双方共同经营企业，公方代表居于领导地位，企业利润资方所得大体占四分之一，其他大部分归国家和工人。这样就使企业具有了不同程度的社会主义性质。一九五五年十一月，中共中央通过《关于资本主义工商业改造问题的决议》（草案），确定把个别企业的公私合营推进到全行业公私合营阶段。一九五五年底至一九五六年初，全国范围内的全行业公私合营形成迅猛发展的浪潮。到一九五六年底，基本完成了对资本主义工商业的社会主义改造。——第1、324页。

3 定息 是我国在资本主义工商业实行全行业公私合营后，对民族资本家的生产资料进行赎买的一种形式。一九五六年二月八日和七月二十八日，国务院先后发布了《关于在公私合营企业中推行定息办法的规定》和《关于对私营工商业、手工业、私营运输业社会主义改造中若干问题的指示》。在这两个文件中,对定息作了如下规定:企业在公私合营时期,不论盈亏,由国家按照企业合营时清产核资确定的私股股额,并依据统一规定的息率(一般是年息百分之五),按季付给私股股东以股息。这种定息办法,从一九五六年开始实行,原定七年,后又延长三年,到一九六六年九月停止实行。——第 2、35、144 页。

4 指从抗日战争爆发到一九四九年五月的十二年间,国民党统治区的纸币发行量增加了一千四百多亿倍,物价上涨了八万五千多亿倍。新中国成立前后,由于革命迅速发展的需要和全国财政经济工作的不统一,人民政府不得不依靠发行钞票来弥补巨大的财政赤字,加上投机资本的猖獗,物价仍然有过几次大幅度上涨。但是,中央人民政府和政务院财政经济委员会采取一系列有效措施,制止物价猛涨。一九五〇年三月三日政务院作出《关于统一国家财政经济工作的决定》以后,全国财政收支很快接近平衡,金融物价迅速趋于稳定,国民党政权留下的恶性通货膨胀的后遗症被彻底消除。这是新中国成立以后在经济战线上的一个伟大胜利。——第 10 页。

5 农业合作化 是土地改革后,通过互助组、初级农业生产合作社、高级农业生产合作社等形式,逐步把农业的个体经济改造成为集体经济的过程。中华人民共和国成立初期,在完成了土地改革的农村中,即出现了实行劳动协作的临时互助组和常年互助组。一九五三年中共中央先后发布《关于农业生产互助合作的决议》和《关于发展农业生产合作社的决议》,并在过渡时期的总路线中提出逐步实现国家对农业的社会主义改造的任务,使土地入股、统一经营的初级农业生产合作社在广大农村得到普遍发展。一九五五年七月,毛泽东作《关于农业合作化问题》的报告,同年十月,中共中央通过《关于农业合作化问题的决议》,随即出现了农业合作化运动迅猛发展的浪潮。一九五六年底,对农业的社会主义改造基本完成。——第 15、324 页。

6 自一九五四年国营商业部门经营生猪以后,为了做到收购生猪时计价简便、合理,曾制定了收购生猪的办法。当时各地主要采用"毛斤定等,毛斤计价",即根据收购时的毛重定等级,重量越大,等级越高,单价也高。这种办法虽然简便,但不能体现优质优价,同时容易助长农民交售饱食大肚猪的现象。后来,不少地区改为"出肉率定等,毛斤计价",即按照活猪每百斤毛重出带骨肉多少定等级,出肉多的等级高,单价也高。但是,这种出肉率的确定,全凭眼看手摸,又出现了收购人员压级压价的现象。为了纠正这种现象,有关部门作出了简化收购规格和规定验级公差的决定。——第16、32页。

7 第二个五年计划 是一九五八年到一九六二年中华人民共和国发展国民经济的第二个五年计划的简称。一九五六年九月二十七日，中国共产党第八次全国代表大会通过了关于这个计划的建议。后来由于经济指导工作上发生严重失误，这个计划建议没有付诸实施。——第17、37、56、78、107页。

8 专卖税利 指国家专卖事业部门按照国家法令经营专卖商品向财政部门上缴的税金和利润。一九五一年五月五日，财政部颁发了《专卖事业暂行条例草案》和《各级专卖事业公司组织规程》。到一九五二年，除少数地区外，在全国范围内首先对酒类实行了专卖。制造和运销酒类，由国家专卖事业部门统一经营。专卖可以使国家对某些特定商品实行集中管理，以便有计划地发展生产，提高质量，调节消费，增加财政收入。——第18页。

9 地方税收 是划归地方留用税收的统称。按照中央人民政府政务院一九五〇年四月一日发布的《关于统一管理一九五〇年度财政收支的决定》，地方留用税收包括存款利息所得税、印花税、交易税、屠宰税、房产税、地产税、特种消费行为税、车船使用牌照税等。其中，有些税种后来被简化合并，或者停征。地方税收由国家统一立法，规定征税原则，具体的减免和征收范围、征收办法等，均由省、自治区、直辖市人民政府根据各地实际情况来确定。——第20页。

10 这里所说的 公差，指收购生猪时每头估计的出肉量与屠宰后实际的出肉量之间的差额。进差，也称上差，指估得多，实际少。出差，也称下差，指估得少，实际多。一九五七年二月，有关部门规定，上差最多不超过二市斤，下差最多不超过一点五市斤。——第20页。

11 过儎行 也称转运行，是一种为客商办理货物水陆转运业务的商行。有些转运行，还附设货栈，代客储存货物。——第26页。

12 八届二中全会 指一九五六年十一月十日至十五日在北京举行的中国共产党第八届中央委员会第二次全体会议。会上，刘少奇作了关于目前时局的报告，周恩来作了关于一九五七年度国民经济发展计划和财政预算的控制数字的报告，陈云作了关于粮食和主要副食品（猪肉和食油）问题的报告。最后，毛泽东作了总结性的讲话。——第28页。

13 一九五三年小冒 指这一年财政方面的预算盘子打得过大，入不敷出，到六月底，大概有二十一亿元赤字。中共中央和中央人民政府及时发现了这个问题，并且采取了一系列措施，加以纠正。通过增加生产，厉行节约，到这一年底，不仅财政收支都比上年有较多的增长，而且收支平衡，略有结余。——第28页。

14 这里所说的 *永安公司*，是上海的一家大型百货商场。一九五六年一月实行公私合营。现为上海市第十百货商店。——第29页。

15 *三大改造* 指国家对农业、对手工业和对资本主义工商业的社会主义改造。——第30页。

16 *何应钦*（一八九〇——一九八七），贵州兴义人。当时任国民党政府军政部长、军事委员会总参谋长等职。——第31页。

17 *大生产运动* 是抗日战争时期中国共产党领导抗日根据地军民开展的大规模的生产运动。当时，由于日本侵略军的野蛮“扫荡”和国民党军的包围封锁，抗日根据地的财政经济遇到了很大困难。陕甘宁边区早在一九三八年就号召部队和机关开展生产运动，并号召农民群众组织起来发展生产。随后各抗日根据地也先后开展了大生产运动。经过这一运动，不仅使中国共产党领导的革命力量渡过了严重的经济困难，为抗日战争的胜利准备了物质基础，而且积累了领导财政经济工作的经验。——第32页。

18 一九五三年国家规定，私营企业所得利润，按国家所得税金、企业公积金、职工福利奖金、资方的股息红利四个方面分配，称为“*四马分肥*”。国家所得税采取累进税率，一般占利润总额的百分之三十左右；企业公积金一般占百分之十至三十；职工福利奖金一般占百分之五至十五；股息红利（包括董、监事和经理、厂长的酬劳金）一般占百分之二十五左右。这是初级和中级形式的国家资本主义企业利润分配的办法。一九五六年实行全行业公私合营后，资方的股息红利被定息所代替。——第35页。

19 一九五〇年六月二十五日朝鲜内战爆发后，美国随即出兵，打着联合国军的旗号进行干涉，同时派军队侵略中国领土台湾。九月十五日美军派兵在朝鲜西海岸仁川登陆，随后越过朝鲜南北方原来的分界线“三八线”大举北犯，并且轰炸、扫射中国东北边境城市和村庄，严重威胁中国的安全。中国人民为抗美援朝，保家卫国，组成中国人民志愿军，于十月二十五日抵达朝鲜前线，与朝鲜人民军并肩作战。在中朝人民军队的沉重打击下，美军连遭失败，被迫于一九五三年七月二十七日在朝鲜停战协定上签字。至此，朝鲜战争结束。——第 36 页。

20 土改 即土地改革，这里指中华人民共和国成立后，中国共产党领导广大农民废除封建的土地所有制，实现农民的土地所有制的改革运动。一九五〇年六月，中央人民政府颁布《中华人民共和国土地改革法》。同年冬起，在新解放区陆续开展了土地改革运动。到一九五二年冬，除台湾省和一部分少数民族地区以外，全国的土地改革基本结束，使三亿无地或少地的农民（包括老解放区农民在内）分得了约七亿亩土地和其他生产资料。——第 36、324 页。

21 土地法令 指《中华人民共和国土地改革法》。一九五〇年六月三十日中央人民政府正式颁布施行。——第 36 页。

22 “五反”指一九五二年在全国工商业中开展的反对行贿、反对偷税漏税、反对盗骗国家财产、反对偷工减料和反对盗窃经济情报的斗争。——第 36 页。

23 一九四九年七月，中共中央财政经济部（简称中财部）与华北财政经济委员会合并，在中国人民革命军事委员会之下，设立中央财政经济委员会（简称中财委）。在此基础上，于同年十月二十一日正式成立中央人民政府政务院财政经济委员会（仍简称中财委），统一领导全国财政经济工作。一九五四年九月撤销。——第 45、214 页。

24 国务院第五办公室 即国务院财贸办公室，它是按照一九五四年九月第一届全国人民代表大会第一次会议通过的《中华人民共和国国务院组织法》的规定而设立的机构。该办公室协助国务院总理负责掌管财政部、粮食部、商业部、对外贸易部、中国人民银行的工作，并负责指导中华全国供销合作总社的工作。——第 45、126、205 页。

25 五福布 是当时天津第二棉纺织厂生产的一种印有五个蝙蝠商标的白布。——第 46 页。

26 王明 即陈绍禹（一九〇四——一九七四），安徽六安金家寨（今属金寨县）人。一九二五年加入中国共产党。曾任中共中央委员、政治局委员、驻共产国际代表、长江局书记等职。他是一九三一年一月中共六届四中全会至一九三五年一月遵义会议前中国共产党内“左”倾冒险主义错误的主要代表。抗日战争初期，又犯了右倾投降主义错误。他长期拒绝党的批评和帮助。一九五六年后一直滞留苏联。一九七四年去世。——第47、235、285页。

27 张国焘（一八九七——一九七九），江西萍乡人。一九二一年参加中国共产党第一次全国代表大会。曾被选为中共中央委员、政治局委员、政治局常委。一九三一年任中共鄂豫皖中央分局书记、中华苏维埃共和国临时中央政府副主席等职。一九三五年六月红军第一、第四方面军在四川懋功（今小金）地区会师后任红军总政治委员。他反对中央关于红军北上的决定，进行分裂党和红军的活动，另立“中央”。一九三六年六月他被迫取消第二“中央”，随后与红军第二、第四方面军一起北上，十二月到达陕北。一九三七年九月起，任陕甘宁边区政府副主席、代主席。一九三八年四月他乘祭黄帝陵之机逃离陕甘宁边区，经西安到武汉，投入国民党特务集团，成为中国革命的叛徒，随即被开除出党。一九七九年十二月死于加拿大。——第47页。

28 第一个五年计划 是一九五三年到一九五七年中华人民共和国发展国民经济的第一个五年计划的简称。这一计划，从一九五一年开始准备，经过五次编制，到一九五五年七月由第一届全国人民代表大会第二次会议正式通过。这是一个成功的计划，执行的结果是，到一九五六年，基本上完成了对农业、手工业和资本主义工商业的社会主义改造；到一九五七年，计划规定的各项建设任务也胜利实现，许多指标超额完成，这就为国家工业化打下了初步基础，同时人民生活也得到了很大改善。——第49、78、93、107、113、162、192、208、286、340、366页。

29 双轮双铧犁 是当时一种新式的畜力耕地农具。有两个轮子和两个犁头，比旧式犁耕得深、效率高。锅驼机是当时适于农村使用的一种动力机器，用煤炭、木柴做燃料。——第49页。

30 “黄牛”指抢购物资，高价出售，以此牟取暴利的人。——第50页。

31 “骨头”和“肉”是计划部门在分配基本建设投资时划分项目类别的一种形象化的说法。“骨头”一般指工业、交通建设项目。“肉”一般指配合生产和适应职工生活需要的各种设施，如科研、文教、卫生、商业服务网点、职工住宅和城市公用事业等。——第51、253页。

32 薄一波，一九〇八年生，山西定襄人。一九五六年任国务院副总理兼国家经济委员会主任。一九五八年六月起同时任中央财经小组副组长。“文化大革命”中受迫害。一九七九年中共十一届四中全会上增补为中央委员。后任国务院副总理。一九八二年后任中共中央顾问委员会副主任。——第52、130、259、340页。

33 参见本书《解决猪肉和其他副食品供应紧张的办法》一文（第23—26页）。——第61、97、196页。

34 指以货币代替粮食缴纳农业税的一种办法。——第65、71页。

35 松江专区 是当时江苏省的一个专区。一九五八年初将所属的三个县划归上海市。同年三月撤销建制，所辖地区划归苏州专区，不久又由苏州专区划归上海市。——第65页。

36 苏州专区 是当时江苏省的一个专区。一九七〇年改为苏州地区。一九八三年撤销苏州地区，将吴县、吴江、昆山、太仓、沙洲等五个县划归苏州市。——第65、171页。

37 一九八〇年六月十五日，陈云给国务院副总理兼国家计划生育委员会主任陈慕华写信，指出：“限制人口、计划生育问题，要列入国家长期规划、五年计划、年度计划。这个问题与国民经济计划一样重要。”——第68页。

38 这里所说的 社会主义教育运动，指按照一九五七年八月八日中共中央发出的《关于向全体农村人口进行一次大规模的社会主义教育的指示》而开展的一次群众运动。教育的主要内容是：农业生产合作社优越性问题，粮食和其他农产品统购统销问题，工农关系问题，肃反和遵守法制问题，等等。——第69页。

39 指 粮食年度，它是计算粮食的购、销、调、存所使用的全国统一的年度。当时规定的粮食年度，是从本年七月一日起到下年六月底止。后来改为从本年四月一日起到下年三月底止。——第69、125、160、183、194页。

40 专县 指专区和县。专区 是省、自治区派出的专员公署所领导的区域。一九七〇年专区改为地区，作为一级政权。一九七八年后，除自治州外，又改为省、自治区的派出机构。一九八三年试行地、市合并，由市领导县的体制以来，有些地区行政单位撤销。——第76、163页。

41 监察部 是当时国务院设立的一个部。一九四九年十月，依照《中华人民共和国中央人民政府组织法》，政务院曾设立人民监察委员会。一九五四年九月，依照《中华人民共和国国务院组织法》，设立监察部。一九五九年四月撤销。一九八七年七月重新设立。——第 76 页。

42 中央经济工作五人小组 是一九五七年一月十日中共中央政治局决定成立的。这个小组由陈云、李富春、薄一波、李先念、黄克诚等五位同志组成，以陈云为组长，在中央政治局之下，统一领导国家的经济工作。——第 79 页。

43 按氮肥、磷肥、钾肥的有效成分百分之百计算。——第 80 页。

44 农垦部 是当时国务院设立的一个部。一九五六年五月成立，一九七〇年六月撤销。一九七九年六月重新设立。一九八二年五月，农垦部与农业部、国家水产总局合并，设立农牧渔业部。现为农业部农垦局。——第 80 页。

45 安东 即今辽宁省丹东市。——第 82 页。

46 新疆麻 即罗布麻，是一种野生纺织纤维植物。罗布麻也称野麻、茶叶花、茶棵子等，在我国的新疆、青海、甘肃、陕西、山西、河北、山东、江苏等地均有生长，而以新疆塔里木盆地东部的罗布平原产量最多，故名罗布麻。——第 82 页。

47 “卡普隆”是俄文 Капрон 的音译，一种以苯酚、苯胺或苯为主要原料制成的合成纤维。——第 82 页。

48 国务院第七办公室 即国务院农林办公室，它是按照一九五四年九月第一届全国人民代表大会第一次会议通过的《中华人民共和国国务院组织法》的规定而设立的机构。该办公室协助国务院总理负责掌管农业部、林业部、水利部、中央气象局的工作。——第 83、192 页。

49 水地 指可以灌溉的土地，包括水田和水浇地。——第 83 页。

50 指一九五七年九月二十四日中共中央、国务院《关于今冬明春大规模地开展兴修农田水利和积肥运动的决定》。——第 84 页。

51 食品工业部 是当时国务院设立的一个部。一九五六年五月成立，一九五八年二月并入轻工业部。——第 88 页。

52 森林工业部 是当时国务院设立的一个部。一九五六年五月成立，一九五八年二月并入林业部。——第 88 页。

53 第二机械工业部 是当时国务院设立的一个部。最初是一九五二年八月中央人民政府委员会决定成立的。一九五八年二月，第二机械工业部与第一机械工业部、电机制造工业部合并，设立第一机械工业部。一九八二年五月，第一机械工业部、农业机械部、国家仪器仪表工业总局、国家机械设备成套总局合并，设立机械工业部。——第 90 页。

54 限额以上项目 指在基本建设项目中，不论新建、改建或恢复，全部投资等于或大于国家规定限额的建设单位。这类建设单位的设计任务书由中央审批。小于限额的，称为限额以下项目，其设计任务书由地方审批。这是我国第一个五年计划时期及其以后的一段时间，国家分级分类管理基本建设项目的方法。第一个五年计划期间，国家对各类工业基本建设单位的投资限额规定如下：钢铁工业和汽车、拖拉机、船舶、机车车辆等制造工业的投资限额为一千万元，有色金属、化学和水泥等工业的投资限额为六百万元，煤炭、石油和纺织等工业的投资限额为五百万元，橡胶、造纸、制糖、卷烟和医药等工业的投资限额为四百万元，等等。限额以上项目，一般为国家重点建设项目。——第 92 页。

55 大修理不准"变形" 指所维修的固定资产不能改变原样。大修理不准"增值" 指所维修的固定资产的价值不能提高。——第 94 页。

56 加工工缴费用 是企业以原材料或半成品委托其他企业加工产品时所付给的费用。工缴费一般包括合理的成本、利润和税金。——第 96 页。

57 一九五〇年十二月十九日，中央人民政府政务院颁发的《印花税暂行条例》，规定，凡因商事、产权等行为所书立或使用之凭证，须按税则和税率贴政府发售的印花税票。一九五八年九月，印花税并入工商统一税。参见本书注〔60〕。——第 99 页。

58 一九五〇年十二月十九日，中央人民政府政务院颁发的《利息所得税暂行条例》规定，对存款利息所得进行征税，税率为百分之五。后来，随着资本主义工商业社会主义改造的基本完成和银行存款利率的降低，经国务院批准，存款利息所得税从一九五九年起停止征收。——第 99 页。

59 一九五二年十二月三十一日，政务院财政经济委员会颁发的《关于税制若干修正及实行日期的通告》中，决定取消从一九五一年一月十六日起开征的特种消费行为税这个税种，将其中的电影、戏剧等改征文化娱乐税，其余部分并入营业税。一九五六年五月三日，第一届全国人民代表大会常务委员会第三十五次会议通过了《文化娱乐税条例》。一九六六年九月，经国务院批准，停止征收文化娱乐税。——第 99 页。

60 一九五八年九月十三日，国务院颁发了《工商统一税条例（草案）》，将当时工商税收中的四个主要税种：货物税、商品流通税、营业税、印花税，合并简化为工商统一税。一九七二年三月三十日，财政部报经国务院批准，将工商统一税改为工商税，并颁发了《工商税条例（草案）》。——第 100 页。

61 指工商业税中的所得税。参见本书注〔64〕。——第 100 页。

62 定额流动资金 指企业流动资金中实行定额管理的那部分资金，包括储备资金、生产资金和成品资金，这是企业流动资金的主要组成部分。非定额流动资金 指企业流动资金中不便实行定额管理的那部分资金，包括处于流通过程的结算资金和货币资金等。——第 100 页。

63 地方的各项附加收入 指地方随正税征收的、不列入国家预算的那部分收入。正税指列入国家预算的税收。国家对地方附加的比例有严格的限制。例如，农业税地方附加，一般不得超过正税的百分之十五，某些获利较大的经济作物区不得超过百分之三十。——第 102 页。

64 工商业税 是一九五〇年一月三十一日中央人民政府政务院发布的《全国税政实施要则》中确定的一个税种。政务院同时公布了《工商业税暂行条例》。条例规定，工商业税包括营业税和所得税两部分。一九五八年九月实行工商统一税后，所得税部分独立为工商所得税，营业税部分并入工商统一税。——第 102 页。

65 "大跃进" 是一九五八年轻率发动的一次群众运动。这一年的八月，中共中央政治局在北戴河举行扩大会议，提出一九五八年钢的产量要比一九五七年翻一番，达到一千零七十万吨，并决定在农村普遍建立人民公社。会后，在全国很快形成了以全民大炼钢铁为中心的"大跃进"运动和农村人民公社化运动的高潮，使得以高指标、瞎指挥、浮夸风和"共产风"为主要标志的"左"倾错误严重地泛滥开来，打乱了正常的经济建设秩序，浪费了巨大的人力和资源，造成了国民经济比例的严重失调，人民生活受到很大影响。到一九六〇年冬，"大跃进"运动才被停止。——第 105 页。

66 中华人民共和国成立后，全国人民在中国共产党的领导下，经过三年的努力，到一九五二年底，就恢复了被长期战争和国民党反动统治所严重破坏的国民经济。这一时期，称为 恢复时期。——第 107、200、214、366 页。

67 建筑工程部 是当时国务院设立的一个部。一九五八年二月，由原建筑工程部、建筑材料工业部、城市建设部合并组成。一九六五年三月，又分设建筑材料工业部。一九七〇年六月，建筑工程部撤销。——第 109 页。

68 这里所说的 第一机械工业部(简称 一机部)，是一九五八年二月成立的。参见本书注〔53〕。——第 111、152、212 页。

69 中央基本建设委员会 指当时国务院设立的国家基本建设委员会。一九五八年十月成立，一九六一年一月撤销。一九六五年三月重新设立。一九八二年五月，国家基本建设委员会、国家城市建设总局、国家建筑工程总局、国家测绘总局合并，设立城乡建设环境保护部。——第 114 页。

70 这里所说的 区，指当时设立的协作区。一九五八年六月一日，中共中央决定，将全国划分为东北、华北、华东、华南、华中、西南、西北等七个协作区。每个协作区都成立协作区委员会，作为它的领导机构。协作区委员会由有关省、自治区、直辖市党委第一书记和其他必要的人员组成，下设经济计划办公厅，作为它的办事机构，并接受国家计划委员会和国家经济委员会的指导。——第 116 页。

71 南宁会议 指一九五八年一月十一日至二十三日中共中央在广西南宁召开的有部分中央领导同志和部分地方领导同志参加的会议。会议讨论了一九五八年的国民经济计划和国家预算问题，同时研究了改进工作方法的问题。会上，毛泽东继一九五七年十月中共八届三中全会之后，再次错误地批评一九五六年周恩来、陈云等反冒进的正确主张。——第 117 页。

72 成都会议 指一九五八年三月八日至二十六日中共中央在四川成都召开的有部分中央领导同志、部分省市委第一书记、中央有关部委负责同志参加的会议。会议讨论和通过了《关于一九五八年计划和预算第二本帐的意见》、《关于发展地方工业问题的意见》和《关于把小型的农业合作社适当地合并为大社的意见》等文件。毛泽东在会上的讲话中，继续批评反冒进，还提出了“鼓足干劲、力争上游、多快好省地建设社会主义”的总路线的基本观点。——第 117 页。

73 “放卫星”是一九五八年“大跃进”中浮夸风的一种表现。当时，不少地区和部门，为了追求产品产量，在生产和建设上集中人力、物力，突击“放卫星”。

宣传和推行这种做法的结果，往往是弄虚作假，劳民伤财。——第119页。

74 这里所说的中央财经小组，是一九五八年六月十日中共中央决定成立的。组长陈云，副组长李富春、薄一波、谭震林，组员李先念、黄克诚、邓子恢、聂荣臻、李雪峰、贾拓夫、王鹤寿和赵尔陆。这个小组，直属中共中央政治局和中央书记处，负责领导全国财经工作。但不久开始“大跃进”运动，中央财经小组实际上停止了工作。——第125、129、140页。

75 一九五九年三月二十五日至四月五日，中共中央在上海先后举行政治局扩大会议和八届七中全会，讨论和通过了一九五九年国民经济计划草案，检查了人民公社的整顿工作。计划草案规定一九五九年钢的产量为一千八百万吨，其中好钢为一千六百五十万吨。会后，毛泽东委托陈云落实钢铁生产指标的问题。经过系统周密的调查研究，陈云于五月提出钢的生产指标应降为一千三百万吨。执行结果为一千三百八十七万吨。——第129页。

76 富春 即李富春（一九〇〇——一九七五），湖南长沙人。当时任中共中央政治局委员、中央财经小组副组长、国务院副总理兼国家计划委员会主任。——第130、256页。

77 赵尔陆（一九〇五——一九六七），山西崞县（今原平）人。当时任中央财经小组成员、第一机械工业部部长。——第130页。

78 土铁 指“大跃进”运动中用土法生产的铁。——第134页。

79 石景山钢铁厂 即今首都钢铁公司的前身。——第137页。

80 主焦煤 是供炼焦用的一种烟煤。——第138页。

81 少奇 即刘少奇（一八九八——一九六九），湖南宁乡人。当时任中国共产党中央委员会副主席、中华人民共和国主席。——第139、190、200页。

82 鹤寿 即王鹤寿，一九〇九年生，河北唐县人。当时任中央财经小组成员、冶金工业部部长。——第140页。

83 姚依林（一九一七——一九九四），安徽贵池人。一九六一年和一九六二年任商业部部长、国务院财贸办公室副主任。一九七九年六月任中共中央副秘书长、中央办公厅主任、国务院财经委员会秘书长。后任国务院副总理。一九八二年在中共十二届一中全会上当选为中央政治局候补委员、中央书记处书记。一九八五年在中共十二届五中全会上当选为中央政治局委员。一九八七年在中共十三届一中全会上当选为中央政治局常委。——第143、209、263、340、358页。

84 三机部 即第三机械工业部，是当时国务院设立的一个部。一九六〇年九月成立。一九八二年五月改名为航空工业部。一九九三年六月成立中国航空工业总公司。——第152页。

85 全聚德 指北京全聚德烤鸭店。——第158页。

86 东来顺 指北京东来顺饭庄。——第158页。

87 张小泉 指杭州张小泉剪刀厂。现扩大为张小泉剪刀刀具公司。——第158页。

88 “十二条”指一九六〇年十一月三日中共中央发出的《关于农村人民公社当前政策问题的紧急指示信》，全文共十二条。信中指出，必须坚决反对一平二调的“共产风”，农村人民公社实行三级所有、队为基础，允许社员经营少量的自留地和小规模的家庭副业，坚持按劳分配原则和认真执行劳逸结合等。这对当时纠正“共产风”，扭转农村困难局势，起了积极的作用。——第160、198页。

89 “六十条”指一九六一年三月中共中央制定的《农村人民公社工作条例（草案）》，全文共六十条。条例草案对于纠正人民公社内部严重存在的队与队、社员与社员之间的平均主义，社、队规模偏大，公社对下级管得太多太死，民主制度和经营管理制度不健全等方面的问题，作了比较系统的规定。同年五六月间，中共中央对这个草案作了修改，制定了供讨论和试行用的《农村人民公社工作条例（修正草案）》，进一步规定取消分配上的供给制部分，停办公共食堂。一九六二年二月十三日中共中央发出指示，把农村人民公社基本核算单位由生产大队改为生产队。同年九月二十七日，中共八届十中全会正式通过了《农村人民公社工作条例（修正草案）》。人民公社六十条的贯彻执行，对恢复农村经济起了重要的作用。——第160、185、198页。

90 指一九六一年五月二十一日至六月十二日中共中央在北京举行的工作会议。这次会议进一步研究了调整国民经济，特别是农村工作的问题，修改并通过了供讨论和试行用的《农村人民公社工作条例（修正草案）》、《中共中央关于讨论和试行农村人民公社工作条例修正草案的指示》和《中共中央关于坚决纠正平调错误、彻底退赔的规定》等重要文件。为了调整工业与农业、城市与乡村的关系，会议决定实行精减职工和动员城市人口下乡的政策。会议讨论了毛泽东在会议期间提出的调查研究、群众路线、退赔、平反与处罚等四个问题。会议还讨论了商业和手工业的问题，制定了《关于改进商业工作的若干规定(试行草案)》和《关于城乡手工业若干政策问题的规定(试行草案)》。——第160页。

91 公购粮 指公粮和统购粮。——第160页。

92 平调退赔 是坚决纠正一平二调错误、彻底进行退赔的简称。一平二调是一九五八年农村人民公社化运动初期发生的“共产风”的主要内容。“平”，指搞平均主义，在公社范围内实行贫富拉平，平均分配，否认按劳分配原则。“调”，主要指县社两级无偿调拨生产队(包括社员个人)的财物和劳动力，否认等价交换原则。一平二调严重地破坏了农村生产力。一九六一年六月十九日，中共中央作出了《关于坚决纠正平调错误、彻底退赔的规定》。——第161、170页。

93 这里所说的平反，指当时凡是在“拔白旗”、反右倾、整风整社、民主革命补课运动中被批判和处分完全错了和基本错了的党员、干部，应该认真地、迅速地加以平反。——第161页。

94 这里所说的处罚，指在“大跃进”和农村人民公社化运动中犯有严重错误的领导干部，要给以必要的处罚。——第161页。

95 杭嘉湖 指浙江省的杭州、嘉兴、湖州三角地带，是全国著名的鱼米之乡。——第163页。

96 指当时苏州专区所辖的吴县、常熟、太仓、昆山、吴江、江阴等六个县。一九八三年一月，常熟县改为常熟市(省辖，县级)，江阴县划归无锡市。——第163页。

97 这里所说的整风，指一九六一年一月中共八届九中全会前后，在全国范围内分期分批地进行的整风运动。目的是帮助干部提高思想政治水平，改进工作方法和工作作风，纯洁组织，以促进生产的发展。——第166页。

98 在一九五八年“大办钢铁”运动中，提出了“小(小型企业)、土(土办法)、群(群众路线)”和“小(小型企业)、洋(现代化生产方法)、群(群众路线)”的方针。这里所说的小土群和小洋群，就是指按照这种方针建设的企业。——

第 167 页。

99　大洋群 指采用现代化生产方法和实行群众路线方针的大型企业。——第 167 页。

100　龙烟铁矿 位于河北省龙关县(今赤城县)和宣化县境内。——第 167 页。

101　薛暮桥,一九〇四年生,江苏无锡人。当时任国家计划委员会副主任。——第 170 页。

102　荡田 指地势低洼经常积水的农田。——第 171 页。

103　嘉兴专区 是当时浙江省的一个专区。一九七〇年改为嘉兴地区。一九八三年撤销嘉兴地区,嘉兴市升为地级市,辖嘉善、平湖、海宁、海盐、桐乡等五个县。嘉兴县于一九八一年并入嘉兴市。——第 171 页。

104　上海市郊区十个县 指上海、嘉定、宝山、川沙、南汇、奉贤、松江、金山、青浦、崇明等十个县。——第 176 页。

105　高田 指地势较高的农田。——第 178 页。

106　棉麻 指棉花和麻。——第 182 页。

107　参见本书注〔96〕。——第 183 页。

108　这里所说的 赤稻,是籼稻的一种。洋籼 指当时从东南亚引进的一种籼稻。——第 184 页。

109　"十边地"指除农田以外的田边、场边、路边、沟边、塘边、圩边、岩边、屋边、坟边、篱边等可以种植的空隙地。——第 185 页。

110　一九五九年郑州会议 指一九五九年二月二十七日至三月五日在河南郑州举行的中共中央政治局扩大会议。会议的主题是解决人民公社所有制和纠正"共产风"的问题。会议提出了人民公社实行权力下放,三级管理,三级核算,队(这里指生产大队,相当于原来的高级农业生产合作社)为基础的体制;在公社内部,承认队与队、社员与社员的收入之间的差别,实行按劳分配、等价交换的原则等。会议起草了《关于人民公社管理体制的若干规定(草案)》。——第 185 页。

111　这里指一九六二年一月十一日至二月七日中共中央在北京举行的 扩大的中央工作会议。参加会议的有中央、各中央局、各省市自治区党委及地委、县委、重要厂矿企业党委和部队的负责干部共七千多人，所以又称七千人大会。会上，刘少奇代表中共中央所作的报告，初步总结了一九五八年“大跃进”以来工作中的经验和教训，分析了工作中的主要缺点和错误，指出全党当前的主要任务是做好调整工作。毛泽东在会上作了重要讲话，着重指出要健全民主集中制，在党内、党外充分发扬民主；要在总结正反两方面经验的基础上，加深对社会主义建设规律的认识。对前几年工作中的缺点和错误，毛泽东承担了责任，作了自我批评。——第 187、198 页。

112 茬口 指在同一块土地上农作物的轮作次序。——第 193 页。

113 见毛泽东《关于打退第二次反共高潮的总结》(《毛泽东选集》第 2 卷，人民出版社 1991 年版，第 784 页)。——第 193 页。

114 先念 即李先念(一九〇九——一九九二)，湖北黄安(今红安)人。一九六二年时任中共中央政治局委员、中央书记处书记、国务院副总理兼财政部部长。一九七八年时任中共中央副主席、国务院副总理。一九八三年起任中华人民共和国主席。一九八八年起任中国人民政治协商会议全国委员会主席。——第 197、235、252、260、341、345、363、378 页。

115 这里指一九五八年五月中国共产党第八次全国代表大会第二次会议根据毛泽东的倡议而通过的“鼓足干劲、力争上游、多快好省地建设社会主义”的总路线。这条总路线反映了广大人民群众迫切要求改变我国经济文化落后状况的普遍愿望，但是忽视了客观的经济规律。——第 198 页。

116 中央关于调整工业的指示 指一九六一年九月十五日《中共中央关于当前工业问题的指示》。其要点是：一、切实地执行调整、巩固、充实、提高的方针；二、在工业管理中实行高度集中统一的领导；三、在全面安排的基础上，抓住中心环节，集中力量，解决问题；四、努力增产日用品和农业的生产资料，稳定市场；五、加强经济协作；六、切实整顿企业的管理工作，严格实行责任制和经济核算制；七、坚持群众路线，改进工作作风；八、加强纪律性。——第 198 页。

117 “七十条”指一九六一年九月中共中央制定的《国营工业企业工作条例(草案)》，全文共七十条。条例草案针对一九五八年“大跃进”以来企业管理工作的混乱状态，明确规定了整顿国营工业企业的主要任务和具体办法，要求建立和健全各级责任制和各项规章制度，强调计划管理、技术管理、劳动管理、经济核算、按劳分配和职工物质利益等项原则。这个条例草案的讨论和试行，对于促进我国工业生产的恢复和发展，起了积极的作用。——第 198 页。

118 这里指一九六三年至一九七二年的十年国民经济规划。当时只是一个初步设想。——第 200、207 页。

119 一九五九年庐山会议前期，毛泽东在讲话中指出，过去安排国民经济计划是重、轻、农，现在是否提 农、轻、重，重工业要为轻工业、农业服务。这里所说的必须按照农业、轻工业、重工业的次序来安排国民经济计划，指在制订国民经济计划时，要先把农业生产及其需要安排好，然后根据农业所能提供的原料和市场的需要，安排好轻工业的生产，最后根据农业、轻工业的发展速度和生产规模，决定重工业的发展速度和生产规模，避免孤立地发展重工业，造成国民经济比例失调。这是毛泽东从中国是一个农业国的实际情况出发，总结国内外社会主义建设正反两方面的经验，所提出的制订国民经济计划的一个原则和方法。——第 206、246 页。

120 一九六二年二月中共中央政治局常委在北京中南海西楼召开扩大会议之后，酝酿恢复中央财经小组工作和调整这个小组成员的问题。同年四月十九日，中共中央正式决定：中央财经小组 由陈云为组长，李富春、李先念为副组长，周恩来、谭震林、薄一波、罗瑞卿、程子华、谷牧、姚依林、薛暮桥等为组员。——第 207 页。

121 一九六〇年九月三十日，在中共中央批转的国家计委党组《关于一九六一年国民经济计划控制数字的报告》中，针对“大跃进”以后国民经济发生严重困难的情况，提出一九六一年要把农业放在首要地位，使各项生产、建设事业在发展中得到“调整、巩固、充实和提高”的方针(后来简称 八字方针)。一九六一年一月党的八届九中全会正式批准了这个方针。从此以后，我国的国民经济进入了调整阶段。通过采取大力恢复和发展农业生产，缩短基本建设战线，压缩重工业生产，增加日用工业品生产，精减职工和减少城镇人口，稳定市场等重大措施，到一九六五年，全国基本上完成了预定的调整国民经济的任务，工农业生产和财政经济状况得到了根本好转。——第 207、251、257 页。

122 这次中央工作会议，也称中共中央政治局常委扩大会议，后来提前于一九六二年五月七日至十一日在北京举行。会议主要讨论中央财经小组提出的《关于讨论一九六二年调整计划的报告》。这个报告正确地分析了当时的财政经济形势，确定继续对国民经济进行大幅度的调整，并要求切实地搞好国民经济的综合平衡工作。同年五月二十六日，中共中央批准了这个报告。——第207页。

123 第三个五年计划 是中华人民共和国发展国民经济的第三个五年计划的简称。这个计划原定一九六三年到一九六七年实行。从一九六二年一月扩大的中央工作会议到同年五月中央工作会议期间，中共中央鉴于对国际国内形势和一九六一年开始贯彻调整方针情况的分析，曾设想第三个五年计划主要是调整和恢复国民经济。后来根据国民经济恢复较快的情况，毛泽东提出，一九六三年至一九六五年这三年作为一个过渡阶段，贯彻调整方针，打下底子，从一九六六年起搞第三个五年计划。这个主张得到中央其他领导同志的赞同。——第207页。

124 七七事变 也称卢沟桥事变。卢沟桥距北京城十余公里，是北京西南的门户。一九三七年七月七日，日本侵略军向驻守在这里的中国军队进攻。在全国人民抗日热潮的推动和中国共产党的抗日主张的影响下，中国驻军奋起抵抗。中国人民英勇的八年抗战，从此开始。所以也称 七七抗战。——第213、233页。

125 张之洞（一八三七——一九〇九），直隶（今河北省）南皮人。清末洋务派首领之一。一八八四年任两广总督，开始兴办新式工业。一八八九年调任湖广总督，开办汉阳铁厂和湖北枪炮厂，设立织布、纺纱、缫丝、制麻四局，并力主筹办卢沟桥到汉口的铁路。——第213页。

126 指国务院农林办公室。参见本书注〔48〕。——第213页。

127 指国务院财贸办公室。参见本书注〔24〕。——第214、256页。

128 黄敬（一九一一——一九五八），浙江绍兴人。当时任第一机械工业部部长。——第214页。

129 陈希愈，一九一一年生，山西霍州（今霍县）人。当时任中国人民银行行长。——第216页。

130 乔培新，一九一二年生，内蒙古达拉特旗人。当时任中国人民银行副行长。——第 217 页。

131 尼克松(一九一三——一九九四),美国共和党人。当时任美国总统。——第 218、227 页。

132 康纳利 即约翰·康纳利,一九七一年至一九七二年任美国财政部部长,当时任美国总统国内外事务顾问。——第 218 页。

133 舒尔茨 即乔治·舒尔茨,当时任美国财政部部长。——第 218 页。

134 这里所说的边币,指一九四一年陕甘宁边区银行发行的货币,流通于陕甘宁边区。一九四八年一月,陕甘宁边区银行与晋绥边区的西北农民银行合并后停止发行,按陕甘宁边币二十元对西北农民币一元的比价并行流通。——第 218 页。

135 国民党政府为了控制全国金融,禁止银元流通,自一九三五年十一月四日起,实行法币政策,并规定中央银行、中国银行、交通银行(后加中国农民银行)发行的纸币,作为法定的全国统一流通的货币,简称法币。抗日战争和解放战争时期,国民党统治区通货恶性膨胀,法币急剧贬值。自一九四八年八月十九日起,发行金圆券代替崩溃的法币。——第 218 页。

136 李裕民,当时任中国人民银行国外业务管理局三处处长。——第 218 页。

137 期货 指买卖成交后约定期限交付的货物。——第 221 页。

138 广州交易会 即中国出口商品交易会。它是从一九五七年开始由中国各对外贸易公司联合举办的一种定期交易会,每年春秋两季各举行一次,简称春交会和秋交会。会址设在广州,所以也称广州交易会,或者广交会。——第 225 页。

139 新马 指新加坡和马来西亚。——第 226 页。

140 卜内门 即帝国化学工业公司,是英国的化学工业垄断组织,总公司设在伦敦。——第 227 页。

141 天安门事件 指一九七六年四月五日在北京天安门广场爆发的悼念周恩来、反对“四人帮”的强大抗议运动。这个运动实质上是拥护以邓小平为代表的党的正确领导,它为后来粉碎江青反革命集团奠定了伟大的群众基础。当时,中共中央政治局和毛泽东对天安门事件的性质作出了错误的判断,认为是“反革命政治事件”，并且错误地撤销了邓小平的党内外一切职务。粉碎“四人帮”以后，一九七七年七月，中共十届三中全会通过决议，恢复了邓小平的党内外一切职务。一九七八年十二月，中共十一届三中全会批判了“两个凡是”的错误，决定撤销中共中央发出的有关“反击右倾翻案风”运动和天安门事件的错误文件，郑重宣布为邓小平平反、为天安门事件平反。——第230、234页。

142 华主席 即华国锋，一九二一年生，山西交城人。一九七六年四月任中共中央第一副主席、国务院总理。同年十月，中央政治局采取断然措施，粉碎“四人帮”，他和叶剑英、李先念等起了重要作用。后任中共中央主席、中央军委主席。一九八〇年九月，第五届全国人民代表大会第三次会议决定，接受华国锋辞去国务院总理职务的请求。一九八一年六月，中共十一届六中全会鉴于华国锋在粉碎“四人帮”以后推行“两个凡是”的错误方针，继续肯定“文化大革命”的错误理论、政策和口号，一致同意华国锋辞去中共中央主席、中央军委主席的职务。——第232、243页。

143 一九三六年，在全国抗日救亡运动高涨的形势下，中共中央北方局为了开展工作，解决缺乏干部的问题，报请中共中央批准，指示薄一波等六十一人可以履行敌人规定的手续出狱。对此，中共中央早已有过结论，没有当作问题。但是，“文化大革命”开始后，林彪、康生、江青等人为了篡党夺权的需要，于一九六七年三月将薄一波等六十一人定为“叛徒集团”。这是一起重大的错案。一九七八年十二月十六日，中共中央批准中央组织部《关于“六十一人案件”的调查报告》，为这一错案作了彻底平反。——第232页。

144 反省院 是国民党政府迫害和诱降中国共产党人、革命群众和爱国民主人士的一个反动机构。——第232页。

145 一九三七年七月七日，中共中央组织部《关于所谓自首分子的决定》的第三条规定：“凡在狱中表示坚定坐满刑期，送到反省院的同志，照例要办自首手续，或填一般反共自愿书，才能出狱。如他们曾经组织允许填写这类文件后出狱的，得恢复其组织。如具有上述情形，但未经组织允许者，经过工作中考察后，亦得恢复其组织。”——第232页。

146 指一九四一年七月二十二日中共中央通过的《关于过去履行出狱手续者（填写悔过书声明脱党反共）暂行处理办法》。这个暂行处理办法的第二条规定：“共产党员在被捕后，毫无叛党行为，仅仅在刑期满后或交保释放时由自己或家属填写过'悔过''自新'一类文件作为出狱手续，而在出狱后仍然坚决革命，并未改变其革命本质，并未对革命发生动摇者，虽在当时中央并无允许履行这类手续之决定，应视为实质上并未叛变。因此出狱后经地委以上审查和认可之后，已恢复党籍者仍然不变，未恢复或恢复后又被开除者，则在本人要求恢复时可恢复其党籍。但在党表上应登记此种出狱情况，以区别于过去拒绝履行出狱手续坚持无条件出狱者。"——第233页。

147 陶铸（一九〇八——一九六九），湖南祁阳人。一九二六年加入中国共产党。一九三三年五月，由于叛徒的出卖，在上海被国民党逮捕，先后关押在上海公安局和南京监狱，并被判处无期徒刑。在被监禁期间，同敌人进行了坚决的斗争。抗日战争爆发后，经党组织营救出狱。"文化大革命"中，被林彪、江青反革命集团迫害致死。一九七八年十二月，中共十一届三中全会决定，纠正过去对陶铸所作的错误结论，肯定了他对党和人民的贡献。——第233页。

148 王鹤寿，一九〇九年生，河北唐县人。一九二五年加入中国共产党。一九三三年八月，再次被国民党逮捕。判刑后关押在南京监狱，同敌人进行了坚决的斗争。抗日战争爆发后，经党组织营救出狱。"文化大革命"中，被诬为"走资派"、"叛徒"，长期关押。一九七八年中共中央组织部作出彻底平反的结论。——第233页。

149 彭德怀（一八九八——一九七四），湖南湘潭人。一九二八年加入中国共产党。曾任中国工农红军第三军团军团长、陕甘支队司令员、八路军副总指挥、中国人民解放军副总司令、第一野战军司令员兼政治委员、中共中央西北局第一书记、西北军政委员会主席、中共中央军事委员会副主席、中国人民志愿军司令员兼政治委员、国务院副总理兼国防部长等职。一九五九年七八月间，在中共中央政治局扩大会议和八届八中全会上，毛泽东错误地发动了对彭德怀的批判，并通过了《关于以彭德怀同志为首的反党集团的错误的决议》。"文化大革命"中，被林彪、江青反革命集团迫害致死。一九七八年十二月，中共十一届三中全会决定，纠正过去对彭德怀所作的错误结论，肯定了他对党和人民的巨大贡献。——第234页。

150 《于无声处》是一部四幕话剧，作者宗福先，创作于一九七八年。作品歌颂了天安门事件。——第234页。

151 康生（一八九八——一九七五），山东胶南人。一九七八年十二月，中共十一届三中全会决定，对康生进行审查。中央纪律检查委员会通过大量工作，根据确凿证据，查明康生政治品质恶劣，在“文化大革命”期间，直接参与林彪、江青等人篡党夺权的反革命阴谋活动，犯下严重罪行。一九八〇年十月十六日，中共中央决定，撤销对康生的《悼词》，并开除其党籍。——第 234 页。

152 这次 国务院务虚会议 于一九七八年七月六日至九月九日在北京举行。会议的主题是研究加快我国社会主义现代化建设的速度问题。会议提出，加速我国社会主义现代化建设，必须利用外国资金，从国外引进先进技术设备。但是求成过急。——第 235、252 页。

153 陈独秀（一八七九——一九四二），安徽怀宁（今安庆市）人。一九一五年九月起主编《青年杂志》（后改名《新青年》），一九一八年和李大钊创办《每周评论》，提倡新文化，是五四新文化运动的主要领导人之一。五四运动后，接受和宣传马克思主义，是中国共产党的主要创始人之一。在党成立后的最初六年中是党的主要领导人。在第一次国内革命战争后期，犯了严重的右倾投降主义错误。其后，对于革命前途悲观失望，接受托派观点，在党内成立小组织，进行反党活动，一九二九年十一月被开除出党。后公开进行托派组织活动。一九三二年十月被国民党逮捕，一九三七年八月出狱。一九四二年五月病故于四川江津。——第 235、285 页。

154 指一九六一年八月二十三日至九月十六日中共中央在江西庐山举行的工作会议。会议讨论了工业、粮食、财贸和教育等问题，并通过了《中共中央关于当前工业问题的指示》、《国营工业企业工作条例（草案）》（即“工业七十条”）和《中华人民共和国教育部直属高等学校暂行工作条例（草案）》（即“高教六十条”）等。——第 236 页。

155 中美上海联合公报 指美国总统尼克松首次访问中国期间中美双方于一九七二年二月二十八日在上海发表的《中美联合公报》。公报指出：中美两国的社会制度和对外政策有着本质的区别。但是，双方同意，各国不论社会制度如何，都应根据尊重各国主权和领土完整、不侵犯别国、不干涉别国内政、平等互利、和平共处的原则来处理国与国之间的关系。双方声明：任何一方都不应该在亚洲——太平洋地区谋求霸权，每一方都反对任何其他国家或国家集团建立这种霸权的努力。双方在公报中就国际形势阐明了各自的立场和态度。中国方面重申：中华人民共和国政府是中国的唯一合法政府；台湾是中国的一个省，解放台湾是中国内政，别国无权干涉；全部美国武装力量和军事设施必须从台湾撤走。中国政府坚决反对任何旨在制造“一中一台”、“一个中国、两个政府”、“两个中国”、“台湾独立”和鼓吹“台湾地位未定”的活动。美国方面声明:美国认识到,在台湾海峡两边的所有中国人都认为只有一个中国,台湾是中国的一部分。美国政府对这一立场不提出异议。它重申它对由中国人自己和平解决台湾问题的关心。考虑到这一前景,它确认从台湾撤出全部美国武装力量和军事设施的最终目标。在此期间,它将随着这个地区紧张局势的缓和逐步减少它在台湾的武装力量和军事设施。双方同意,扩大两国人民之间的了解是可取的。双方同意就促进两国关系正常化进行具体磋商并继续就共同关心的问题交换意见。公报开辟了中美关系新的前景。——第 236 页。

156 党的十一届三中全会 指一九七八年十二月十八日至二十二日在北京举行的中国共产党第十一届中央委员会第三次全体会议。这次会议是建国以来中国共产党历史上具有深远意义的伟大转折。全会结束了一九七六年十月以来党的工作在徘徊中前进的局面,开始全面地认真地纠正“文化大革命”中及其以前的“左”倾错误。全会坚决批判了“两个凡是”的错误方针,充分肯定了必须完整地、准确地掌握毛泽东思想的科学体系;高度评价了关于真理标准问题的讨论,确定了解放思想、开动脑筋、实事求是、团结一致向前看的指导方针;果断地停止使用“以阶级斗争为纲”这个不适用于社会主义社会的口号,作出了把工作重点转移到社会主义现代化建设上来的战略决策;提出了要注意解决好国民经济重大比例严重失调的要求,制定了关于加快农业发展的决定;着重提出了健全社会主义民主和加强社会主义法制的任务;审查和解决了党的历史上一批重大冤假错案和一些重要领导人的功过是非问题。全会还增选了中央领导机构的成员。这些在领导工作中具有重大意义的转变,标志着党重新确立了马克思主义的思想路线、政治路线和组织路线。从此,党掌握了拨乱反正的主动权,有步骤地解决了建国以来的许多历史遗留问题和实际生活中出现的新问题,进行了繁重的建设和改革工作,使我们的国家在经济上和政治上都出现了很好的形势。——第 239、275、293、314、320、336、380 页。

157 这里指一九七八年十一月十日至十二月十六日中共中央在北京举行的工作会议。这次会议,为中共十一届三中全会的召开作了充分准备。——第 239、250 页。

158 见毛泽东《一九五七年夏季的形势》(一九五七年七月)。——第 239 页。

159 延安整风 指中国共产党自一九四二年起在全党范围内开展的一次马克思列宁主义的思想教育运动。主要内容是:反对主观主义以整顿学风,反对宗派主义以整顿党风,反对党八股以整顿文风。经过这个运动,全党进一步地掌握了马克思列宁主义的普遍真理与中国革命的具体实践的统一这样一个基本的方向。——第 239、285 页。

160 七大 即一九四五年四月二十三日至六月十一日在延安举行的中国共产党第七次全国代表大会。会上,毛泽东作了《论联合政府》的政治报告,朱德作了《论解放区战场》的军事报告,刘少奇作了《关于修改党章的报告》,周恩来作了《论统一战线》的重要发言。大会决定了党的路线,这就是"放手发动群众,壮大人民力量,在我党的领导下,打败日本侵略者,解放全国人民,建立一个新民主主义的中国"。大会通过了新党章,选举了新的中央委员会。新党章规定以马克思列宁主义理论与中国革命的实践之统一的思想——毛泽东思想,作为中国共产党的一切工作的指针。这次大会是一次团结的大会、胜利的大会,为新民主主义革命的胜利奠定了基础。——第 240 页。

161 九大 即一九六九年四月一日至二十四日在北京举行的中国共产党第九次全国代表大会。这次大会使"文化大革命"的错误理论和实践合法化,加强了林彪、江青、康生等人在党中央的地位。九大在思想上、政治上和组织上的指导方针都是错误的。十大 即一九七三年八月二十四日至二十八日在北京举行的中国共产党第十次全国代表大会。这次大会继续了九大的"左"倾错误。——第 240 页。

162 十一大 即一九七七年八月十二日至十八日在北京举行的中国共产党第十一次全国代表大会。这次大会在揭批江青反革命集团和动员全党建设社会主义现代化强国方面起了积极作用。由于当时历史条件的限制和华国锋的错误的影响,这次大会的政治报告仍然肯定"文化大革命"的错误理论、政策和口号,因而又起了阻碍拨乱反正的消极作用。——第 240 页。

163 这里指一九七八年三月五日第五届全国人民代表大会第一次会议通过的《中华人民共和国宪法》。——第 240 页。

164 黑格尔(一七七〇——一八三一),德国古典唯心主义哲学家。黑格尔逝世后,黑格尔学派分裂为老年黑格尔派和青年黑格尔派。青年黑格尔派也称黑格尔左派，是十九世纪三十、四十年代德国资产阶级激进派的思想代表。——第 240 页。

165 布列斯特和约 指一九一八年三月三日苏维埃俄国同德国、奥匈帝国、保加利亚和土耳其在俄国西部布列斯特签订的和约。当时第一次世界大战还在进行，苏俄同德、奥等国还处于交战状态。按照这个和约，苏俄丧失了约一百万平方公里领土，并付出了巨额赔款。这是新建立的苏维埃政权为了退出帝国主义战争，集中力量巩固十月革命的胜利成果而采取的一种革命妥协。一九一八年十一月十三日，随着德国被战败，全俄中央执行委员会宣布废除这个和约。——第 241 页。

166 托洛茨基（一八七九——一九四〇），十月革命时，任俄国社会民主工党（布尔什维克）中央政治局委员、彼得格勒苏维埃主席。十月革命胜利后，曾任外交人民委员、陆海军人民委员、革命军事委员会主席、共产国际执行委员会委员等职。因反对列宁关于在苏联建设社会主义的理论和路线，一九二六年十月联共（布）中央全会决定，撤销他的中央政治局委员的职务。一九二七年十一月被开除出党。一九二九年一月被驱逐出苏联。一九四〇年八月在墨西哥遭暗杀。——第 241 页。

167 见列宁《论工会、目前局势及托洛茨基的错误》（《列宁全集》第 40 卷，人民出版社 1986 年版，第 204 页）。后来，列宁在一九二一年一月十九日写的《党内危机》（《列宁全集》第 40 卷，人民出版社 1986 年版，第 236—237 页）一文中讲到一九二〇年十二月三十日的讨论时指出："我还需要纠正我的一个错误。我当时说：'我们的国家实际上不是工人国家，而是工农国家。'布哈林同志立即喊道：'什么国家？'当时，我提到了刚刚闭幕的苏维埃第八次代表大会，作为对他的回答。现在读到那次辩论的记录，我发现我说得不对，而布哈林同志是对的。当时我应当这样说：'工人国家是一种抽象的概念。而实际上我们这个工人国家首先具有这样一个特点，即在这个国家里，占人口多数的不是工人而是农民；其次，这个工人国家还带有官僚主义的弊病。'"——第 241 页。

168 布哈林（一八八八——一九三八），一九〇六年加入俄国社会民主工党。十月革命胜利后，曾任《真理报》主编、联共（布）中央政治局委员、共产国际执行委员会委员和主席团委员等职。一九二九年七月共产国际执行委员会决定，撤销他的执行委员和主席团委员的职务。同年十一月联共（布）中央全会决定，撤销他的中央政治局委员的职务。一九三七年被开除出党，次年三月被处死。一九八八年二月四日，苏联最高法院决定，撤销当年对布哈林一案的判决。同年六月二十一日苏共中央监察委员会决定，恢复布哈林的党籍。——第241页。

169 苏联卫国战争 指第二次世界大战期间苏联人民为反对法西斯德国及其盟国侵略苏联而进行的战争。一九四一年六月，德国对苏联发动突然袭击。苏联人民在斯大林为首的党和政府的领导下，开始了英勇的卫国战争。一九四四年苏军发起总反攻，一九四五年五月攻克柏林，德国无条件投降，历时四年的苏联卫国战争取得了最后胜利。——第241页。

170 希特勒（一八八九——一九四五），德国法西斯头子。一九三三年在德国垄断资产阶级支持下出任总理，次年自称国家元首，实行法西斯统治，积极扩军备战。一九三九年九月入侵波兰，挑起第二次世界大战。一九四五年四月苏军包围柏林时自杀。——第241页。

171 三七开 在这里是指对一个人功过的大体估计，七分是成绩，三分是缺点错误。——第242页。

172 叶剑英（一八九七——一九八六），广东梅县人。当时任中共中央副主席、中央军委副主席、全国人民代表大会常务委员会委员长。一九八三年辞去全国人民代表大会常务委员会委员长职务。一九八四年任中共中央政治局常委、中共中央和中华人民共和国军委副主席。——第242、269、314、341、379页。

173 指毛远新，一九四一年生，湖南湘潭人。当时充当毛泽东同中共中央政治局之间的“联络员”。他因参加江青反革命集团案，被依法逮捕。——第242页。

174 这里指一九四八年六月南斯拉夫被开除出欧洲九国共产党和工人党情报局以后，所遭到的经济封锁和政治、军事压力。共产党和工人党情报局是一九四七年九月由保加利亚、罗马尼亚、匈牙利、波兰、苏联、法国、捷克斯洛伐克、意大利和南斯拉夫等九国共产党和工人党在波兰举行代表会议决定成立的。一九五六年四月，情报局宣布结束活动。——第246页。

175 这里指一九七九年三月十八日国家计划委员会党组《关于修改一九七九年计划的汇报提纲》。——第251页。

176　谷牧，一九一四年生，山东荣成人。当时任国务院副总理兼国家基本建设委员会主任。——第 252 页。

177　程世清，一九一八年生，河南新县人。“文化大革命”中，任中共江西省委第一书记、福州军区副政治委员兼江西省军区政治委员等职，犯有严重错误，一九七一年被免职。——第 252 页。

178　秋里　即余秋里，一九一四年生，江西吉安人。当时任中共中央政治局委员、国务院副总理兼国家计划委员会主任。——第 253、262 页。

179　补偿贸易　是利用外国资金引进机器、设备和生产技术，用投产后的产品或其他商品分期清偿贷款的一种贸易方式。——第 254 页。

180　国务院财政经济委员会　是研究制订财经工作的方针政策和决定财经工作中大事的决策机关。财政经济委员会开始由十二人组成，后来增加到十三人，即：陈云、李先念、姚依林、余秋里、王震、方毅、谷牧、薄一波、王任重、陈国栋、康世恩、张劲夫、金明，以陈云为主任，李先念为副主任，姚依林为秘书长。一九七九年三月开始工作。一九八〇年三月中央财经领导小组成立后撤销。——第 254、256 页。

181　指我国第一个五年计划期间，由苏联援助中国建设的一百五十六项大中型工业项目。这些建设项目是中苏两国政府一九五〇年至一九五四年间经过反复协商后分批确定的，后调整为一百五十四项。一九六〇年由于苏联单方面废弃协议，实际进行施工的项目为一百五十项。——第 255、286、366 页。

182　王震（一九〇八——一九九三），湖南浏阳人。当时任中共中央政治局委员、国务院副总理。——第 256 页。

183　王学明（一九一六——一九七八），黑龙江双城人。当时任财政部副部长。——第 256 页。

184　这次中央工作会议于一九七九年四月五日至二十八日在北京举行。会议主要讨论经济问题。鉴于过去经济工作中“左”倾错误的影响和国民经济的重大比例严重失调，会议提出集中三年时间对国民经济实行“调整、改革、整顿、提高”的方针，使国民经济在调整中稳步前进，为以后的发展打下扎实的基础。——第 257 页。

185　“民主墙”　指当时人们在街头贴大字报的地方。后来有极少数别有用心的人，利用它来破坏社会秩序和社会治安。一九七九年十二月六日，北京市首先采取措施进行限制。随后，按照一九八〇年九月十日第五届全国人民代表大会第三次会议关于修改《中华人民共和国宪法》第四十五条的决议，即取消原第四十五条中公民“有运用‘大鸣、大放、大辩论、大字报’的权利”的规定，禁止在街头张贴大字报。——第257页。

186 “八宝山”指北京八宝山革命公墓。——第258、271页。

187 指一九七九年五月十一日国务院副总理兼国家基本建设委员会主任谷牧批转的国家计委、经委、建委、冶金部、外贸部、一机部和中国人民银行一九七九年五月九日向中央财经委员会和国务院提出的《关于宝钢建设工作安排的报告》。——第259页。

188 唐克，一九一八年生，江苏盐城人。当时任冶金部部长。——第260页。

189 韩光，一九一二年生，黑龙江齐齐哈尔人。当时任国家基本建设委员会副主任。——第261页。

190 叶志强，一九二三年生，河南淮阳人。当时任冶金部副部长。——第261页。

191 陈锦华，一九二九年生，安徽青阳人。当时任中共上海市委副书记、上海市副市长兼市计划委员会主任。——第261页。

192 小平 即邓小平，一九〇四年生，四川广安人。一九七七年后任中共中央副主席、中央军委副主席、国务院副总理。一九八二年后任中共中央政治局常委、中央顾问委员会主任、中央军委主席。一九八三年任中华人民共和国军委主席。一九八七年十一月后任中共中央和中华人民共和国军委主席。一九八九年和一九九〇年先后辞去中共中央军委主席和中华人民共和国军委主席的职务。——第262、283、298、330、351、358、363、379页。

193 方毅，一九一六年生，福建厦门人。当时任中共中央政治局委员、国家科学技术委员会主任。——第262页。

194 倪志福，一九三三年生，上海人。当时任中共中央政治局委员、国家机械工业委员会副主任。沈鸿，一九〇六年生，浙江海宁人。当时任第一机械工业部副部长。——第262页。

195 指不能用赤字财政的办法来进行基本建设。——第264页。

196 自由外汇 也称现汇，指在国际金融市场上可以自由兑换的外汇。自由外汇有美元、德国马克、英镑、日元、港币等。——第264、276页。

197 指利用外国资金时不考虑国内配套投资的做法。——第265页。

198 指广东省和福建省在对外经济活动中可以实行某些特殊政策和灵活措施。这是一九七九年七月十五日经中共中央和国务院批准的。当时还决定，在广东省的深圳、珠海两市各划出一定的范围试办经济特区，待取得经验后，再考虑在广东省的汕头市和福建省的厦门市设置一定范围的经济特区。经济特区的管理原则是，在维护我国主权、执行我国法律和法令等前提下，实行经济开放政策，允许侨商、外商投资办厂，或同他们合办企业，引进先进技术，发展对外贸易。——第266页。

199 平果铝矿 位于广西壮族自治区平果县境内。——第266页。

200 这里所说的配额，指进口配额，也称进口限额，是在一定时期内一国政府对某种商品的进口所规定的最高金额或数额。在限额内可以进口，超过限额即禁止进口。有的还对来自不同国别或地区的进口商品分别规定不同的配额。这是限制别国商品进口的一项重要措施。——第266页。

201 汪东兴，一九一六年生，江西弋阳人，当时任中共中央政治局常委、中央副主席。纪登奎(一九二三——一九八八)，山西武乡人，当时任中共中央政治局委员、国务院副总理。吴德，一九一三年生，河北丰润人，当时任中共中央政治局委员、全国人民代表大会常务委员会副委员长、中共北京市委第一书记、市长。陈锡联，一九一五年生，湖北黄安(今红安)人，当时任中共中央政治局委员、国务院副总理。参见本书注〔227〕。——第269页。

202 这是当时酝酿的候选人名单。中共十一届五中全会正式选举(按姓氏笔划为序)万里、王任重、方毅、谷牧、宋任穷、余秋里、杨得志、胡乔木、胡耀邦、姚依林、彭冲等十一人组成中央书记处。——第269页。

203 基辛格，一九二三年生，曾任美国总统尼克松的国家安全事务助理、国务卿。——第270页。

204 林李明(一九一〇——一九七七)，广东文昌(今属海南)人。一九二七年参加革命。中华人民共和国成立后，曾任中共广东省委书记、广东省副省长、代省长等职。——第271页。

205 朱总司令 即朱德(一八八六——一九七六)，四川仪陇人。曾任中国工农红军总司令、国民革命军第八路军总指挥、中国人民解放军总司令。六十年代初期,任中共中央副主席、中央军委副主席、全国人民代表大会常务委员会委员长等职。——第271页。

206 当铺 是旧时进行质押放款的高利贷机构。贫苦人民在生活极端困难时,将衣物等送当铺典押,以取得一般在抵押物品价值五成以下的低额贷款,而利率极高。典押期限六个月至一年不等,过期不赎,就成死当,典押品即归当铺所有。——第276页。

207 国际货币基金组织 是一九四五年十二月根据国际货币金融会议通过的《国际货币基金协定》而设立的。一九四七年三月开始业务活动。同年十一月起成为联合国的一个专门机构,总部设在美国华盛顿。——第276页。

208 世界银行 即国际复兴开发银行,它是一九四五年十二月根据国际货币金融会议通过的《国际复兴开发银行协定》而设立的。一九四六年六月开始营业,一九四七年十一月起成为联合国的一个专门机构,总行设在美国华盛顿。——第276页。

209 见列宁《论黄金在目前和在社会主义完全胜利后的作用》(《列宁全集》第42卷,人民出版社1987年版,第248页)。——第277页。

210 金圆券 是一九四八年八月十九日起国民党政府发行的一种纸币。当时规定,以一比三百万的比价限期收兑急剧贬值的法币(从一九三五年十一月四日开始由国民党的中央、中国、交通三银行后加中国农民银行发行的纸币)。并且,限期收兑民间的金银和外币。至一九四九年五月,即不到十个月,金圆券发行总额由最初规定的二十亿元增加到六十八万亿元,增长约三万四千倍,结果币值猛跌,物价暴涨。中华人民共和国成立以后,人民政府以人民币一元兑换金圆券十万元的比价,将金圆券全部收回作废。——第277页。

211 参见本书注〔4〕。——第277页。

212 赵紫阳,一九一九年生,河南滑县人。一九八〇年十二月任中共中央政治局常委、国务院总理、中央财经领导小组组长。一九八一年六月起同时任中共中央副主席。一九八七年十一月在中共十三届一中全会上当选为中央总书记。一九八九年中共十三届四中全会审议通过《关于赵紫阳同志在反党反社会主义的动乱中所犯错误的报告》,撤销他的党内一切领导职务。——第282、306、343、369页。

213 这里指一九八〇年三月二十七日中共中央决定成立的以赵紫阳为组长的中央财经领导小组。——第 282 页。

214 遵义会议 指中共中央于一九三五年一月十五日至十七日在贵州遵义举行的政治局扩大会议。这次会议集中讨论和纠正了军事上的错误，从组织上结束了王明“左”倾冒险主义在中共中央的统治，确立了以毛泽东为代表的新的中央的正确领导，使红军和党中央得以在极其危急的情况下保存下来，并且在这以后能够战胜张国焘的分裂主义，胜利地完成长征，打开中国革命的新局面。遵义会议是中国革命史上的一个伟大转折点。——第 284 页。

215 “三八式”是对抗日战争初期参加革命的干部的一种习惯性称呼。——第 284 页。

216 西安事变 也称“双十二事变”。在日本帝国主义加紧侵略中国，要把中国变为它的殖民地的危急形势下，以张学良将军为首的国民党东北军和以杨虎城将军为首的国民党第十七路军，在中国共产党的抗日民族统一战线政策和全国人民抗日运动的影响和推动下，要求蒋介石停止内战，一致抗日。蒋介石拒绝了这个要求，并亲自赶到西安积极部署“剿共”。一九三六年十二月十二日，张、杨联合行动，在西安附近的临潼扣押了蒋介石，这就是著名的西安事变。事变发生后，国民党内以何应钦为首的亲日派准备乘机发动大规模内战，牺牲蒋介石，以便取而代之。中国共产党坚持和平解决西安事变的方针，并经过中共代表周恩来以及博古（即秦邦宪）、叶剑英等的艰苦工作，西安事变终于和平解决，促进了抗日民族统一战线的形成。——第 284 页。

217 李立三（一八九九——一九六七），湖南醴陵人。一九二一年加入中国共产党，是中国工人运动的主要领导人之一。他在担负中共中央领导工作期间，于一九三〇年六月至九月犯了“左”倾冒险主义错误。后来他认识和改正了错误，在中国共产党第七次、第八次全国代表大会上继续被选为中央委员。——第 285、369 页。

218 共产国际 也称第三国际，是各国共产党的联合组织。一九一九年三月成立，一九四三年六月解散。一九二二年中国共产党参加共产国际，成为它的一个支部。——第 285 页。

219 关东军 是当时日本驻扎在中国东北境内的侵略军。一九〇五年日俄战争结束后，日本帝国主义迫使清政府签订《中日会议东三省事宜正约》和附约，继承了沙皇俄国在中国东北的殖民利益。此后，日本就在南满驻军，并在旅顺口设立关东军司令部。一九三一年发动九一八事变，进一步侵占东北全境。第二次世界大战中，关东军号称百万，是日本陆军最精锐的主力和战略总预备队。一九四五年八月，苏联红军出兵中国东北，参加对日作战，打垮了关东军。——第286、326页。

220 邱肖鹏，一九二六年生，江苏苏州人。苏州市评弹团的评弹作家。——第287页。

221 书情 指评弹书目的情节。——第287页。

222 关子 指评弹书目中矛盾尖锐、情节紧张的部分。抓住关子，细致刻画，不马上透露事情的结果，且听下回分解，使听众产生强烈的悬念，谓之“卖关子”。——第287页。

223 训诂 是解释古书中词句意义的一种专门性工作。——第289页。

224 李一氓(一九〇三——一九九〇)，四川彭县人。当时任中共中央纪律检查委员会副书记、中央对外联络部副部长。——第290页。

225 一九五八年在原科学规划委员会之下，曾成立古籍整理出版规划小组，整理和出版了古籍约两千多种。后来，这个规划小组很久没有工作，不少成员相继逝世。根据陈云提议，一九八一年十二月十日，国务院决定恢复古籍整理出版规划小组，直属国务院，李一氓任组长。——第290页。

226 善本 指比一般古籍版本在学术或艺术价值方面优异的刻本或写本。——第290页。

227 这里所说的五中全会，指一九八〇年二月二十三日至二十九日在北京举行的中国共产党第十一届中央委员会第五次全体会议。这次会议的主要议题是加强和改善党的领导。全会审议并通过了《关于党内政治生活的若干准则》；审议了《中国共产党章程(修改草案)》，并决定印发全党讨论。全会增选胡耀邦、赵紫阳为中央政治局常委；决定重新设立中央书记处，选举胡耀邦为总书记。全会根据党内外广大群众的意见，决定批准汪东兴、纪登奎、吴德、陈锡联的辞职请求，免除或提请免除他们所担负的党和国家的领导职务。全会建议全国人民代表大会修改宪法第四十五条，取消公民“有运用‘大鸣、大放、大辩论、大字报’的权利”的规定。全会还通过了为刘少奇平反昭雪的决议。——第292、300、314、324页。

228 “文化大革命”期间，知识分子被排在地、富、反、坏、右、叛徒、特务、“走资派”这八种人之后，诬称为“臭老九”。——第296页。

229 即本书《提拔培养中青年干部是当务之急》一文（第292—297页）。——第298页。

230 胡耀邦（一九一五——一九八九），湖南浏阳人。当时任中共中央主席、中央委员会总书记。——第298页。

231 指《关于老干部离休、退休问题座谈会纪要》。——第298页。

232 李鹏，一九二八年生，四川成都人。一九四八年后，在莫斯科动力学院学习，任中国留苏学生总会主席。一九五五年后，任丰满发电厂副厂长、总工程师、东北电业管理局副总工程师、辽宁阜新发电厂厂长、北京供电局革委会主任、北京电业管理局局长等职。一九七九年后，任电力工业部副部长、部长和水利电力部第一副部长等职。一九八三年六月起任国务院副总理。一九八五年九月被增选为中共中央政治局委员。一九八七年在中共十三届一中全会上当选为中共中央政治局常委。一九八八年起任国务院总理。——第299、368页。

233 李硕勋（一九〇三——一九三一），四川庆符（今高县）人。一九二四年加入中国共产党。一九二七年参加南昌起义，任第十一军第二十五师党代表。后曾任中共浙江省委组织部长、江苏省委军委书记、广东省委军委书记等职。一九三一年七月在广东（今海南）海口被捕，同年九月英勇就义。——第299页。

234 小丰满 即今丰满发电厂，也称丰满水电站，位于吉林省吉林市东南、松花湖出口处。——第299页。

235 刘澜波（一九〇四——一九八二），辽宁凤城人。一九七九年恢复工作后，任电力工业部部长、中共中央纪律检查委员会常委等职。一九八一年三月，他响应中共中央号召，主动要求退居第二线，并推荐年富力强的同志担任电力工业部的主要领导人。——第299页。

236 郝建秀，一九三五年生，山东青岛人。一九四九年入青岛国棉六厂当工人，创造出一套科学的工作方法，后被命名为“郝建秀工作法”。一九五八年后，在华东纺织工学院学习。一九六二年后，任青岛国棉八厂副厂长、中共青岛市委副书记、山东省总工会副主任、山东省妇联主任、中共山东省委常委、纺织工业部副部长等职。一九八一年三月任纺织工业部部长。一九八二年九月起先后任中共中央书记处候补书记、书记。——第300页。

237　卡特，一九二四年生，美国民主党人。美国前总统。——第300页。

238　里根，一九一一年生，美国共和党人。当时任美国总统。——第300页。

239　聂元梓，一九二一年生，河南滑县人，原北京大学哲学系党总支书记。在"文化大革命"中，她积极追随林彪、江青反革命集团，犯有反革命宣传煽动罪、诬告陷害罪。一九八三年三月十六日，北京市中级人民法院依法判处聂元梓有期徒刑十七年，剥夺政治权利四年。——第301页。

240　蒯大富，一九四六年生，江苏滨海人，原清华大学学生。在"文化大革命"中，他积极追随林彪、江青反革命集团，犯有反革命宣传煽动罪、杀人罪、诬告陷害罪。一九八三年三月十六日，北京市中级人民法院依法判处蒯大富有期徒刑十七年，剥夺政治权利四年。——第301页。

241　宋任穷，一九〇九年生，湖南浏阳人。当时任中共中央书记处书记、中央组织部部长。——第301页。

242　王洪文（一九三四——一九九二），吉林长春人，江青反革命集团案主犯。在"文化大革命"中，他犯有组织和领导反革命集团罪、阴谋颠覆政府罪、策动武装叛乱罪、反革命伤人罪、诬告陷害罪。一九八一年一月二十三日，中华人民共和国最高人民法院特别法庭依法判处王洪文无期徒刑，剥夺政治权利终身。——第302页。

243　第一个若干历史问题的决议　指一九四五年四月二十日中国共产党第六届中央委员会扩大的第七次全体会议通过的《关于若干历史问题的决议》。第二个若干历史问题的决议　指一九八一年六月二十七日中国共产党第十一届中央委员会第六次全体会议通过的《关于建国以来党的若干历史问题的决议》。——第302页。

244　胡乔木（一九一二——一九九二），江苏盐城人。一九四一年起任毛泽东的秘书，后兼任中共中央政治局的秘书。一九八一年时任中共中央书记处书记。在中共中央政治局、中央书记处领导下，在邓小平、胡耀邦主持下，他负责《关于建国以来党的若干历史问题的决议》起草小组的工作。——第 302 页。

245 彭老总 即彭德怀。参见本书注〔149〕。——第 303 页。

246 万里，一九一六年生，山东东平人。当时任中共中央书记处书记、国务院副总理。——第 305 页。

247 参见本书注〔198〕。——第 306、311 页。

248 人民币“腿短”主要指人民币只能在国内流通，不能在国际金融市场上自由兑换。外币“腿长”主要指外币（这里指现汇）可以在国际金融市场上自由进行买卖。——第 307 页。

249 见本书《经济建设的几个重要方针》一文（第 305—308 页）。——第 309、311 页。

250 见陈云《要使用资方人员》（《陈云文选》第 2 卷，人民出版社 1995 年版，第 334 页）。原文是：“过去旧商人中，有一种头戴瓜皮帽、手拿水烟袋的，他们专门考虑‘战略性问题’，比如什么货缺，应该什么时候进什么货。”——第 310 页。

251 指一九八〇年内部发行的《陈云同志文稿选编（一九五六——一九六二年）》。这些文稿，现已收入本书。——第 310 页。

252 指一九八二年内部发行的《陈云文稿选编（一九四九——一九五六年）》。一九八四年七月，改书名为《陈云文选（一九四九——一九五六年）》，由人民出版社出版。——第 310 页。

253 指北京航空学院一位党员教师写给中共中央书记处研究室科技组的信和全国政协关于知识分子政策落实问题调查组对中年知识分子健康状况的调查报告。——第 312 页。

254 中国共产党第十二次全国代表大会 于一九八二年九月一日至十一日在北京举行。会上，邓小平致开幕词，胡耀邦作了《全面开创社会主义现代化建设的新局面》的报告，叶剑英、陈云作了重要发言，李先念致闭幕词。大会制定了全面开创社会主义现代化建设新局面的纲领和方针政策，确定了到本世纪末争取工农业总产值翻两番的战略目标和具体步骤，同时提出了全党要力争实现国家财政经济状况的根本好转、社会风气的根本好转和党风的根本好转的任务。大会通过了新党章,选举了第十二届中央委员会、中央顾问委员会和中央纪律检查委员会。——第 314、318、354 页。

255 党的十一届四中全会 指一九七九年九月二十五日至二十八日在北京举行的中国共产党第十一届中央委员会第四次全体会议。全会审议并通过了叶剑英在庆祝建国三十周年大会上的讲话和《中共中央关于加快农业发展若干问题的决定》;增选了赵紫阳、彭真为中央政治局委员。——第 314 页。

256 党的十一届六中全会 指一九八一年六月二十七日至二十九日在北京举行的中国共产党第十一届中央委员会第六次全体会议。全会审议并通过了《关于建国以来党的若干历史问题的决议》。全会同意华国锋辞去中共中央主席和中央军委主席职务的请求;改选和增选胡耀邦为中共中央主席,赵紫阳、华国锋为中共中央副主席,邓小平为中共中央军委主席,习仲勋为中共中央书记处书记。——第 314 页。

257 党的十一届七中全会 指一九八二年八月六日在北京举行的中国共产党第十一届中央委员会第七次全体会议。全会决定,一九八二年九月一日召开中国共产党第十二次全国代表大会。全会审议并通过了中央委员会向党的第十二次全国代表大会的报告;审议并通过了《中国共产党章程(修改草案)》。——第 315 页。

258 "六五"计划 是《中华人民共和国国民经济和社会发展第六个五年计划(1981—1985)》的简称。——第 318、324 页。

259 指一九八二年十一月三十日国务院总理赵紫阳在第五届全国人民代表大会第五次会议上所作的《关于第六个五年计划的报告》。——第 318 页。

260 指瞿秋白、蔡和森、罗亦农、赵世炎、张太雷、郭亮和刘伯坚等革命烈士。——第 321 页。

261 第二次全国党校工作会议 于一九八三年二月二十二日至三月二日在北京举行。会议主要研究了全国党校的教育改革问题,使党校由轮训干部为主转向以培训干部为主,逐步实现党校教育正规化。——第 322 页。

262 中国共产党第十二次全国代表大会在确定中国经济建设 翻两番 的总目标时,是用工农业总产值计算的。由于国际上通常使用国民生产总值来衡量一个国家的生产总成果,为了更准确地反映国家经济发展的实际水平,从一九八五年起，中共中央在确定国民经济和社会发展第七个五年计划的主要奋斗目标时，开始正式用国民生产总值计算。——第324页。

263　“三种人”　指在“文化大革命”中追随林彪、江青反革命集团造反起家的人，帮派思想严重的人，打砸抢分子。——第325、330页。

264　辽沈战役　是一九四八年九月十二日至十一月二日中国人民解放军东北野战军在辽宁省西部和沈阳、长春地区同国民党军进行的具有战略决战意义的一个大战役。十月十五日，攻克锦州，迫使长春守敌一部起义，其余全部投降。十一月二日，再克沈阳、营口。至此，辽沈战役结束，东北全境解放。整个战役，共歼灭国民党军队四十七万人。——第326页。

265　雅尔塔协定　是《苏美英三国关于日本的协定》的简称，一九四五年二月十一日苏美英三国政府首脑在苏联克里米亚半岛的雅尔塔秘密签订。主要内容是，在欧洲战争结束后两个月或三个月内苏联参加对日作战。其条件为：维持蒙古人民共和国现状，恢复一九〇五年日俄战争后俄国丧失的权益，将千岛群岛归于苏联。苏联在会上表示要和中国国民党政府签订友好同盟协定。——第326页。

266　新四军　是抗日战争时期“国民革命军陆军新编第四军”的简称，中国共产党领导的人民军队的主力之一。第三次国内革命战争时期，改编为中国人民解放军。——第327页。

267　抗大　即抗日军政大学，全称为中国人民抗日军事政治大学，是中国共产党培养抗日军政干部的学校。前身为中央革命根据地的工农红军大学。一九三六年六月一日在陕北瓦窑堡(今陕西省子长县的一个镇)创办，初名中国人民抗日红军大学，一九三七年初改名为中国人民抗日军事政治大学，校址迁延安。先后共办八期，并在陕甘宁边区和华北、华中等敌后抗日根据地建立了十二所分校。抗日战争胜利后，抗大总校迁东北，改建为东北军事政治大学。其他解放区以抗大分校为基础，先后建立了军政大学或军政干校。——第327页。

268　抗联　是东北抗日联军的简称，中国共产党领导的东北人民抗日武装。一九三六年二月二十日，东北主要抗日武装联合发表《东北抗日联军统一军队建制宣言》，随后陆续组成。最盛时期发展到十一个军，约三四万人。在极其艰苦困难的条件下，同日本侵略军进行英勇斗争。但终因敌众我寡，在对敌斗争中遭到重大损失。为了保存实力，一九四〇年后大部转移到苏联境内。一九四五年八月，在苏军对日作战中，起了重要的配合作用。同年十月三十日，东北抗日联军同挺进东北的八路军、新四军统一改编为东北人民自治军。一九四六年初改称东北民主联军。——第 327 页。

269 东北局 即中共中央东北局，开始称东北中央局，是中共中央的代表机关。一九四五年九月十五日成立，一九五四年四月撤销。六十年代又重新设立，后又撤销。——第 327 页。

270 一野、二野、三野 是中国人民解放军第一、第二、第三野战军的简称。一九四九年春，分别由西北、中原、华东野战军整编而成。——第 327 页。

271 四野 是中国人民解放军第四野战军的简称。一九四九年三月，由东北野战军整编而成。——第 327 页。

272 伪满 是一九三一年日本帝国主义侵占中国东北后制造的傀儡政权满洲国的简称。一九三二年三月在长春成立，扶清朝末代皇帝溥仪为“执政”，年号“大同”。一九三四年三月，改称“满洲帝国”，“执政”改称“皇帝”，年号“康德”。一九四五年八月，随着中国人民抗日战争的胜利，满洲国被摧毁。——第 327 页。

273 这里所说的 土地改革，指一九四六年五月四日中共中央发布《关于土地问题的指示》以后，在解放区开展的土地改革运动。抗日战争胜利以后，在农村以反奸清算、减租减息为内容的群众运动广泛深入地开展，广大农民迫切要求获得土地。中共中央的这个指示决定，把抗日战争时期实行的减租减息政策，改为没收地主土地分配给农民的政策。——第 327 页。

274 呼海巴拜指呼兰县、海伦县、巴彦县和拜泉县，今黑龙江省的四个县。绥化是今黑龙江省的一个市。金复海盖指金县、复县、海城县和盖县，今辽宁省的四个县。辽阳是今辽宁省的一个县。“呼海巴拜，绥化在外”，“金复海盖，辽阳在外”，是当地民间俗语，意思是东北地区拥有不少粮食高产区，只说“呼海巴拜”、“金复海盖”就足够了，绥化、辽阳更不必去说它了。——第 328 页。

275 见毛泽东《建立巩固的东北根据地》（《毛泽东选集》第 4 卷，人民出版社 1991 年版，第 1179—1183 页）。——第 328 页。

276 “七七决议”是一九四六年七月七日中共中央东北局《关于形势与任务的决

议》的简称。同年七月十一日，中共中央批准了这个决议，并作了部分的修正。参见《陈云文选》第一卷，人民出版社1995年版，第307—313页。——第328页。

277 林月琴，一九一四年生，安徽金寨人。罗荣桓的夫人。——第328页。

278 罗帅 即罗荣桓（一九〇二——一九六三），湖南衡山人。解放战争时期，曾任中共中央东北局副书记、东北野战军政治委员、第四野战军第一政治委员等职。一九五五年九月被授予中华人民共和国元帅军衔。——第328页。

279 尚昆 即杨尚昆，一九〇七年生，四川潼南人。当时任中共中央政治局委员、中央军委常务副主席。——第329页。

280 十二届二中全会 即一九八三年十月十一日至十二日在北京举行的中国共产党第十二届中央委员会第二次全体会议。全会通过了《中共中央关于整党的决定》，选举了以胡耀邦为主任的中央整党工作指导委员会。——第330页。

281 苏区 是苏维埃区域的简称。苏维埃是俄文Совет的音译，意即会议或代表会议。它是俄国十月革命后国家权力机关的名称。第二次国内革命战争时期，中国共产党在各地建立的革命政权也称苏维埃政权，它所管辖的地区称苏维埃区域。——第331页。

282 “四一二”指一九二七年四月十二日蒋介石在上海发动的血腥屠杀共产党人和革命群众的反革命政变。——第331页。

283 一九八一年九月三十日，全国人民代表大会常务委员会委员长叶剑英发表的关于大陆和台湾实现和平统一的九条方针政策是：“（一）为了尽早结束中华民族陷于分裂的不幸局面，我们建议举行中国共产党和中国国民党两党对等谈判，实行第三次合作，共同完成祖国统一大业。双方可先派人接触，充分交换意见。（二）海峡两岸人民迫切希望互通音讯、亲人团聚、开展贸易、增进了解。我们建议双方共同为通邮、通商、通航、探亲、旅游以及开展学术、文化、体育交流提供方便，达成有关协议。（三）国家实现统一后，台湾可作为特别行政区，享有高度的自治权，并可保留军队。中央政府不干预台湾地方事务。（四）台湾现行社会、经济制度不变，生活方式不变，同外国的经济、文化关系不变。私人财产、房屋、土地、企业所有权、合法继承权和外国投资不受侵犯。（五）台湾当局和各界代表人士，可担任全国性政治机构的领导职务，参与国家管理。(六)台湾地方财政遇有困难时,可由中央政府酌情补助。(七)台湾各族人民、各界人士愿回祖国大陆定居者,保证妥善安排,不受歧视,来去自由。(八)欢迎台湾工商界人士回祖国大陆投资,兴办各种经济事业,保证其合法权益和利润。(九)统一祖国,人人有责。我们热诚欢迎台湾各族人民、各界人士、民众团体通过各种渠道、采取各种方式提供建议,共商国是。"——第 334 页。

284 见邓小平《中国大陆和台湾和平统一的设想》一文(《邓小平文选》第 3 卷,人民出版社 1993 年版,第 30—31 页)。——第 334 页。

285 蒋经国(一九一〇——一九八八),浙江奉化人。当时任中国国民党中央委员会主席、台湾国民党政府总统。——第 334 页。

286 十二届三中全会 指一九八四年十月二十日在北京举行的中国共产党第十二届中央委员会第三次全体会议。全会通过了《中共中央关于经济体制改革的决定》和《关于召开党的全国代表会议的决定》。——第 336、343 页。

287 参见一九八四年九月二十六日《中华人民共和国政府和大不列颠及北爱尔兰联合王国政府关于香港问题的联合声明(草签文本)》。同年十二月十九日,联合声明在北京正式签字。——第 336 页。

288 这里指的四点概括是:"第一,就总体说,我国实行的是计划经济,即有计划的商品经济,而不是那种完全由市场调节的市场经济;第二,完全由市场调节的生产和交换,主要是部分农副产品、日用小商品和服务修理行业的劳务活动,它们在国民经济中起辅助的但不可缺少的作用;第三,实行计划经济不等于指令性计划为主,指令性计划和指导性计划都是计划经济的具体形式;第四,指导性计划主要依靠运用经济杠杆的作用来实现,指令性计划则是必须执行的,但也必须运用价值规律。"——第 337 页。

289 蒋、宋、孔、陈 指以蒋介石、宋子文、孔祥熙、陈果夫为首的国民党官僚买办垄断资本集团。——第 345 页。

290 指一九八四年十月二十日在北京举行的中国共产党第十二届中央委员会第三次全体会议通过的《中共中央关于经济体制改革的决定》。这个决定,总结了中国社会主义经济建设正反两方面的经验,特别是中共十一届三中全会以来城乡经济体制改革的经验,根据马克思主义基本原理同中国实际相结合的原则,提出进一步贯彻执行对内搞活经济、对外实行开放的方针,加快以城市为重点的整个经济体制改革的步伐。决定指出改革的基本任务，是从根本上改变束缚生产力发展的经济体制，建立起具有中国特色的、充满生机和活力的社会主义经济体制。它突破了把计划经济同商品经济对立起来的传统观念，指出中国社会主义经济是公有制基础上的有计划的商品经济。这个决定，是指导中国经济体制全面改革的纲领性文件。全会还通过了《关于召开党的全国代表会议的决定》。——第 345 页。

291 中国共产党全国代表会议 于一九八五年九月十八日至二十三日在北京举行。会上，胡耀邦致了题为《团结奋斗，再展宏图》的开幕词，赵紫阳作了关于制定“七五”计划建议的说明，邓小平、陈云作了重要讲话，李先念致闭幕词。会议通过了《中共中央关于制定国民经济和社会发展第七个五年计划的建议》，一致赞同一部分老同志不再担任中央委员会、中央顾问委员会、中央纪律检查委员会的委员的请求，增选了这三个委员会的委员。——第 349 页。

292 吕东，一九一五年生，辽宁海城人。当时任国家经济委员会主任。——第 350 页。

293 四项基本原则 指坚持社会主义道路；坚持无产阶级专政；坚持共产党的领导；坚持马列主义、毛泽东思想。——第 352 页。

294 海南岛汽车案 指一九八四年一月至一九八五年三月广东省海南行政区党委和政府的一些主要领导干部，目无组织纪律，违背中央的方针政策，批准并支持所属公司大量进口和倒卖汽车等物资的案件。一九八五年七月，中共中央纪律检查委员会查清了这起严重违法乱纪事件，并经中共中央和国务院批准，海南行政区党委和政府的有关领导干部受到党纪、政纪处分。——第 356 页。

295 吴波，一九〇六年生，安徽泾县人。一九五六年时任财政部副部长。——第 358 页。

296 李富春，当时任中共中央组织部副部长。王鹤寿，当时任中共中央组织部干部科科长。陈正人，当时任陕甘宁中央局组织部长。王德，当时任中共中央组织部地方科科长。——第 360 页。

297 台儿庄在今山东省枣庄市东南部(抗日战争时期属峄县管辖)。一九三八年三月中旬，侵华日军为打通津浦线，进犯徐州，连结华北与华中战场，派遣第十(矶谷)师团和第五(板垣)师团分两路向台儿庄进发。中国军队在第五战区司令长官李宗仁指挥下进行台儿庄防御战，首先在临沂挫败板垣师团主力，接着从三月二十三日开始围歼孤军深入的矶谷师团，至四月七日结束。台儿庄战役共歼灭日军第五、第十两个精锐师团的主力一万余人，是抗战以来国民党正面战场取得的最重大的胜利。——第361、372页。

298 见毛泽东《中国共产党在民族战争中的地位》(《毛泽东选集》第2卷，人民出版社1991年版，第533页)。——第362页。

299 指新华社记者所写《"卫星看不见的城市"——本溪市环境污染情况调查》(一九八八年八月二十七日)和人民日报记者所写《四川排放污物总量约占全国十分之一》(一九八八年八月二十二日)两文。——第364页。

300 华盛顿(一七三二——一七九九)，美利坚合众国的奠基人，一七八九年至一七九七年任总统。——第367页。

301 一九八九年四月十五日胡耀邦逝世，广大人民群众以各种形式表达自己的哀思。在悼念活动期间，极少数别有用心的人借机制造谣言，蛊惑人心，利用大小字报诬蔑、谩骂、攻击党和国家领导人，鼓动反对共产党的领导和社会主义制度。四月二十六日，《人民日报》发表题为《必须旗帜鲜明地反对动乱》的社论。由于当时任中共中央总书记的赵紫阳对动乱采取纵容和支持的态度，助长了动乱的发展。从五月十三日起，北京非法学生组织"高自联"煽动一些人进行绝食，长期占据天安门广场。为保证社会安定，恢复正常秩序，国务院决定自五月二十日起，在北京部分地区实行戒严。但是动乱的组织者和策划者利用政府和戒严部队采取的克制态度，继续占据天安门广场，组织各种非法活动，最终发展成为反革命暴乱。六月四日，党和政府依靠人民，采取果断措施，平息了反革命暴乱。——第368、373页。

302 胡启立，一九二九年生，陕西榆林人。原任中共中央政治局常委、中央书记处书记。一九八九年在中共十三届四中全会上被免去中央政治局常委、政治局委员、中央书记处书记职务。——第369页。

303 指列宁在《帝国主义是资本主义的最高阶段》一文中论述的帝国主义的五个基本特征：(1)生产和资本的集中发展到这样高的程度，以致造成了在经济生活中起决定作用的垄断组织；(2)银行资本和工业资本已经溶合起来，在这个"金融资本"的基础上形成了金融寡头；(3)与商品输出不同的资本输出有了特别重要的意义；(4)瓜分世界的资本家国际垄断同盟已经形成；(5)最大资本主义列强已把世界上的领土分割完毕。列宁认为，在帝国主义阶段，世界已经分割完了，在重新分割的时候，就不得不把手伸向任何一块土地。因此，帝国主义的一个重要特点是，几个大国都想争夺霸权，即争夺领土。——第 370 页。

304 张光斗，当时是清华大学教授、水利专家。陈志恺，当时任中国科学院水资源研究所所长。——第 375 页。

305 一九三六年七月，红四方面军和红二方面军会合后，由于中共中央的积极争取，并经过朱德、刘伯承等以及四方面军广大指战员的斗争，张国焘被迫同意与二方面军共同北上，于同年十月到达甘肃会宁。十月下旬，四方面军一部奉中央军委指示西渡黄河，执行宁夏战役计划。十一月上旬根据中共中央和中央军委的决定，过河部队称 西路军。他们在极端困难的条件下孤军奋战四个月，歼敌二万余人，终因敌众我寡，于一九三七年三月失败。——第 378 页。

306 邓大姐 指邓颖超（一九〇四——一九九二），河南光山人。当时任中共中央委员、全国妇联副主席。——第 379 页。

307 分税制 是一九九四年我国全面推行的一种财政体制。它是按照中央与地方政府的事权划分，合理确定各级财政的支出范围，根据财权与事权相结合的原则，将税种统一划分为中央固定收入、地方固定收入及中央与地方共享收入三部分。分税制建立中央税收和地方税收体系，分设中央与地方两套税务机构。中央固定收入、中央与地方共享收入由国家税务局负责征收；地方固定收入由地方税务局负责征收。这种体制，对建立和完善社会主义市场经济体制，进一步理顺财政分配关系，增强中央的宏观调控能力，具有重要意义。——第 380 页。

图书在版编目(CIP)数据

陈云文选　第三卷/陈云著. - 2版.
-北京:人民出版社,1995.5(2015.5重印)
ISBN 978-7-01-002199-7

Ⅰ.陈…
Ⅱ.陈…
Ⅲ.陈云-1956～1994-选集
Ⅳ.D2-0

陈云文选

CHEN YUN WENXUAN

第三卷

人民出版社出版发行
(100706　北京市东城区隆福寺街99号)

北京新华印刷有限公司印刷　新华书店经销

1986年5月第1版　1995年5月第2版
2015年5月北京第2次印刷
开本:635毫米×927毫米 1/16　印张:27.5
字数:290千字　印数:2,001—5,000册

ISBN 978-7-01-002199-7　定价:65.00元

邮购地址　100706　北京市东城区隆福寺街99号
人民东方图书销售中心　电话 (010)65250042　65289539